La guerra de Sertorio

FRANCISCO ROMEO MARUGÁN

La guerra de Sertorio

Hispania y el ocaso de la República de Roma

ALMUZARA

Primera edición: noviembre de 2024

Editorial Almuzara • Colección Historia
Edición de Daniel Valdivieso Ramos

www.editorialalmuzara.com
pedidos@almuzaralibros.com - info@almuzaralibros.com

Editorial Almuzara
Parque Logístico de Córdoba. Ctra. Palma del Río, km 4
C/ 8, Nave L2, n.º 3. 14005, Córdoba

Imprime: Gráficas La Paz
ISBN: 978-84-10524-28-6
Depósito legal: CO-1876-2024
Hecho e impreso en España - *Made and printed in Spain*

Para Ariadna y Eva, las dos estrellas que guían
y determinan mi singladura por la vida,
gracias por los tiempos robados
por las sombras de viejos generales.
Y por muchas más cosas...

Vislumbró que no había hecho tantas guerras por idealismo, como todo el mundo creía, ni había renunciado por cansancio a la victoria inminente, como todo el mundo creía, sino que había ganado y perdido por el mismo motivo, por pura y pecaminosa soberbia...

GABRIEL GARCÍA MÁRQUEZ,
Cien años de soledad

Índice

Intenciones y propósitos

Quinto Sertorio es una de esas figuras de la historia con un magnetismo irresistible. Sólo hay que ver la enorme, gigantesca, lista de títulos nacionales e internacionales, antiguos, modernos y contemporáneos, centrados en este general y en la guerra que se produjo en Hispania durante diez largos años, entre el 82 y el 72 antes de Cristo, o como dirían los romanos, del DCLXXII al DCLXXXII *Ab Urbe Condita.*

Pese a esta cascada bibliográfica, resulta paradójico que este conflicto sea uno de los episodios de la historia antigua de España mejor y peor conocidos al mismo tiempo. Muchos saben quién fue Sertorio, conocen varios episodios de esta guerra, pero muchos menos pueden encajar correctamente las piezas de este conflicto en el rompecabezas político, social y militar del Mediterráneo del siglo primero antes de Cristo. Un ejemplo de esta dicotomía lo tenemos en una de las expresiones por las que se conoce este episodio: *Las Guerras Sertorianas.* Así, en plural, como si se hubiesen producido varios conflictos diferentes en distintos sitios con el único punto en común de la figura de Sertorio. Esta denominación se debe en buena medida a la visión de comienzos del siglo XX, que consideraba lo producido en Hispania como combates y movimientos descoordinados, consecuencia del carácter visionario e iluminado de un líder venido de más allá de los mares para acaudillar a valientes, arrojados y anárquicos indígenas, unidos contra un enemigo común para crear un Estado independiente. Si hacemos memoria recordaremos otras guerras plurales, como las guerras carlistas, las guerras indias, las médicas o las napoleónicas Sin embargo, a nadie se le ocurre hablar de las segundas guerras mundiales o las guerras del Vietnam, por ejemplo. Esto del plural se viene utilizando de forma un tanto caótica, pero habitualmente para referirse en casos en los que hay un conflicto enquistado, que aparece y desaparece, como el Guadiana, o para conflictos dispersos y sin demasiada relación entre ellos. En el caso de Sertorio, como veremos, nada más lejos de esta situación. De hecho, todo lo contrario.

El lector no tiene en las manos una monografía de historia antigua al uso. Mi intención es hacer un relato lineal, ameno y accesible, en el que voy a evitar detallarles el análisis realizado para su redacción y la mención a las fuentes consultadas, clásicas y actuales. No van a ver notas al pie de página, topónimos en cursiva, referencias bibliográficas en texto sobre los autores ni sobre las obras consultadas; para todo ello reservo un capítulo final y la bibliografía, donde sí que citare nombres y apellidos de los especialistas que han tratado o están estudiando este período y sus posturas al respecto. Y es que los historiadores jugamos en desventaja frente a otros géneros en esto de atrapar al lector en un relato, en hacerle pasar de una página a otra a costa de otras cosas, como el sueño o una película. Es difícil llevar de la mano al lector por los paisajes, hechos y personajes descritos si se están sometiendo continuamente a la duda metódica y al contraste con diversas fuentes para aproximarnos a la verdad, así, en minúscula. Y es que eso es lo que hace un historiador. Analizar, descomponer y volver a componer los datos, mencionando en quien se basa para esto o para lo otro, razonado continuamente para intentar entender los hechos y su porqué. Permítanme esta licencia;

como quien se acoge a sagrado en una iglesia huyendo de sabe Dios qué ominoso peligro, yo quiero invocar la indulgencia del lector para construir un relato sobre Sertorio y la guerra civil romana que asoló Hispania.

Todavía quedan en la investigación muchas sombras sobre las que arrojar luz, muchas incógnitas que quizás no lleguen a develarse nunca con total seguridad. Lejos de lo que puede pensarse, la historia, especialmente la historia antigua, no es un relato estático e inamovible. Está en continuo cambio, evolucionando, diciéndose y contradiciéndose a intervalos regulares. A muchos de los que sufrimos en nuestros años de colegio las interminables listas de dioses, tumbas y sabios, utilizando las palabras de C. W. Ceram, esto nos puede parecer algo extraño, pero, como he tenido la oportunidad de escuchar hace poco tiempo, hay que diferenciar entre pasado e historia; la historia no es lo que sucedió, es lo sabemos del pasado, que no es lo mismo.

Y es que las técnicas usadas para desentrañar los datos han acelerado estos últimos años de manera exponencial. Adelantan que es una barbaridad, como dice la zarzuela. Cosas que hace poco nos parecían directamente propias de películas de ciencia ficción las tenemos hoy en la palma de la mano; geoposicionamiento por satélite, fotografías aéreas, imágenes de satélite que eliminan la vegetación, inteligencia artificial... lo dicho, una barbaridad. Todo esto está revolucionando la ciencia arqueológica y la interpretación de los textos clásicos, y permite redefinir y conocer en mayor profundidad las bases, los cimientos de la historia. Quién sabe, quizás en algún rollo quemado de la Villa de los Papiros de Herculano las sofisticadas técnicas de análisis y lectura que se están llevando a cabo ahora mismo puedan encontrar el libro perdido de Tito Livio que necesitamos.

Como dijo Virgilio, *felix qui potuit rerum cognoscere causas*. Nada sucede sin motivos. Veremos cómo los orígenes de Sertorio, su lugar y condición de nacimiento, fueron factores decisivos en la conformación de la personalidad y carrera política del joven Quinto. Analizaremos la posición de nuestro protagonista en la convulsa política romana de aquellos tiempos, y con esos mimbres iremos tejiendo un ejercicio deductivo sobre las razones y motivos de las decisiones tomadas por los protagonistas de la trama. El origen social y la temprana formación de Sertorio como explorador militar fueron elementos fundamentales para el desarrollo de esta guerra, pero también la forma de ser y la personalidad del resto de protagonistas, sobre la que no perderemos la oportunidad de fijar la mirada cuando ello sea posible. Lucien Febvre, el fundador de la escuela de anales decía que la historia es elección, y lo es porque existe el hombre.

Y, por supuesto, hablaremos de guerra. Clausewitz consideraba las guerras como un fenómeno formado por tres elementos básicos: los sentimientos viscerales de violencia, odio y enemistad, en primer término; la incertidumbre y la probabilidad relacionadas con la formación y experiencia de los protagonistas, después; y la misma guerra como expresión de la política, finalmente. Aquí vamos a encontrar de todo y a borbotones. Veremos los perfiles personales de los protagonistas, sus orígenes, su formación y sus intereses. Los detalles técnicos de la guerra, como la misma formación del ejército, las tácticas de combate o las máquinas que utilizaban. Iremos comentando todo ello al hilo del discurso, en lugar de encajonarlos en un capítulo separado, que podría ser más áspero.

Nos adentraremos con cautela en el laberinto de la política romana republicana para entender el porqué de la guerra. Como verán, los momentos de finales del siglo II y comienzos del I a.C. fueron una autentica montaña rusa o, si lo prefieren, algo parecido al juego de tirar de la soga, pero con la diferencia de que no sabes quién tienes detrás o delante, y tampoco sabes si tiran o empujan. A eso le sumamos que, de repente, alguien que está tirando con un equipo suelta y se pasa corriendo al de enfrente. Un auténtico lío en el que veremos ciertos paralelismos con acontecimientos recientes.

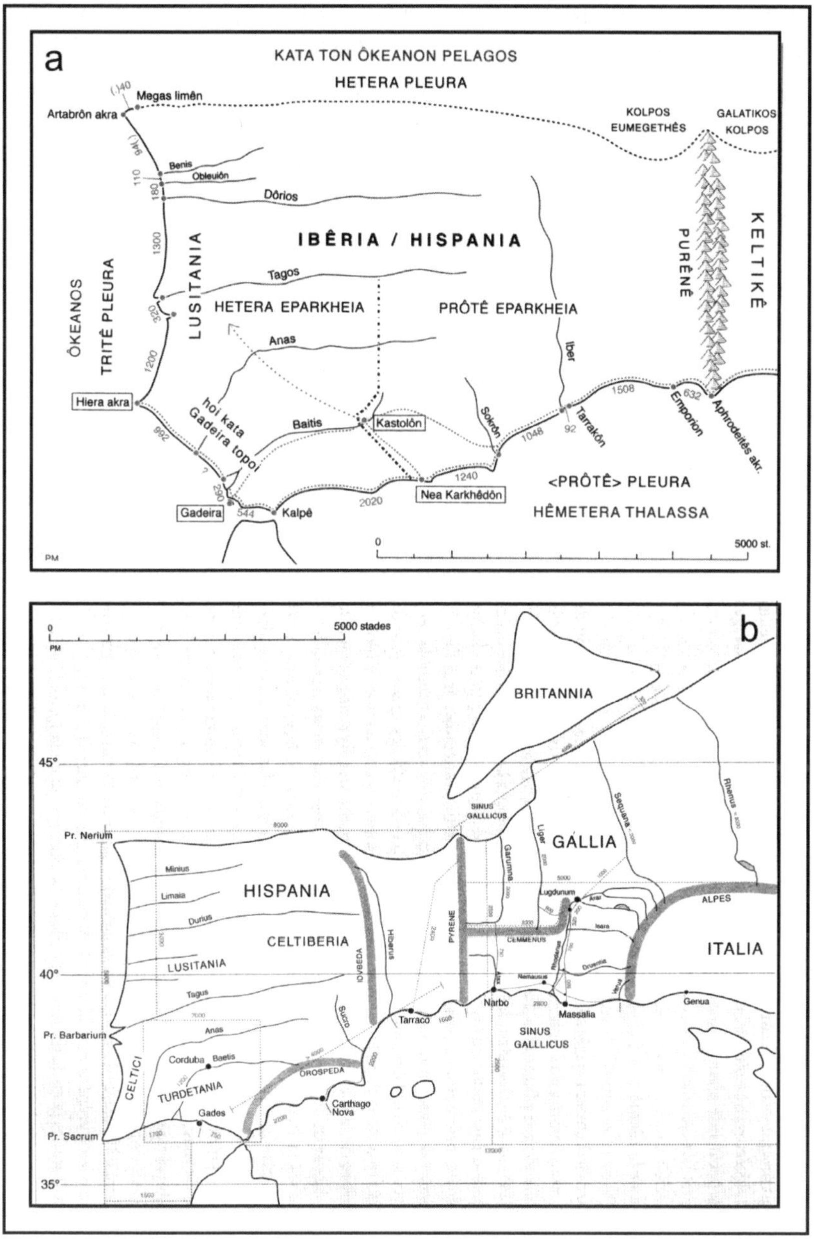

Figura 1. Propuestas de Moret 2019 del Papiro de Artémidoro (a) y de la *Geografía* de Estrabón (b).

Para llegar donde no llegan los textos clásicos, y donde la arqueología no llega a ser concluyente, intentaré conducir al lector por un proceso deductivo que el profesor Quesada ha acuñado con el acrónimo PMI (Probabilidad Militar Inherente). Recorreremos juntos los datos de los que disponemos bajo la luz de los objetivos y resultados militares, sin perder de vista la orografía y las vías de comunicación más adecuadas para cada caso, un asunto que considero especialmente importante. Tanto que, con este fin, vamos a intentar reconstruir la visión que Roma tendría de la península ibérica ya que, en términos militares, el marco geográfico determina movimientos, tácticas y en último término, la misma estrategia.

Recuerdo perfectamente la impresión que me dejó la primera lectura de los avatares sertorianos en mi época de estudiante: no entendía nada. De norte a sur, de oriente a occidente, los textos clásicos llevaban los protagonistas a toda velocidad por itinerarios sin sentido y laberínticos. Esto cambia de forma reveladora cuando se plasman estas rutas en mapas que responden a la concepción romana de la geografía peninsular, sustancialmente diferente a la realidad (*figura 1*). Los mapas eran, como los son ahora, imprescindibles para estadistas, comerciantes, militares o simples viajeros; el problema es que la mayor parte de estos mapas de la antigüedad no tuvieron la suerte de grabarse en mármol o en bronce. Los ejércitos de Sertorio, Metelo o Pompeyo contarían con representaciones geográficas de los terrenos que tenían que atravesar con la precisión necesaria para una campaña militar; de hecho, se sabe que una de las razones de la campaña del viejo Marco Porcio Catón por el interior de la península ibérica a comienzos del siglo II a.C. fue la de conocer los recursos y la orografía de una zona ignota, arrebatada hacía poco a los cartagineses, y sobre la que la República ya habían posado sus ávidos ojos en busca de los siempre necesarios recursos.

Para elaborar un soporte geográfico sobre el que plasmar los movimientos de tropas, he partido de las magníficas propuestas realizadas por Pierre Moret sobre el papiro de Artémidoro, que había visitado la península ibérica entre el 137 y el 108 a.C., y la *Geografía* de Estrabón, que escribe entre el 29 a.C. y el 7 d.C. La concepción geográfica que tendría de Hispania el ejército romano de comienzos del siglo I a.C. sería esencialmente la reflejada por estos dos autores, seguro que con muchos más detalles que no han llegado hasta la actualidad. Ambas propuestas se han unido y sintetizado en el sumario soporte que vamos a utilizar.

Las fuentes recogen los movimientos de los ejércitos en términos finalistas; como mucho nos llega que Sertorio, o Metelo, o Pompeyo, fue de esta ciudad a la otra pasando por tal sitio o cruzando tal río. Lo que no se nos cuenta son la multitud de movimientos menores de tropas y contingentes; cómo guarnecían los flancos del grueso del ejército en los desplazamientos, las acciones punitivas previas y la preparación del terreno que solía anteceder al paso de las tropas, las actuaciones de cuerpos de ejército en zonas periféricas... Un ejército sólo se desplazaba en formación laxa en zonas seguras. En territorio hostil los desplazamientos eran mucho más complejos y distaban mucho de responder a una simple línea en un mapa. Solo podemos intuir estos movimientos cuando nos encontramos amplias zonas devastadas por la guerra, donde la magnitud de la destrucción, en amplitud geográfica e intensidad, nos está señalando la actividad de cuerpos de ejército menores en los flancos, controlando valles paralelos, ríos subsidiarios y zonas geoestratégicamente relevantes.

Si el lector me acompaña en este viaje, tendrá una visión general y unitaria de una guerra incomprendida. Intencionadamente incomprendida en su momento, ya que a la misma Roma le interesó desvirtuar las pretensiones de los rebeldes, e incomprendida miles de años después, al seguir perpetuando esta desinformación. Esto de las *fake news* no es un invento reciente; no hay nada nuevo bajo el sol. Esta expresión del rey Salomón en el Eclesiastés veremos que resulta especialmente cierta en lo relacionado con el episodio sertoriano.

La guerra de Sertorio fue un conflicto, como son los fratricidas, atroz. Por donde pasó la guerra, por utilizar las palabras de nuestros abuelos, encontramos restos que nos hablan de una destrucción terrible. La arqueología se empeña en ir desempolvando páginas de un libro tremendo; hay zonas de la península ibérica en las que la mayor parte de los yacimientos de estas fechas siguen conservando pacientemente niveles de cenizas y carbones que nos hablan de una destrucción total, profunda y metódica. En algunos casos, al excavar encontramos cuerpos en calles y casas. Cuerpos abandonados, mutilados, y que, en casos como el de Valencia, siguen estremeciéndonos al ponernos frente a frente con la crueldad humana más bestial, descarnada y atávica. Cuerpos que, pese a pertenecer a tiempos lejanos y ciudades olvidadas, nos recuerdan conflictos próximos en el tiempo y en el espacio, y eso nos estremece.

En pocos casos, y este es uno de ellos, la arqueología permite dar veracidad a voces de la antigüedad que, de otro modo, hubiesen sido tomadas como licencias literarias. Cuando Pompeyo dijo en su famosa carta al Senado de Roma que *Hispanian citeriorem, quae non ab hostibus tenetur, nos aut Sertorius ad internecionem vastavimus,* estaba siendo descarnadamente real. Él y Sertorio, los dos, habían devastado la Hispania Citerior hasta el exterminio.

Como comenzaba diciendo, Quinto Sertorio ejerce una atracción ineludible. Es lo que tienen los arquetipos, y Sertorio sin duda lo es. Sus dotes militares y su enorme capacidad de concitar voluntades hicieron que se construyese a su alrededor, ya entre sus coetáneos, un sólido modelo de hombre voluntarioso, capaz, virtuoso, comprensivo y, además, hecho a sí mismo. Esta imagen ha sido una referencia constante al hablar de Sertorio; de hecho, la historiografía de comienzos del siglo XX amplificó esta visión romántica, viendo en *Las Guerras Sertorianas* la necesaria consecuencia del levantisco y ardoroso carácter independiente de los pueblos hispánicos, comandados por un general romano rebelde, que quiso crear en Hispania un país independiente. Espero no decepcionarles al avanzar que, lamentablemente, esto no fue así.

Actualmente hay un claro y definitivo consenso en que la guerra de Sertorio, permítanme usar a partir de ya mismo el singular, no fue sino el epílogo de una crisis total del sistema político romano, que había comenzado muchos años antes y que se sustanció en un enfrentamiento terrible entre *optimates* y *populares*. Una dramática guerra civil romana, cuyo final adquirió personalidad propia en el solar hispano.

Aunque quisiera, no puedo hacer *spoiler* de esta historia. Seguro que el lector ya conoce el desenlace; Sertorio acaba mal, muy mal, al más puro estilo del héroe clásico. Pero Pompeyo aprovechará el empujón y tras su aventura ibérica comenzará a trepar de manera espectacular por la tapia de la política de Roma. Sin duda esta guerra dio unos de los primeros golpes a los cimientos de la República pero no adelantemos acontecimientos.

He ordenado los capítulos de este libro por mera deformación profesional, siguiendo el orden habitual del proceso de investigación histórica; de las fuentes a los hechos, de lo general a lo concreto. En alguno de los informes que suelo redactar en mi ejercicio profesional, en los más abultados o de lectura más áspera, suelo incluir una guía de lectura, para que el desafortunado que los tenga que procesar encuentre rápidamente lo que le interesa. No me resisto, de este modo, a intentar emular torpemente a mi adorado Cortázar en *Rayuela*, y propongo al lector dos órdenes de lectura complementarios, en función de sus gustos e intereses, o del tiempo y las ganas disponibles para la lectura. Si quiere puede seguir el orden propuesto, que me parece lo suyo, o si prefiere ir al grano y conocer primero los hechos para luego analizar las causas y las circunstancias, puede seguir el siguiente orden de capítulos: II, IV, V, VI, VII y VIII, con los capítulos I, III, IX y XI para analizar los acontecimientos. Si en algún momento el lector se siente un tanto perdido en las idas y venidas militares y políticas, como me ha ocurrido a mí, podrá acudir al capítulo X.

I

Las fuentes de la Historia

CLÁSICOS, AUNQUE NO TANTO

Se suele pensar que lo que escribían los autores clásicos va a misa. Para nada. Del mismo modo que hoy en día hay noticias que no soportan la comparación entre los distintos medios de comunicación, en la antigüedad vemos relatos diferentes para un mismo hecho, antagónicos en ocasiones, y que se contradicen en detalles, en el fondo y hasta en los mismos hechos narrados. Esto se debe a que, entonces como ahora, muchas de las obras eran interesadas, salvo notables excepciones. Los autores tenían sus filias y sus fobias, dependían de quien los mantenía o, como en el caso de Julio César, concebían sus escritos como una mera herramienta de propaganda.

La literatura antigua relativa a Quinto Sertorio es un claro ejemplo de esta situación. En la antigüedad hubo dos posturas distintas frente a su figura: una a favor, encabezada por Salustio, que lo consideraba como un modelo de hombre virtuoso y víctima de los avatares de su tiempo; y otra claramente en contra, con Tito Livio al frente, que lo veía como un simple traidor a Roma.

Estos autores clásicos tenían también sus fuentes para redactar sus obras. Livio, por ejemplo, que escribe en época de Augusto, consultaba diligentemente los escritos depositados en el archivo de Roma, el *tabularium*, cuyos restos todavía dominan lo que queda del foro. Allí se depositaba toda la correspondencia oficial, los informes de los cónsules y generales enviados a guerras lejanas y muchos de los libros escritos en la *Urbe*. Estas memorias, escritos y cartas de personajes coetáneos al conflicto sertoriano se han perdido, y su existencia únicamente podemos rastrearla examinando en profundidad los textos conservados de los autores posteriores que las consultaron. Dentro de la nómina de libros perdidos sabemos de obras como las *Memorias de Sila*, que debían ser especialmente jugosas, y que obviamente no llegarían más allá del 78, cuando muere el *dictator*. Lucio Cornelio Sisena trató en doce libros la Guerra Social y la guerra entre Mario y Sila, y necesariamente tuvo que tratar la figura de Sertorio y la guerra en Hispania. Marco Terencio Varrón, que participó en la guerra al mando de Pompeyo, escribió dos obras en las que suponemos descripciones detalladas de estas campañas militares: *De Legationibus* y *De Pompeio*. Posidonio escribió una *Historia de Pompeyo Magno*, y Salustio cita los textos de un autor desconocido, del entorno del mismo Sertorio en opinión de Schulten. Otros trataron este episodio de forma tangencial, como un tal Galba, citado por Orosio, posiblemente el abuelo del emperador homónimo, y Teófanes de Mitilene, citado por Cicerón.

No quiero aburrir al lector con el análisis en profundidad de estos textos, y también voy a dejar a un lado las apariciones puntuales de comentarios sobre la guerra de Sertorio en otras obras, como los comentarios de Julio Cesar en *De Bello Civile* y *De Bello Gallico*, cuando comenta, por ejemplo, cómo compañeros de armas de Sertorio se unieron a los aquitanos, sobresaliendo en sus competencias militares. Me permitirán que les remita para ello a los trabajos de autores como Neira, Manchón, García o Salinas, cuyas obras podrá encontrar el lector interesado en la bibliografía.

Resulta necesario no obstante realizar un breve comentario sobre los autores más influyentes que he utilizado para la redacción de este libro. La proximidad o no a los sucesos, las fuentes que utilizaron, y otros datos que pueden parecer menores, nos indican la fiabilidad de los textos en relación al asunto que nos va a ocupar, algo magníficamente representado en un trabajo de García de 2018, que traslado bajo estas líneas (*figura 2*).

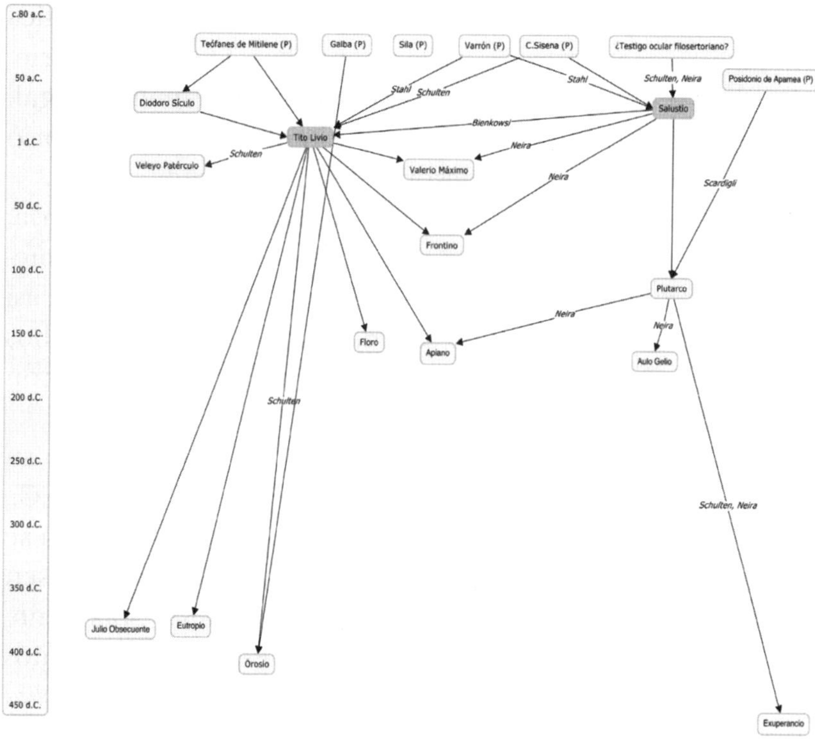

Figura 2. Diagrama con los autores que tratan la figura de Sertorio, y los principales autores modernos y contemporáneos que las han analizado, según García 2018.

Diodoro de Sicilia escribe entre el 59 y el 36 a.C., influyendo de manera contundente en obras posteriores. En el libro 37 de su *Biblioteca Histórica* muestra una clara postura antisertoriana, quizás por haber utilizado los textos de Varrón, legado de Pompeyo durante la guerra, o las *Memorias* de Sila quien, obviamente, no debía ser demasiado imparcial. En su obra, Sertorio aparece como un tirano, lo que justifica la trama para su asesinato.

Salustio redacta sus *Historias* entre el 39 y el 35 a.C. Comparte con Sertorio su ascendencia sabina y ciertos rasgos ideológicos, lo que hace que se aproxime a la figura del general con amabilidad, resaltando vicios y defectos de sus enemigos, como la supuesta incompetencia de Metelo. Salustio tenía una ideología *popular* —no se preocupe, enseguida explicaré los detalles y entresijos de la política romana— y se alinea completamente con Quinto Sertorio, al describir el gobierno de Sila como profundamente ilegal. La obra de Salustio pretende rehabilitar la figura de Sertorio menos de cuarenta años después de su asesinato.

Estrabón, en su libro III de su *Geografía* dedicado a Iberia, escrito entre el 18 y el 7 a.C., hace un esfuerzo por mantenerse imparcial. Redacta textos con vocación aséptica, casi tafonómica, relatando de forma impersonal los hechos más destacables y la nómina de las ciudades que se vieron envueltas en la guerra sertoriana.

Tito Livio escribe los ciento cuarenta y dos libros de su monumental obra *Ab Urbe Condita* entre el 29 y el 17 a.C., pero los relativos a la guerra civil y a la guerra sertoriana se los ha tragado el tiempo, se han perdido, como si se hubiesen quemado en la abadía de *El nombre de la Rosa.* Solamente contamos con resúmenes, fragmentos o *Periochae* redactados por Lucio Anneo Floro. Lo que se aprecia en estos *Periochae* conservados es que para Livio el protagonista es sin duda Pompeyo, en tanto que representante del Senado de Roma. Todo el que se opone a él es consecuentemente enemigo de Roma. Podemos intuir en su obra cierto tono de réplica a la obra de Salustio. Además de Varrón, Livio parece que usó en su trabajo para estos pasajes las *Historias* de Sisena y los *Anales* de Valerio Ancia.

Veleyo Patérculo escribe entre el 14 y el 31 d.C. y, aunque sigue reconociendo en Sertorio la figura del romano virtuoso, no ahorra críticas contra Perpenna y la causa del general sabino, a quien considera como un peligro para la legalidad romana, cargando las tintas contra los pérfidos hispanos que lo apoyaron.

Valerio Máximo, coetáneo del emperador Tiberio, recoge en sus nueve libros de *Hechos y Dichos Memorables* una serie de relatos y leyendas atribuidas a Sertorio. Se trata de pasajes puntuales y anecdóticos, como el de la famosa cierva blanca. Podemos reconocer cierta simpatía con nuestro protagonista al leer pasajes sobre Metelo, al que le otorga la pretensión de considerarse a sí mismo casi divino cuando se daba festines pantagruélicos y andaba sobre azafrán tendido en el suelo, algo profundamente detestado por los romanos de bien.

Plinio el Viejo recoge en su *Historia Natural*, acabada el 77 d.C., datos especialmente interesantes, como los trofeos levantados por Pompeyo al acabar la guerra y el dato de la toma por el *Magno* de ochocientas setenta y seis ciudades entre los Alpes y la Hispania Ulterior.

Frontino recoge entre el 84 y el 96 d.C. en su obra *Stratagemata* varias tácticas desarrolladas por los protagonistas de la guerra sertoriana. Frontino subraya tanto la habilidad de Quinto Sertorio en la utilización del medio físico para su beneficio militar como su mismo carisma, del que se sirve para concitar las voluntades de los aliados hispanos y avivar la moral de sus tropas. Pese a que este autor utilizó la obra de Livio como fuente, parece alinearse con los más afines a la figura del sabino al resaltar sus capacidades militares, que resultaban innegables.

Plutarco, quizás la fuente que más datos y detalles nos proporciona sobre este episodio, escribe su *Vida de Sertorio* entre el 96 y el 120 d.C., en paralelo a los libros *Vida de Pompeyo* y *Vida de Eumenes*, en los que también trata esta guerra. Plutarco busca analizar la personalidad de sus protagonistas para ofrecer un beneficio moral al lector. Nos presenta un Sertorio virtuoso, un experto comandante víctima de la diosa Fortuna, y lo compara con Filipo de Macedonia, Antígono o Aníbal.

En las mismas fechas, aproximadamente, encontramos referencias de Plinio el Joven. Es el primero que menciona la *Lex Plauti.* Según este autor, fue promovida por Julio Cesar para permitir el regreso a Roma a su cuñado L. Cinna, quien tras el asesinato de Lépido había huido junto a Sertorio.

Al final de la vida de Adriano, Floro escribe su *Epitomae de Tito Livio Bellorum omnium annorum DCC,* obra en la que realiza un resumen de esta guerra, aunque aportando datos de fuentes que desconocemos, como la relación del general con Mitrídates.

Apiano, en su *Historia romana* escrita entre el 160 y el 165 d.C., recoge acontecimientos hasta el 35 a.C. Se basa para el asunto que nos ocupa en las obras de Livio y Plutarco. Es claramente antisertoriano, no perdiendo la oportunidad de señalar y subrayar su carácter despótico al maltratar a sus soldados romanos para favorecer a los celtíberos, por ejemplo, o al establecer un acuerdo con Mitrídates por el que le cedía, a cambio de su apoyo contra Roma, Asia, Bitinia, Capadocia y Galacia y Paflagonia, unos territorios estos últimos que, por otra parte, estaban en el quinto pino, allá donde Anatolia pierde su casto nombre. Por cierto, según Plutarco, Sertorio sólo aceptó ceder Bitinia y Capadocia.

No les aburriré con comentarios sobre autores posteriores que resultan menores en importancia y extensión, como Aulo Gelio, Dión Casio, Eutropio, Obsequio, Amiano Marcelino o el mismo Orosio, a quien vamos a hacer cerrar esta breve nómina de autores clásicos con su *Historia adversum paganos* del 415-417 d.C.

Quedémonos con esta polaridad, con esta clara divergencia a la hora de tratar la figura de Sertorio y los mismos acontecimientos de la guerra. Recuerden lo que hemos comentado: la historia no es el pasado, es lo que contamos del mismo, y ahí entran los intereses del historiador, condicionado por el momento en el que escribe, como verán en el capítulo IX cuando les hable de Adolf Schulten.

LA ARQUEOLOGÍA: CIUDADES, METAL Y CENIZAS

Si he procurado no extenderme demasiado con los textos clásicos, seré incluso más breve con el otro pilar que sostiene el relato de esta historia: la arqueología. La nómina de yacimientos excavados que han proporcionado niveles de destrucción compatibles con estos hechos es tan amplia que excedería los límites razonables de un libro y, desde luego, la paciencia de cualquier lector. Vuelvo a animar al interesado que quiera profundizar en estos aspectos a bucear en el último capítulo y en la bibliografía que adjunto al final de esta obra. Pese a ello seguro que quedan en el tintero yacimientos y ciudades... pido disculpas de antemano por ello.

Lo que sí quiero comentar son las tendencias sufridas por la historiografía reciente relativa a Sertorio y su guerra. Un viejo profesor mío insistía en que la historia es pendular, los hechos se mueven de una posición a la contraria de un modo casi irremediable. La forma en la que la investigación aborda el análisis de la historia es así; como ya comenté en la introducción, se pasa de aceptar algo como un dogma a cuestionarlo y negarlo.

La investigación ha pasado de reconocer niveles de destrucción sertorianos de forma masiva a finales del siglo XX, a ponerlos en duda poco después, viendo muchos de ellos como causa de las guerras civiles entre los triunviros que remataron definitivamente a la República de Roma. En este momento, con más conocimientos y nuevas herramientas, estamos volviendo a reconocer la huella abrumadora de esta guerra en el panorama arqueológico peninsular.

Un ejemplo de ello lo podemos encontrar en las investigaciones sobre la ciudad ibérica del Cabezo de Alcalá de Azaila, que conozco bien al estar vinculado a las mismas. Este tremendo yacimiento es uno de los decanos de la arqueología española. Las excavaciones comenzaron en 1885, en un momento en que cuesta todavía reconocerlas como intervenciones arqueológicas, y se han venido desarrollando, con largas interrupciones, hasta la actualidad.

Juan Cabré fue realmente el promotor de las labores sobre este yacimiento, comenzando en 1919 un concienzudo trabajo que se prolongó hasta 1942, con la interrupción de nuestra propia y lamentable guerra civil. Cabré fue variando su postura sobre la cronología de este yacimiento: al principio creía que su destrucción estaba en relación con las guerras púnicas, hacia el 217 a.C., y acabó proponiendo el 27 a.C. debido al supuesto carácter augústeo del conjunto de bronce que se recuperó en el templo de la ciudad y que actualmente se exhibe en el Museo Arqueológico Nacional, en Madrid. Hacia 1960 Antonio Beltrán retomó las excavaciones, apostando por la destrucción de la ciudad tras la batalla de Ilerda, a mediados del siglo I a.C., opinión que sería compartida por su hijo Miguel en su tesis doctoral, publicada en 1976. El prócer de esta saga de arqueólogos, Don Pio Beltrán, padre de Antonio y abuelo de Miguel, publicó en 1972 un trabajo sobre los tesoros de monedas localizados en la ciudad, llegando a la conclusión de que eran sertorianos y, por lo tanto, también lo era la destrucción de la ciudad. Catorce años después su nieto le daría la razón tras realizar un laborioso estudio de los materiales cerámicos. Yo mismo he apostado por esta cronología, reconociendo en un trabajo publicado en 2006 la destrucción como consecuencia de un asedio formal dentro del contexto sertoriano. Esta tesis fue rápidamente contestada por un investigador francés, Hourcade, que postuló un abandono pacífico de la ciudad tras las guerras civiles romanas de mediados del siglo I a.C. Finalmente en 2016 pude localizar una serie de recintos y estructuras al pie de la acrópolis de la ciudad que respondían a un cerco vinculado a un asedio, y los trabajos de campo de 2017 permitieron reconocer un claro horizonte material de tipo militar de cronología sertoriana. Por ahora, ahí estamos.

Este es un claro ejemplo de las idas y venidas cronológicas que van de la mano de la arqueología. No insistiré más en ello; tendrá el lector que hacer un acto de fe durante la lectura de esta obra y fiarse de lo que vaya contando. No obstante, como el iconoclasta irredento que soy, y como ya les he anticipado, les voy a proporcionar los materiales necesarios para que se formen una opinión propia y hagan buena la estructura dialéctica de la historia: tesis, antítesis y finamente síntesis.

II

Et unde venis?... Sertorio antes de Sertorio

Realmente es poco, muy poco, lo que sabemos del nacimiento de Sertorio, y lo poco que conocemos es gracias a Plutarco, en primer lugar, y a los esfuerzos de muchos investigadores modernos y contemporáneos cuyas propuestas, lamentablemente, suelen quedar como posibilidades más o menos sólidas ante el vacío de noticias concretas. Por no saber, no sabemos ni quién fue su padre, lo que no deja de ser extraño.

Al menos podemos afirmar que Quinto Sertorio ve la luz en la ciudad sabina de Nursia entre el 124 y el 123 a.C. (*figura 3*). Hay consenso en considerar que nació huérfano de padre, quizás fallecido en alguna campaña militar, y que su madre Rhea se encargó de su formación y educación, posiblemente ayudada por un familiar cercano como tutor. Con toda seguridad, viendo su trayectoria, pertenecía a una de las familias más notables de su ciudad, de la tribu Quirina o Velina, y no le faltarían contactos. Al no tener padre, las costumbres indicaban que su tutela debía recaer en su abuelo paterno, o el materno en ausencia del primero. No sabemos quién educó durante sus primeros años al joven Quinto. Lo que sí que podemos afirmar es que su rango era el de caballero —*equite equo publico*— aunque al pertenecer a una ciudad itálica socia de Roma, una *civitas optimo iure*, era considerado por los romanos como un *homo novus*, un ciudadano nuevo o recién llegado, con todo lo que ello implica.

Figura 3. Situación de Nursia, cuna de Quinto Sertorio.

Su familia, la *gens Sertoria*, parece tener origen en Etruria, ya que es donde más restos epigráficos existen relacionados con este nombre, apareciendo menciones a la misma en territorio sabino a finales del siglo III o comienzos del II a.C. Quizás el hecho de que Sertorio hablase perfectamente el galo a sus veinte años de edad, como veremos más adelante, nos está indicando algo más que la facilidad para los idiomas del joven Quinto, ya que la zona Sabina y la Etruria limitan con la Galia Cisalpina.

Tendremos que esperar hasta los diecisiete años del joven Quinto para saber algo de su vida. Esta era la edad en que los varones itálicos solían vestir la toga viril, que es decir tanto como ser mayor de edad con todos los derechos. No sabemos si la puesta de largo la realizó en Nursia, pero hoy en día se piensa que Sertorio ya debía estar en Roma en ese momento, dado los posibles de la familia y su rango ecuestre, quizás bajo la tutela de un senador relacionado con la familia de los Servilio Cepion.

Los jóvenes romanos de buena familia no ingresaban directamente en el ejército; en su lugar desarrollaban, entre los diecisiete y los diecinueve años, un período que se conocía con el nombre de *tirocinium,* en el que comenzaban a hacer pinitos políticos con discursos en el foro o en cualquier sitio que pudiesen. Según Plutarco, Sertorio destacó en esto de la oratoria, aunque hay que recordar que este autor es bastante proclive a exaltar las virtudes del sabino. Como se dice en mi barrio, «de dineros y bondades, la mitad de las mitades».

En cualquier caso, tenemos a Sertorio con seguridad en Roma entre sus diecisiete y dieciocho años, estableciendo relaciones con sus primeros comandantes; Quinto Servilio Cepión y Tito Didio.

Se ha escrito mucho sobre la naturaleza de estas relaciones, sobre si serian clientelares o de *amicitia.* Parece que más que clientelares, que implican una cierta dependencia y sumisión, serían de simple amistad, y se considera que Sertorio, en estos primeros momentos, estaría más próximo a Tito Didio que a Cepión, ya que este último cayó pronto en desgracia por sus desastres militares con los cimbrios, y el joven Quinto se mantuvo al margen de su descenso a los infiernos públicos.

En el año 111 a.C. el pueblo germano de los cimbrios había llegado desde el norte de Europa a las fronteras del territorio controlado por Roma, y exigió al Senado tierras donde asentarse. Esto de las exigencias era algo mal digerido por los romanos y les dijeron que nones, que ni se les ocurriera, enviando al cónsul Marco Lucio Silano a meterlos en cintura. El cónsul fue derrotado estrepitosamente y los cimbrios camparon a sus anchas y se extendieron por todo el sur de Galia, llegando hasta Hispania.

Quinto Sertorio comenzó su carrera militar en esta guerra, y no fue un buen comienzo. O quizás sí. Me gusta decir que se aprende mucho más de lo que sale mal que de que lo que sale bien, y desde luego Sertorio tuvo que aprender muchísimo del desastre de la batalla de Arausio, en la que sabemos que tomó parte. El seis de octubre del 105 a.C. se enfrentaron entre seis y ocho legiones, al mando del cónsul Cneo Malio Máximo y el procónsul Quinto Servilio Cepión, contra una coalición de cimbrios, ambrones y teutones cerca de la actual ciudad de Orange, a orillas del Ródano (*figura 4*). El ejército romano se distribuyó irregularmente por las dos riberas del río, una táctica que respondía más a las malas relaciones entre cónsul y procónsul —por eso de quien manda más— que a una planificación detallada del combate. La derrota romana fue total y absoluta; nuestro joven, que se encontraba con la caballería al mando de Cepión en la margen izquierda del río, tras perder su caballo tuvo que huir cruzando a nado el Ródano con parte de su armamento. Como he comentado, Cepión fue culpado de la derrota, cargó con toda la responsabilidad y al año siguiente incluso fue expulsado del Senado.

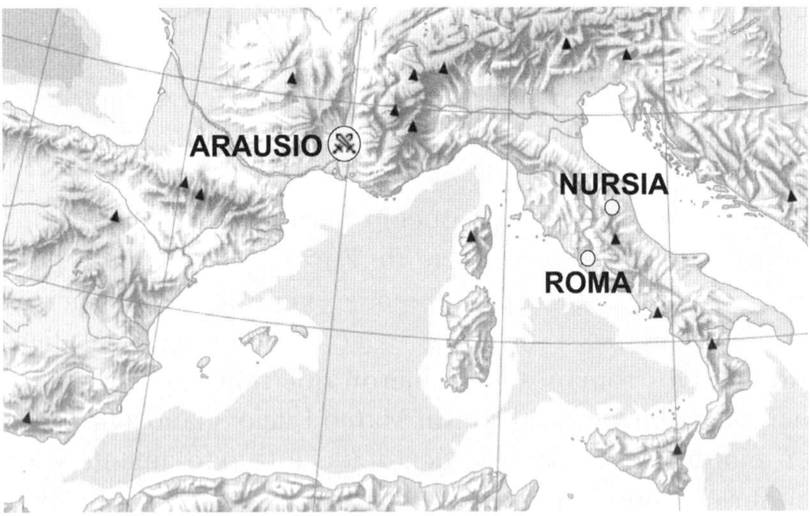

Figura 4. Situación de la batalla de Arausio. 105 a.C.

En noviembre del 105 Cayo Mario recibía su segundo consulado, con el encargo concreto de ir a solucionar este problema. Los cimbrios se habían desplazado a Hispania a hacer de las suyas, y teutones y ambrones habían vuelto al norte. Mario utilizó los restos del ejército destrozado en Arausio para ocupar el hueco que habían dejado estos pueblos, asegurando la zona. Por cierto, entre sus lugartenientes se encontraba un tal Lucio Cornelio Sila.

Mario se dirigió por la costa hacia la Narbonense durante el otoño del 104, instalando sus legiones en campamentos y a las tropas ligeras y auxiliares en puestos avanzados. Estas tropas ligeras de caballería de escolta y reconocimiento, o *extraordinarii,* estaban formadas en su mayor parte por celtas y ligures, aliados de Roma, al mando de oficiales romanos, y Sertorio fue uno de ellos. Desempeñó el cargo de *praefectus socium* o *praefectus turmae,* un empleo en caballería similar al de centurión, con la misión explícita de explorar y reconocer territorio enemigo y, como además dominaba la lengua celta, infiltrarse y recopilar información.

Sin ninguna duda, si Roma llegó a ser Roma fue gracias a su estructura política y militar, unos sólidos andamiajes que lo distinguieron de buena parte de las culturas mediterráneas de la antigüedad y que fueron evolucionando a lo largo del tiempo, sobre todo gracias a los vecinos y enemigos a los que se fueron enfrentando. Esto del pragmatismo era consustancial al carácter romano y si veían algo que les podía funcionar mejor no tenían ningún problema en asumirlo, adquirirlo, desarrollarlo y hacerlo propio.

No voy realizar un análisis detallado de esta evolución, que da para varias tesis doctorales. Me voy a contentar con ofrecerles una foto fija, una somera descripción de cómo era el ejército de Roma a comienzos de este turbulento siglo I a.C.

Durante el siglo IV a.C. el ejército de Roma había evolucionado desde una formación en falanges pesadas de tipo hoplita hacia una estructura basada en las legiones manipulares, formadas por entre cuatro mil doscientos y cinco mil hombres que se agrupaban en manípulos de ciento veinte. Generalizando, en primera línea se situaban los *velites,* la infantería ligera, que se retiraban a los flancos para dar paso al combate de infantería más pesada. Tras ellos, los manípulos se disponían en orden de combate en tres líneas, formadas por *hastati, princeps* y *triarii,* en este orden de profundidad. En los flancos se situaba la caballería.

Cada soldado se pagaba su equipo, por lo que esto de la uniformidad en época republicana directamente no existía; tenemos que quitarnos de la cabeza esta imagen de las legiones imperiales, todos iguales, con los mismos escudos decorados con rayos, *lorica segmentata* y relucientes cascos con penachos. Como cada uno se costeaba sus armas, dependiendo de sus posibles iban mejor o peor pertrechados y se agrupaban en el tipo de infantería que le correspondiese. Esto suponía que formasen parte de cada cuerpo en función de sus recursos económicos o, lo que venía a ser lo mismo, nivel social. Los soldados debían ser ciudadanos y propietarios con una renta anual superior a once mil ases, poco más o menos; era la única manera de asegurar que acudían a la batalla con un equipamiento digno y no con cuatro trapos y un palo.

Del mismo modo que actualmente se cambian leyes después de un suceso especialmente relevante, los ejércitos se actualizan y modifican en el transcurso de las guerras, y para Roma un primer cambio radical se dio en la segunda guerra púnica. Se rebajó el umbral de renta a cuatro mil ases y se llegaron a enrolar esclavos para remar en las galeras, algo impropio de un ciudadano de bien.

La expansión romana tras esta guerra hizo necesario contar con un contingente mayor, por lo que se volvieron a relajar los requisitos para entrar en el ejército. En 127 a.C., por ejemplo, la renta para poder ingresar se volvió a rebajar a los mil quinientos ases.

El peso específico de la infantería pesada y el papel residual que se daba a los *velites,* con un equipamiento paupérrimo, suponía que estas legiones manipulares en la práctica fuesen poco ágiles, de movimientos lentos, lo que a finales del siglo III a.C. y comienzos del II a.C. les supuso varios disgustos frente a ejércitos en los que las tropas ligeras tenían mayor protagonismo. Mario entendió que necesitaban una línea frontal sólida y profunda para contener el ataque enemigo, pero también cuerpos de ejército ligeros que pudiesen maniobrar con agilidad y respondiesen a tácticas militares basadas en la rapidez de movimientos.

Esta necesidad de modernización se plasmó en un primer momento sobre el papel, mejor dicho, sobre placa de bronce, con una reforma sustancial que llevó a cabo el cónsul Cayo Mario entre el 107 y el 101 a.C. Básicamente esta reforma pivotaba sobre tres ejes: todo ciudadano podían entrar en el ejército sin importar rentas y clase social, el equipamiento militar debía ser suministrado por el Estado y se cambió de la estructura de las legiones, que dejaron de ser manipulares para estar compuestas por cohortes. Cada cohorte estaba formada por seis centurias y la legión pasó a ser de cuatro mil ochocientos hombres, dividida en diez cohortes de cuatrocientos ochenta. Cada cohorte estaba compuesta a su vez por tres manípulos de ciento sesenta hombres, formados por dos centurias de ochenta hombres bajo el mando de un centurión. Los *velites* desaparecieron como tales, y su función pasó a ser asumida por las tropas auxiliares o *auxilia*, habitualmente formadas por aliados de Roma, al igual que la caballería.

Estos cambios no se hicieron efectivos de la noche a la mañana. El asunto del alistamiento y el cambio de estructura sí fue más rápido, sobre todo en los ejércitos comandados por el mismo Mario, pero esto del equipamiento tardó más en generalizarse, ya que, al fin y al cabo, suponía la implantación y desarrollo de una estructura logística que costaba mucho dinero a las arcas estatales. De hecho, una medida similar había sido ya promulgada por la *Lex Militaria* de Cayo Graco en el 123 a.C., pero no se haría efectiva hasta bien entrado el siglo I a.C.

Volviendo a Sertorio, esta temprana especialización en reconocimiento del terreno, vigilancia e infiltración, va a ser especialmente importante para entender y analizar su figura y los hechos que vamos a ver, ya que con ella comenzó a forjar las varillas con las que armaría sus tácticas posteriores; un detallado conocimiento del terreno amigo y enemigo, la utilización del factor humano y la recopilación de información privilegiada para sus intereses. Permítame el lector que les cite a Plutarco en un texto revelador: «Mario mandaba el ejército y Sertorio recibió la orden de reconocer a los enemigos. Ataviado con un vestido celta y habiendo aprendido lo más corriente de su lengua para conversaciones según la ocasión, se mezcló con los bárbaros. Después de que vio unas cosas y se enteró de oídas de las más apremiantes, regresó junto a Mario». Casi nada, un auténtico espía, quizás entre los ambrones o tiurinos, en el norte de Italia. Esto de explorar e infiltrarse en territorio enemigo son habilidades que necesariamente imprimen carácter y, aunque se han pasado por alto en los análisis de las campañas del *bellum sertorianum*, las considero especialmente relevantes en el desarrollo militar de nuestro protagonista.

Parece deducirse de las fuentes y de los acontecimientos posteriores, como veremos, cierta proximidad de Sertorio con Cayo Mario. En este primer momento responde exclusivamente a las dotes militares del joven, un auténtico *homo militaris*, y no a su postura política, que todavía no había comenzado a definirse. De hecho, uno de sus valedores y posiblemente amigo, Tito Didio, era un *optimate* irredento. No obstante, tampoco hay que perder de vista el origen de Sertorio y su condición de *homo novus*, al igual que Mario.

Mientras Cayo Mario consolidaba su posición y reorganizaba el ejército, Tito Didio fue nombrado tribuno popular en Roma y enviado a Macedonia como pretor el 101 a.C. para enfrentarse con el remoto pueblo de los escordiscos. Según algunos investigadores Sertorio habría seguido a Didio, algo que no parece demasiado verosímil, ya que sabemos que se encontraba a las órdenes de Mario en la batalla de Vercellae, en la Galia Cisalpina, ese mismo año. En esta batalla los cónsules Cayo Mario y Quinto Lutacio Cátulo destrozaron lo que quedaba de los cimbrios, erradicándolos de la península itálica y de la historia. Tras su victoria, Mario se dirigió a Roma a celebrar el triunfo concedido por el Senado, dejando al ejército acantonado en el norte de Italia. Lo más probable es que Sertorio acompañase a Mario a celebrar este triunfo, por lo que podemos ubicarlo de vuelta en Roma a finales del 101 a.C.

Como hemos comentado, tras la victoria sobre los romanos en Arausio los cimbrios se habían trasladado a Hispania, donde fueron derrotados de forma contundente por los celtíberos, si hacemos caso a Livio. Esta victoria ha pasado totalmente desapercibida en los manuales clásicos, pero nos está indicando la contundencia y solidez militar de los celtíberos, que fueron capaces de descalabrar un ejército que antes había puesto de rodillas a Roma. Quizás a causa de esta victoria, los celtíberos se vinieron arriba y decidieron dejar de pagar a Roma lo que tenían que pagar según los acuerdos de la última guerra. Esto de no pagar impuestos era intolerable para el Senado, que siempre necesitaba más dinero y recursos para las cosas de la República, y decidió enviar a comienzos del 98 a.C. al cónsul saliente, Tito Didio, con un nutrido ejército para hacerlos entrar en razón.

Es en este contexto es cuando Tito Didio nombra tribuno militar a Quinto Sertorio. Fue un tribuno nombrado a dedo, es decir un *tribunus militum rufuli,* no elegido por los comicios. Esta tendencia se había hecho habitual debido a la necesidad de dotar de mando en el ejército precisamente a militares con experiencia, y no a personas elegidas por motivos políticos o simpatías populares, que en ocasiones no sabían por dónde se agarraba un *gladius.* Esta elección reafirma la posibilidad de que Sertorio formase parte de los *contubernales* de Didio, es decir, de amigos situados en el mismo nivel social.

Comienza así una etapa apasionante y poco conocida de Sertorio. No sabemos con seguridad el tiempo que Sertorio estuvo en Hispania con Didio, pero hay quien opina que permanecería en el solar ibérico hasta el 93 a.C. De ser así, tenemos a nuestro protagonista cinco largos años familiarizándose con los pueblos y la geografía hispana. No contamos apenas con datos precisos de estas campañas, aunque

Apiano nos cuenta que, nada más llegar, Tito Didio derrotó a veinte mil celtíberos, así, de golpe. Esto de las cifras de los enemigos de Roma muertos en combate es como las manifestaciones hoy en día: depende quién cuente, salen unas cifras u otras. Además, encontramos que Apiano suele hablar con frecuencia de veinte mil para las bajas de ejércitos enemigos. Quedémonos con que veinte mil celtíberos eran *muchos* celtíberos. Tras despacharlos, Didio y su flamante tribuno militar se dirigieron a Termancia, Tiermes, en Soria, a la que parece que sometieron sin mayor dificultad, ya que esta ciudad pasaría en pocos años a ser *ciuitas stipendiaria*, es decir y por simplificar, aliada de Roma. La ruta para llegar a esta ciudad puede indicarnos que los celtíberos vencidos podrían ser arévacos, aunque no deja de ser una suposición.

Con la ciudad de Colenda la cosa fue diferente. Se resistieron. Por cierto, esta ciudad celtibérica sigue siendo de localización desconocida, como muchas de las que vamos a ver, pero se viene situando en la actual provincia de Segovia. Tras ocho meses de asedio —creo que alguno menos sería— la ciudad fue tomada y toda la población, incluyendo mujeres y niños, fue vendida como esclavos. Algo más tuvo que pasar en el asedio de Colenda, porque Tito Didio estaba sumamente enfadado con los habitantes de una ciudad vecina, fundada sólo cinco años antes por el gobernador romano de turno con los mercenarios celtibéricos que lo habían apoyado en su campaña contra los lusitanos. Las fuentes justifican la postura de Didio argumentando que esa ciudad se dedicaba al bandidaje de forma generalizada, pero lo cierto es que esto era algo que les daba absolutamente igual a los romanos, mientras no molestasen sus intereses. Nos cuentan que Didio los convocó para repartirles las tierras de Colenda, y según fueron entrando en su campamento los fue ajusticiando. Si rebuscamos un poco entre nuestras fuentes encontramos que el gobernador en cuestión que asentó estos *mercenarios* fue Marco Mario, hermano de Cayo Mario. Vaya. El asunto huele a venganza de un *optimate* sobre las clientelas de un popular tan prominente como Mario.

Plutarco nos cuenta otra historia especialmente interesante sucedida en Castulo. Por cierto, este autor considera la ciudad como celtibérica cuando precisa que Sertorio «pasó el invierno en la ciudad de Castulo, entre los celtíberos», una atribución problemática. Castulo era capital de la Oretania y sus restos se localizan cerca de Linares, en la provincia de Jaén. Algunos investigadores se basan en este pasaje, y en otros datos, como las acuñaciones de Tamusia, en Villasviejas de Tamuja, Cáceres, para considerar una posible expansión celtibérica hacia el sur a finales del siglo tercero o comienzos del segundo antes de Cristo, aunque esta es otra historia. Quizás haya que valorar que cuando el texto dice «entre los celtíberos», puede referirse a que estos se encontraban en la ciudad acompañando al sabino, del mismo modo que había comandado un grupo de caballería celta con Mario unos pocos años antes. Según nos cuenta Plutarco, a los romanos parece que se les fue la mano con el vino y se excedieron con la población local. Los anfitriones, hartos de sus desmanes, pidieron ayuda a sus vecinos de Orongis o quizá Isturgi, quienes entraron por la noche en la ciudad y mataron a todo soldado romano que se fueron encontrando. Sertorio logró escapar de la ciudad, reagrupó las tropas fuera de las murallas y volvió a entrar por la misma puerta principal, que parece que habían dejado abierta, matando, según el texto, a todos los que tenían edad de tomar las armas. Hecho esto, ordenó a sus soldados equiparse con las ropas y armas de los vencidos, y dirigirse a Orongis. Los hispanos, que no debían ver tres en un burro, los confundieron con sus vecinos, les dieron acceso y Sertorio mató a casi todos en la misma puerta, y los que no murieron fueron vendidos como esclavos.

Este pasaje nos ofrece una información realmente interesante. En primer lugar, Sertorio aprende que invernar en ciudades ajenas sólo trae problemas, tanto con los indígenas como entre la misma tropa. Veremos que, cuando ejerció el mando, evitó en la medida de lo posible esta costumbre, librando a muchas ciudades de la imposición de acuartelar romanos, lo que le granjeó las simpatías de los líderes indígenas. Además, nos indica el carácter pragmático del sabino, que no duda en utilizar estratagemas de infiltración.

Y hasta aquí. No sabemos más de esta etapa de Sertorio. Tito Didio volvió a Roma recibiendo un triunfo en junio del 93 a.C. Según algunos investigadores nuestro protagonista volvió con su jefe, según otros volvería al año siguiente, estando un año más bajo el mando de Cayo Valerio Flaco y atacando la ciudad de Belgida, quizás la celtíbera Belikion en Azuara, provincia de Zaragoza, matando a veinte mil —sí, otra vez veinte mil— celtíberos. En cualquier caso, Sertorio tenía que estar en Roma el 92, cuando sabemos que fue elegido en los comicios para ejercer como cuestor el 91 a.C.

Recapitulemos. Quinto Sertorio el 93 a.C., con una edad próxima a los treinta años, llevaba ya más de diez de servicio militar. Había comenzado su carrera militar en la derrota de Arausio y fue formado como jefe de grupo de exploración e infiltración con Mario. Había pasado un mínimo de cinco años en la península ibérica como tribuno militar, conociendo a fondo el territorio y los distintos pueblos y ciudades existentes. Con este bagaje vuelve a Roma un auténtico *homo militaris* lleno de esperanzas y ambiciones, aunque, como suele decirse, salió de la sartén para caer en las brasas.

III

Roma en llamas: Una terrible guerra civil

A menudo, cuando nos juntamos los viejos amigos de la Universidad, recordamos entre risas y bromas la respuesta de un compañero en un examen de historia antigua sobre el reinado de Vespasiano: «No podemos entender la figura de Vespasiano sin analizar la evolución de los Julio Claudios…», y escribió durante tres horas sobre el principado y nada sobre los flavios, a los que, obviamente, no había estudiado. Le cayó un contundente cero. He recordado sonriendo esta vieja historia al considerar comenzar este capítulo con un «no podemos entender la figura de Sertorio sin analizar los acontecimientos políticos del siglo II a.C.», pero es cierto e inevitable. Sertorio jugaría un papel relevante en una guerra cuyas causas hay que buscarlas años atrás en el laberinto político y social romano.

No quiero aburrirles con un largo discurso sobre la estructura política y social de Roma, que dista mucho de ser un tema sencillo. Iré comentando detalles sobre cargos, puestos y leyes cuando sea necesario, pero no voy a dedicar un espacio a este asunto, que llenaría de sobras una enciclopedia completa de esas que teníamos en el comedor de casa los que ya tenemos una edad.

Desde luego el siglo II a.C. fue un siglo de cambios y convulsiones en Roma. La ciudad eterna venía de una situación social y económica complicada tras derrotar a los cartagineses pasando el trago de ver a Aníbal *ad portas.* Por cierto, este es un ejemplo claro de la importancia estratégica del control del Mediterráneo. Aníbal no tomó Roma porque no contaba con el equipo de asedio necesario, y no lo tenía porque por sus dimensiones y peso solo se podían transportar por vía marítima, y la República se cuidó muy mucho de cerrar el mar; había enviado a Tiberio Sempronio Longo con ciento sesenta quinquerremes a Sicilia y a Publio Cornelio Escipión con sesenta a Massalia. La flota de Roma inmovilizó el material de asedio del cartaginés en Cartago Nova, y Aníbal sólo pudo llegar a contemplar las murallas de la *Urbe* pensando en lo que pudo haber sido y no podía ser, para retirarse inmediatamente hacia el sur. Con Sertorio veremos más adelante esta misma estrategia por parte de Roma, por cierto.

Kovaliov escribió, en su clásica *Historia de Roma,* que «las guerras civiles de los siglos II y I fueron un poderoso movimiento revolucionario dirigido contra todo el sistema de relaciones político-sociales que se habían venido formando en el siglo II. Fueron rebeliones de esclavos contra los amos, movimientos de los campesinos para obtener la tierra, rebeliones de ítalos y provinciales para la obtención de derechos políticos, luchas entre caballeros y senadores para obtener el poder». Pues sí y no. Como buen ruso de 1960, Kovaliov pensaba que la entrada masiva de bienes y dinero en Roma, fruto de las conquistas y éxitos militares, causaron una concentración del capital en detrimento de las clases bajas, lo que provocó una crisis social. Todo esto ocurrió, pero no fue un movimiento libertario ni democrático: fue una simple lucha por el poder social, político y económico, y no por ese orden. Los hermanos Graco, a quienes vamos a conocer en un momento, no quisieron instaurar una democracia, como deja caer este autor. Quisieron acaparar el poder valiéndose de movimientos legislativos y sociales, pero sin alterar demasiado la estructura republicana. Parafraseando una magnífica novela, *El gatopardo*, se quiso cambiar todo para que todo siguiese igual. Estas reformas duraron lo que la vida de estos dos hermanos, poco, pero provocaron una ruptura social y política que convulsionó todo el Mediterráneo.

El siglo segundo antes de Cristo se vio dominado en Roma por grandes familias aristocráticas, cuyos nombres nos suenan de un modo u otro: Catón, Claudio, Escipión... Todos ellos se alineaban a su vez en la órbita de dos grandes grupos en los que se enrolaban de una forma u otra la mayor parte de cónsules, senadores y nobles en general: los escipiones por un lado, y los metelos por otro. De hecho, a mediados de siglo se hablaba en Roma del *círculo de los escipiones*, formado por un grupo de notables, con Escipión a la cabeza, el historiador Polibio, Panecio el estoico y otros amigos, que revindicaban el viejo carácter republicano de personajes como Catón el viejo, y que veían en la posesión de la tierra y en su cultivo los viejos valores de la ciudadanía romana y de su estructura política, lo que se conocía como *mos maiorum*.

El padre de los hermanos Graco, Tiberio Sempronio Graco, precisamente el que ganó la primera guerra celtibérica a comienzos del siglo II a.C. e instauró en Hispania un tratado de paz que duró más de treinta años, se había casado con Cornelia, hija de Escipión el Africano. Sus dos hijos, Tiberio Sempronio Graco y Cayo Sempronio Graco, revolucionarían de forma dramática el escenario político romano, creando el germen que desembocó en una terrible guerra civil. Podemos pensar que, por motivos familiares, estos hermanos beben directamente del pensamiento del *círculo de los escipiones*, pero la realidad nunca es tan sencilla. Los escipiones no dejaban de ser nobles, y lo que promovieron los Graco se alejó mucho, en forma y fondo, de los pensamientos políticos de sus padres y amigos.

Tiberio Sempronio fue elegido tribuno de la plebe el 134 a.C. Este cargo era antiquísimo: había sido creado sólo quince años después de la misma fundación de Roma, al parecer debido a una revuelta de los plebeyos que amenazaron con que si la cosa no mejoraba para ellos, se iban a fundar otra ciudad diferente y dejaban solos a los patricios, sin nadie a quien mandar. Desde este momento, y cada año, el *concilium plebis*, una asamblea popular en su sentido más estricto, elegía a dos tribunos de la plebe. Este cargo estaba blindado, por utilizar un término contemporáneo, con la *sacrosanta potestas*, lo que suponía que el tribuno de la plebe estaba protegido de cualquier daño físico por un mandato religioso inquebrantable.

Los romanos no se tomaban a broma esto de la religión; suelo citar el ejemplo del general romano Publio Claudio Pulcher, que comandaba una flota romana en la primera guerra púnica. Antes de atacar a los cartagineses en el puerto de Drepana, en la actual Sicilia, llamó al *pullarius* de su nave insignia, el encargado de los pollos sagrados, y le pidió el vaticinio de los pobres animales sobre el desenlace de la batalla. Según la costumbre, se soltaba a los pollos y se les ofrecía grano; si comían, bien, si no, los dioses no estaban por la labor y había que abandonar los planes. Esto tiene una explicación lógica en un barco; unos pollos mareados no tienen ganas de comer y un mar revuelto no presagia nada bueno. Pues bien, el *pullarius* echó grano por la cubierta, soltó a los dichosos pollos, pero no quisieron comer. El general lo veía todo tan claro, con la flota cartaginesa arrinconada en el puerto en una posición de clara desventaja, que bramó «si no quieren comer, que beban», y los tiró por la borda. Entabló combate, y sí, perdió. No por mucho, pero perdió. Al volver a Roma fue juzgado. No por la derrota, sino por impiedad, por saltarse a la torera las indicaciones divinas, y fue condenado. Según unos fue enviado al exilio, según otros, ajusticiado. Pocas bromas.

Esto venía a cuento de la figura del tribuno de la plebe quien, además, estaba revestido de *ius intercessionis*: podía vetar cualquier ley o proyecto del Senado o incluso los mandatos del otro tribuno de la plebe. De hecho, los tribunos de la plebe eran el contrapeso de los cónsules y el Senado.

Tiberio Sempronio Graco impulsó nada más asumir su tribunado una importante reforma agraria, centrada en el reparto del *agger publicus* entre los ciudadanos romanos, tomando como base unas viejas leyes casi olvidadas, las leyes Licinas, que limitaban a quinientos *iugera* —unas ciento veinticinco hectáreas— la superficie máxima que podría acaparar un solo propietario. Ni qué decir tiene que este proyecto de ley provocó las iras de la mayor parte de los senadores y notables, que ya habían acumulado superficies de tierra muy superiores. La presión que ejercieron fue tal que consiguieron que el otro tribuno de la plebe, Marco Octavio, vetase este proyecto de ley.

Y aquí es donde se lía de verdad, porque Tiberio Sempronio se las arregló para que Marco Octavio fuese destituido en una votación popular de los comicios, algo que no había ocurrido nunca, y que fue interpretado como un auténtico golpe de Estado por muchos senadores, incluso por la mayor parte de los que apoyaban su reforma agraria. Tiberio consiguió que este *Concilium Plebis* eligiese en su lugar a un tal Minucio, un hombre de su confianza. Las leyes agrarias fueron finalmente aprobadas en otra asamblea popular, designándose para su puesta en marcha una comisión formada por el mismo Tiberio Sempronio Graco, su hermano Cayo y su suegro Apio Claudio. Todo quedaba en casa.

El ambiente estaba muy cargado y la fractura social romana se había manifestado de forma contundente, definiéndose de forma nítida las dos posiciones políticas antagónicas que se venían fraguando: los *populares*, integrado por las bases de los ciudadanos romanos encabezados por los hermanos Graco; y los *optimates*, la aristocracia romana, que se negaba en redondo a perder propiedades y privilegios.

El verano del 133 a.C., bajo la canícula romana, Tiberio Sempronio forzó de forma irregular la convocatoria de unos nuevos comicios para su reelección como tribuno de la plebe. El calor de agosto agobia a cualquiera, y en una de sus idas y venidas por las calles, fue interceptado en el Capitolio por un grupo de acalorados senadores armados, que lo dejaron tieso de un garrotazo y tiraron su cuerpo al Tíber.

Las aguas volvieron a su cauce y las leyes fueron puntualmente derogadas, pero la herida estaba abierta. Cayo Sempronio Graco siguió el mismo camino que su difunto hermano, llegando a ser a su vez tribuno de la plebe el 123 a.C., diez años después. Consiguió la aprobación de alguna de las medidas de la dichosa ley agraria, pero con importantes cambios: dejó a un lado el reparto del *agger publicus,* no sea que acabase también de cabeza en el río, y en su lugar propuso el reparto de las tierras únicamente en las zonas conquistadas. Implantó la *Lex Annona,* que fijaba el precio del trigo y determinaba un importe reducido para los ciudadanos más pobres, hasta un límite de cuarenta y tres kilogramos por mes, y abolió la antigua *Lex Calpurnia* para permitir el acceso a los tribunales del orden ecuestre, es decir, los caballeros de rango bajo. Los senadores se quedaban de este modo sin el control absoluto de los resortes del procedimiento legal.

Todas estas medidas fueron celebradas por el pueblo, pero ahondaron la fractura social. Los *optimates* se pusieron manos a la obra para asegurar sus privilegios y emprendieron una concienzuda labor de zapa y derribo de estas normas, eso sí, siguiendo los cauces legales. La chispa que hizo prender la hoguera fue la propuesta del Graco de una nueva Ley el 122 a.C., la *Rogatio Sempronia de sociis et nomine Latino,* por la que se proponía conceder la ciudadanía romana y el derecho de sufragio a los aliados latinos. Ahí el Senado se plantó, amenazando de todas formas posibles al tribuno al que, además, le quedaban dos días en su cargo. Cayo Sempronio decidió en ese momento presentarse a su tercera reelección como tribuno de la plebe, no quería perder el aforamiento, como se diría ahora. Un tercer tribunado de la plebe consecutivo era algo nunca visto. Perdió las elecciones, por cierto, pero trató de agarrarse al sillón con el apoyo de las clases populares, provocando un levantamiento violento en la ciudad eterna. Otra vez a palos por las calles con muertos de uno y otro lado.

El Senado tiró de medios extraordinarios y otorgó a los cónsules de ese año poderes especiales para sofocar la revuelta. Tres mil seguidores populares armados decidieron atrincherarse en el Aventino para defender a Cayo Sempronio Graco, llegando a levantar barricadas en las calles, pero fueron capturados, ejecutados y sus propiedades confiscadas. Cayo no acabó en el río como su hermano porque puso pies en polvorosa, pero fue declarado inmediatamente enemigo de la República y se ordenó su búsqueda y captura. No llegó demasiado lejos. Parece que no quiso seguir los pasos de su hermano, pero no vio ninguna salida digna y ordenó a su esclavo que lo suicidase en las laderas de la colina Janículo, a las mismas afueras de Roma.

A partir de ese momento ser *popular* o ser *optimate* no fue un asunto menor en Roma. Alinearse en un bando u otro llegó a ser inevitable y cada ciudadano debía valorar muy bien sus amistades, sus simpatías, y saber a qué atenerse en cada momento.

Será en este contexto convulso y violento cuando aparecerán los dos personajes que provocarían una terrible guerra fratricida en Roma: Cayo Mario y Lucio Cornelio Sila.

Cayo Mario había nacido en la pequeña población de Cereatae, cerca de Arpino, en el Lacio, en el 158 o el 157 a.C. y no pertenecía a la aristocracia. Esta zona había adquirido el derecho a la ciudadanía romana el 188 a.C., sólo treinta años antes de su nacimiento. Pertenecía al orden ecuestre y era un *homo novus* de los que ya hemos hablado, de hecho, se decía que sus padres se habían ganado la vida trabajando, algo horrible para cualquier romano de bien en esa época.

Lucio Cornelio Sila era veinte años más joven; nacido en Roma el 138 a.C., en el seno de una familia aristocrática de la *gens* Cornelia, fue en su juventud, como dice la canción, de alta cuna pero de baja cama. Sus correrías nocturnas eran *vox populi*, incluso parece que una de las cortesanas más solicitadas en Roma, una tal Nicópolis, se enamoró perdidamente de él, legándole toda su fortuna al morir.

La primera aparición de Cayo Mario en el ejército fue en el asedio de Numancia el 133 a.C., a las órdenes de Escipión Emiliano. Parece que destacó tanto en este episodio que el general lo acogió en su círculo de amigos. Sus hazañas militares le consiguieron rápidamente un tribunado militar, que lo preparó para su carrera política. No se sabe a ciencia cierta la fecha de su primer cargo, incluso parece que perdió unas elecciones en Arpino, pero llegó a ser cuestor en Roma el 122 o el 121 a.C., lo que le abrió las puertas del Senado. Fue tribuno de la plebe el 119, dos años después de la muerte de Cayo Sempronio Graco, con el apoyo de la familia de los Metelos. Cayo Mario no tuvo un desarrollo político brillante; hay que esperar al 115 a que fuese enviado a Hispania —otra vez Hispania— a sofocar una serie de levantamientos de los que no tenemos demasiados datos, para que volviese a ganar relevancia. De hecho, al volver a Roma se casó con Julia, la tía de Julio Cesar, emparentando de este modo con la nobleza.

Por su parte Sila, que ya hemos visto que tenía otros intereses, no comenzó a destacar en el panorama político hasta el año 107 a.C., con treinta y un años de edad. Se sabe que ese año fue cuestor en el ejército que Roma envió a África a lo que se conoce como la guerra de Yugurta. No me extenderé en este episodio, pero sí quiero darle al lector algunos datos básicos. El 112 a.C. en el reino africano de Numidia, aliado de Roma, Yugurta se rebela y toma Cirta, la capital, matando a los gobernantes y a varios cientos de itálicos que tuvieron la mala suerte de estar por allí haciendo sus cosas. Roma llevaba muy mal esto de que matasen a sus ciudadanos en ultramar, y mandó al ejército a poner las cosas en su sitio.

Se envió al frente de las tropas al cónsul Quinto Cecilio Metelo Numídico, que nombró como legado a Cayo Mario. La campaña fue larga y dura, y fue el contexto en el que comenzaron a definirse los protagonistas de los hechos que destrozarían Roma los siguientes años. Para comenzar, estalló una fuerte rivalidad entre Metelo y Mario. Una rivalidad abierta, con acusaciones cruzadas, que rebosó la paciencia del general Metelo hasta tal punto que dejó marchar a Roma a su legado para que se presentase a las elecciones del 107 a cónsul, sólo para perderlo de vista. Después se daría cuenta de que había sido una mala idea. Sila por su parte, que no contaba con las simpatías de Cayo Mario dado su origen y su juventud disoluta, destacó de forma inesperada en el ambiente militar. Metelo lo envió a negociar con Boco I de Mauritania, el suegro de Yugurta, para que lo traicionase.

El caso es que Metelo no había calculado bien los movimientos y posibilidades de Mario, porque este llegó a Roma, ganó el consulado con el apoyo de las clases populares y de los senadores enfrentados a la familia Metela, y ese mismo año la asamblea popular lo designó comandante de África para sustituir a Cecilio Metelo. A Cayo Mario, ser enviado para destituir y reemplazar a su antiguo jefe, le tuvo que provocar una enorme sonrisa: formó un nuevo ejército y partió con Lucio Cornelio Sila como cuestor frotándose las manos. Llegó, tomó el mando y derrotó a Yugurta. Volvió a Roma el 105 a.C. recibiendo un triunfo por su victoria, aunque la alegría le duró poco; ese mismo año se produjo la derrota de Arausio, que ya hemos comentado en el capítulo anterior, y tuvo que salir corriendo hacia el norte para recomponer lo que quedaba del ejército, eso sí, tras ser elegido otra vez cónsul por aclamación popular. Por cierto, con Sila nuevamente bajo su mando.

La amenaza de los germanos en las fronteras del norte y el prestigio militar de Cayo Mario propiciaron que acumulase otros cinco consulados consecutivos entre el 104 y el 100 a.C. Los últimos los consiguió forzando un poco el sistema y ayudado por un personaje realmente turbio: Lucio Apuleyo Saturnino. Este ciudadano era tribuno de la plebe y apoyaba abiertamente a Mario, pero, por no aburrir al lector con intrigas palaciegas, me contentaré con decir que la ambición y el desmesurado populismo de Saturnino acabó con una rebelión abierta en la ciudad de Roma y con la orden del

Senado a Mario de que lo depusiese. Este intentó mirar para otro lado, pero se vio forzado a acatar el mandato y, para variar, todo acabó en un baño de sangre en el foro. En esta ocasión Mario no supo nadar y guardar la ropa, perdiendo el favor popular y el del Senado, ya que la aristocracia lo veía como un aliado poco fiable y peligroso, y la plebe como un traidor.

Mario se encontró entre la espada y la pared y decidió poner tierra de por medio, yéndose a Asia menor. Mitrídates VI estaba ampliando su poder en Capadocia y para allá que se fue a poner orden y buscar fortuna, al mando de un ejército. Los *optimates* veían con mucha suspicacia este viaje, ya que no dejaba de ser un *homine novi* y además de los populares, así que cuando hubo que nombrar un negociador oficial para dialogar con Mitrídates, el Senado eligió a uno de los suyos, antiguo gobernador de Cilicia y conocedor del terreno: Lucio Cornelio Sila. Por si fuera poco, Sila acababa de ser acusado de corrupción por uno de los partidarios de Mario. El juicio no se llevó a cabo, pero la reputación de Sila quedó en entredicho, algo que el cornelio no le perdonaría nunca al popular. El escenario para una rivalidad descarnada se estaba definiendo.

Resumiendo, la situación política en Roma era muy tensa y sumamente complicada: continuas acusaciones entre miembros de familias rivales, facciones enfrentadas, acusaciones cruzadas... los *optimates* aprovechaban cualquier ocasión para debilitar la figura y la influencia de Cayo Mario, y este tampoco se quedaba atrás en sus intrigas.

El año 95 se promulgó la *Lex Licinia Mucia*, por la que se privaba de la ciudadanía romana a buena parte de los aliados itálicos que, supuestamente, la habían adquirido de forma fraudulenta. En realidad, era una carga de profundidad de los *optimates* contra Mario, ya que así eliminaban de los censos a muchos de sus partidarios. Tres años después, en el 92 a.C., el tribuno de la plebe Marco Livio Druso impulsó otra ley en sentido totalmente contrario, para volver a dar a los aliados itálicos la plena ciudadanía. Los *optimates* hicieron correr el rumor —cierto o no, que da lo mismo— de que había negociado en secreto con los aliados para repartir entre ellos las tierras de Italia. Otra vez el tema de las tierras. La sombra de los Graco era alargada, el Senado desdijo a Druso y este acabó siendo asesinado en su casa, lo que provocó que los aliados latinos, que estaban expectantes y esperando el momento adecuado, saltasen como un resorte contra la vieja Roma.

Marsos, Brucios, Picenos, Samnitas, Lucanos y Pelignos, se alzaron y formaron una nueva República llamada Italia, con capital en Corfinio y moneda propia en la que se representaba un toro corneando a la loba capitolina (*figura 5*). Comienza así una guerra conocida por varios nombres; la Guerra Social, la de los aliados o también la guerra mársica. Los aliados se aglutinan en dos grupos: el marso, al norte, y el samnita, al sur de Roma. Apenas Etruria y Umbría permanecieron fieles a Roma.

Figura 5. Moneda de la República de Italia, enfrentada a Roma.

Así las cosas, en el 91 a.C. Roma nombra cónsules a Publio Rutilio Rufo y a Lucio Julio César, padre de Julio César y cuñado de Cayo Mario. Se movilizan catorce legiones y cada cónsul asume el mando de un ejército, en los que aparecen legados cuyos nombres van a sonar mucho en este libro: con Rutilio estarán Cneo Pompeyo Estrabón, el padre de Pompeyo Magno, Quinto Cepión, Cayo Perperna, Cayo Mario y Valerio Mesala. Con César, Tito Didio, Lucio Cornelio Sila, Publio Léntulo, Licinio Craso y Marcelo.

Esta Guerra Social da para otros libros y varias películas, así que no me voy a detener en ella, para llegar pronto a lo que nos interesa. Quedémonos con que Roma cosechó al comienzo más derrotas que otra cosa, pero acabó imponiéndose el 88 a.C. con dos protagonistas destacados gracias a sus éxitos militares: Cayo Mario y Lucio Cornelio Sila. Por cierto, al final el Senado acabó dando a los aliados la ciudadanía romana, pero esa es, como decía, otra historia.

A guerra acabada, guerra puesta. En el año 88 a.C. Mitrídates VI quiere aprovecharse de que en Italia están entretenidos acabando de matarse los unos a los otros, y conquista Anatolia, ordenando la ejecución de miles de ciudadanos romanos en lo que se ha llamado en la historiografía moderna las *vísperas asiáticas.* Una auténtica masacre que encendió la ira de Roma. Y aquí comenzó a liarse la cosa, ya que esta nueva guerra tenía que ser necesariamente encabezada por uno de los dos cónsules, y Cayo Mario quería asumir el mando otra vez, algo que el Senado no estaba dispuesto a aceptar de ningún modo.

Sila se había propuesto también ir a oriente pensando en el botín de guerra y elaboró una alambicada estrategia con el fin de ser elegido cónsul, que pasó por divorciarse rápidamente de su tercera mujer, Clelia, para casarse con Cecilia Metela, hija de Metelo el Dálmata, pontífice máximo y *princeps*, es decir, el presidente del Senado. Con estos contactos, y otros nepotismos, fue elegido cónsul y fue enviado a oriente, por supuesto.

Cayo Mario no se quedó mirando y decidió mover los hilos que le quedaban, llegando a un acuerdo con el tribuno de la plebe, Publio Sulpicio Rufo. Mario propuso a Sulpicio que promoviese una ley para quitarle el mando de Asia a Sila y dárselo a él. Así, sin disimulo. A su vez, Sulpicio pidió a Mario que le ayudase con sus contactos e influencias populares para sacar adelante una serie de reformas, entre las que destacaba una para dar más relevancia y peso político al voto de los ciudadanos itálicos.

Como era ya costumbre, en Roma acabaron formándose bandas armadas que deambulaban por las calles aprovechando cualquier ocasión para matarse por un quítame allá esas leyes. La situación de violencia e inseguridad en la ciudad llegó a tal punto que los cónsules decretaron el *iustitium*, una medida extraordinaria que suspendía la vida política en sus términos habituales, incluyendo las reuniones de las asambleas. Sulpicio Rufo no aceptó tal decreto y convocó una desafiante asamblea en el foro para vetar la medida de los cónsules, en la que decidió armar a sus partidarios y detener a todos los del bando contrario. El cónsul logró huir de la ciudad, pero mataron a su hijo que acabó, siguiendo la costumbre, de cabeza en el Tíber.

Cuando Sila, que todavía se encontraba en Campania organizando el ejército que debía partir a oriente, escuchó lo sucedido de boca de su atribulado compañero de consulado, montó en cólera; de hecho, pocos días después llegaron enviados de Cayo Mario para informarle de los acontecimientos y proponerle una serie de medidas conjuntas. Sila los asesinó y envió a su vez otros mensajeros a Roma para informar de que partía con su ejército para derogar *manu militari* las medidas de Sulpicio Rufo, imponer la paz y reponer el orden legal. Sila parece el bueno de la película, pero esto de entrar en Roma con el ejército era algo que nunca jamás había ocurrido. Estaba expresa y taxativamente prohibido por todo el panteón romano que ningún cónsul, general o militar, entrase con el ejército en armas dentro del recinto sagrado de la ciudad, el *pomoerium*. Era uno de los peores sacrilegios que un romano podía cometer; no se tomaban la religión en broma, como ya hemos comentado. El mismo Senado, que había elegido a los cónsules, les envió embajadas para que desistiesen y no entrasen con el ejército en la ciudad, sin éxito. Sila vio la oportunidad de dar un golpe en la mesa y acabar con el poder de Mario de una vez por todas, y no la desaprovechó. Lo que hizo quebró el orden político de Roma y abrió definitivamente la puerta a una cruenta guerra civil que ya se venía gestando años atrás.

Los cónsules entraron con un ejército de treinta y cinco mil hombres en la ciudad por tres puntos diferentes; Sila abrió la puerta Esquilina y se dirigió al foro. No encontraron demasiada resistencia; los partidarios de Mario y Sulpicio no dejaban de ser bandas de ciudadanos armados con palos y puñales, y no podían oponerse a un ejército armado y ordenado. Pese a ello, algunos inconscientes arrojaron tejas y macetas desde algunos tejados y Sila no dudó en incendiar estas casas con todos dentro.

Cayo Mario y Publio Sulpicio Rufo huyeron de Roma. Mario logró llegar al norte de África, pero el tribuno de la plebe fue capturado, ejecutado, decapitado y su cabeza expuesta en el foro. Sila, con el control total de la ciudad y del ejército, tomó una serie de decisiones contundentes. Restringió el poder de los tribunos de la plebe en favor del Senado. Cualquier ley debía ser ratificada por este antes de ser sometida a votación popular, por ejemplo. En esta misma línea, aumentó a seiscientos el número de senadores, que necesariamente debían ser caballeros.

El cornelio no perdió el tiempo, ya que en oriente seguía Mitrídates VI haciendo de las suyas y había prometido un enorme botín de guerra a sus soldados, y para él mismo, claro. Por ello, se nombró rápidamente procónsul y permitió la elección de dos nuevos cónsules para el 87 a.C.: Cneo Octavio, por los *optimates*, y Cornelio Cinna, por los *populares*, saliendo *ipso facto* allende los mares a buscar gloria y fortuna. Intentó dejar todo atado y bien atado, imponiendo varias leyes y medidas por precaución. Puso a su antiguo compañero de consulado, Pompeyo Rufo, al mando de un ejército, situado al norte de Roma, e hizo jurar solemnemente por lo más sagrado a Cinna que iba a respetar las medidas que había impuesto. Partió al mando de la flota, pero antes de divisar las costas de Grecia los dos cónsules ya se habían agarrado de las togas, que todavía no existían las solapas.

Otra vez *optimates* contra *populares.* Cinna no estaba dispuesto a cumplir su juramento y retomó una política de reformas radicales dentro del ideario popular. Octavio armó a los suyos y consiguió expulsar a Cinna de Roma, no sin antes dejar diez mil partidarios suyos muertos por las calles. El cónsul huido, que había aprendido bien la lección, se alió con lucanos y samnitas, derrotados pocos años antes por Sila, e hizo llamar a Cayo Mario para que dejase África y se reuniese con él. Eso sí, el Senado decretó la pérdida de su rango consular y hasta de la misma ciudadanía.

Cayo Mario, que ya era un venerable anciano de cerca de setenta años, no se lo pensó dos veces: aceptó la invitación, dejó África y desembarcó en Italia con un pequeño ejército al que sumó rápidamente multitud de esclavos con la promesa de su libertad. Coordinó las acciones con Cinna y tomó Ostia para cortar los suministros a Roma, masacrando a la población. Tras asegurar la ciudad, subió por el Tíber hacia Roma para unirse a las tropas de Cinna.

Roma estaba defendida por las tropas del cónsul Octavio y las del general Pompeyo Estrabón, aunque juntos no sumaban más de cuatro legiones. El ejército de Quinto Cecilio Metelo Pío se dirigía a marchas forzadas desde el sur a unirse a Octavio, pero había sido interceptado por Cinna, que consiguió que la mayor parte del ejército enemigo desertase a su favor. Metelo se vio sin ejército ni apoyo en Italia, y decidió huir a África.

Cayo Mario y Cinna entraron en Roma casi sin oposición. Con Pompeyo Estrabón recientemente fallecido por una enfermedad en su campamento, Metelo camino de África y buena parte de su ejército unido al de los *populares,* al cónsul Octavio apenas le quedaban recursos de defensa. Según nos cuentan los autores antiguos, y en esto coinciden casi todos, la represión de los vencedores en Roma hubiese hecho sonrojar a Robespierre. Octavio fue ejecutado y con él multitud de sus partidarios, nobles y senadores, acabando de este modo un oscuro episodio que pasó a denominarse el *Bellum Octavianum* y que no fue, de hecho, más que la antesala de una guerra mucho más larga y cruenta.

Recapitulemos, que va haciendo falta. Estamos en el 87 antes de Cristo. Los *populares*, con Cayo Mario y Lucio Cornelio Cinna como cabezas visibles, han logrado tomar Roma y toda Italia, mientras que sus oponentes, los *optimates*, están en el exilio, con el ejército de Lucio Cornelio Sila en Grecia, o escondidos literalmente en sus casas, rezando a todos los dioses propios y ajenos para no estar en una de las listas de enemigos del estado.

Sila, en lugar de volver rápidamente a poner orden, decide quedarse en Grecia, posiblemente por dos motivos: afianzar ese territorio y hacer caja, que no era lo de menos, ya que las guerras son muy caras. Tras vencer en Dardalenos y Orcómenos, firma en el 85 a.C. un tratado de paz con Mitrídates y comienza a planificar su regreso a Italia; de hecho, manda un par de cartas al Senado avisando de sus intenciones.

Mientras tanto en Roma se sucedían los acontecimientos. Mario, que ya tenía una edad, muere en enero del 86 y Cinna comienza a reclutar y entrenar soldados para formar un ejército que pudiese oponerse y vencer al de Sila, integrado por veteranos curtidos. Para ello, Cinna adoptó medidas fiscales, reformó los patrones monetales y saneó las arcas del Estado con medidas de reducción de deuda. Voy a dejar a un lado los años del gobierno de Cinna, que muchos autores antiguos consideraron en la práctica como una monarquía, y me centraré en el discurso de los acontecimientos que nos interesan.

En el 84 a.C., Cinna y el cónsul Cneo Papirio planifican la invasión de Iliria desde Italia con el objetivo de unirse a las tropas del gobernador de Macedonia para atacar a Sila desde el norte. Las tropas se reúnen en Ancona, pero estalla una rebelión entre los soldados por motivos que no están nada claros. Una de las versiones comenta que se corrió la voz de que Lucio Cornelio Cinna había ordenado la muerte del joven Cneo Pompeyo, que gozaba de gran popularidad en el ejército. Otra dice que uno de los lictores que abría camino a Cinna golpeó a un soldado, y este le devolvió el golpe, algo que, por cierto, atentaba contra la autoridad misma del cónsul. Cinna parece que ordenó la detención del soldado y sus compañeros sacaron las armas y acabaron con el cónsul. Sea como fuere, Cinna es asesinado por sus propios soldados, que seguro tenían muy presentes todos los actos de represión que había llevado a cabo. Tras su asesinato se nombran cónsules a Lucio Cornelio Escipion Asiático y Cayo Norbano, que reciben el encargo expreso de oponerse al ejército de Sila con ocho legiones.

Sila desembarca en Italia a comienzos del 83 a.C. en Brundisium, la actual Brindisi, en el Adriático, y logra reunirse con tropas de Cneo Pompeyo, Quinto Cecilio Metelo y Craso, que había vuelto a toda prisa desde Hispania para la ocasión. Entre el 83 y el 82 a.C. ambos ejércitos entran en batalla varias veces, en las que la suerte se decantó del lado silano. Necesariamente tenía que ser así, ya que el ejército *optimate* era más numeroso y estaba mejor entrenado, sin mencionar las habilidades militares de sus generales, curtidos en varias batallas. Todo acabó el primer día de noviembre del 82 en la batalla de la puerta Colina, un cruento combate que se prolongó hasta la noche y que al parecer dejó cincuenta mil muertos a los pies de la muralla de Roma. No hubo cuartel, había mucho odio contenido y los vencidos *populares* fueron degollados.

Sila entró en Roma y tomó completamente el control de la República. Al día siguiente, sin perder un momento, presentó la *Lex Cornelia de prescriptione*, una lista de personas que se declaraban proscritas, y entre las que se encontraba nuestro Quinto Sertorio.

SERTORIO EN EL LABERINTO

Llegados a este punto, el sagaz lector se habrá dado cuenta de que he omitido la figura de Sertorio en todo este maremágnum de idas y venidas, políticas y bélicas. He querido primero dibujar el tablero de juego para ir colocando ahora a nuestro protagonista en las casillas correspondientes con los datos que tenemos, que tampoco son demasiados.

Lo habíamos dejado como cuestor en Roma el año 91 a.C. Los cuestores, es decir, *los que hacen preguntas,* tenían el derecho de promulgar edictos y poseían jurisdicción en investigaciones de todo tipo, salvo en las relacionadas con asuntos criminales. Era el primer escalón del *cursus honorum.* No sabemos a ciencia cierta en estos momentos —recordemos que acaba de estallar la Guerra Social contra los antiguos aliados itálicos— cuantos cuestores había en Roma: eran cuatro cada año desde el siglo cuarto antes de Cristo, y Sila llegó a ampliar su número a veinte.

En el caso de Sertorio se piensa que fue elegido legado *extra sortem* por algún magistrado y no por un comicio, una continuación lógica a su tribunado militar, es decir, que sería un *legatus pro quaestore*

Al año siguiente, el 90 a.C., fue destinado a la Galia Cisalpina como cuestor, posiblemente a la actual Rávena (*figura 6*), por la imperiosa necesidad de Roma de reclutar soldados para la Guerra Social. Quizás se le envió allí y no a otro lugar porque, como ya sabemos, dominaba la lengua de los galos. El reclutamiento tuvo que ser todo un éxito, ya que en proyectiles de honda del asedio de Áscoli aparece el nombre de una *Legio Gallica.*

Ese mismo año, el 90, Quinto Sertorio es llamado para incorporarse al ejército. Se piensa que tuvo que estar en el frente norte, bajo las órdenes de Cepión como jefe de filas. Todo son especulaciones para este momento de la vida de nuestro protagonista. Hay quien lo pone con las tropas de Porcio Catón, mientras otros lo sitúan en el asedio de Áscoli con Cneo Pompeyo Estrabón y su hijo, el que después sería su encarnizado enemigo, pero no aparece citado en el *consilium* que nos ha llegado detallado en el bronce de Áscoli, que comentaremos más adelante. Algunos investigadores lo sitúan el 89 a.C. en el frente sur como procuestor, quizás con su amigo Tito Didio en el asedio a Herculano, precisamente dónde el ex cónsul perdió la vida.

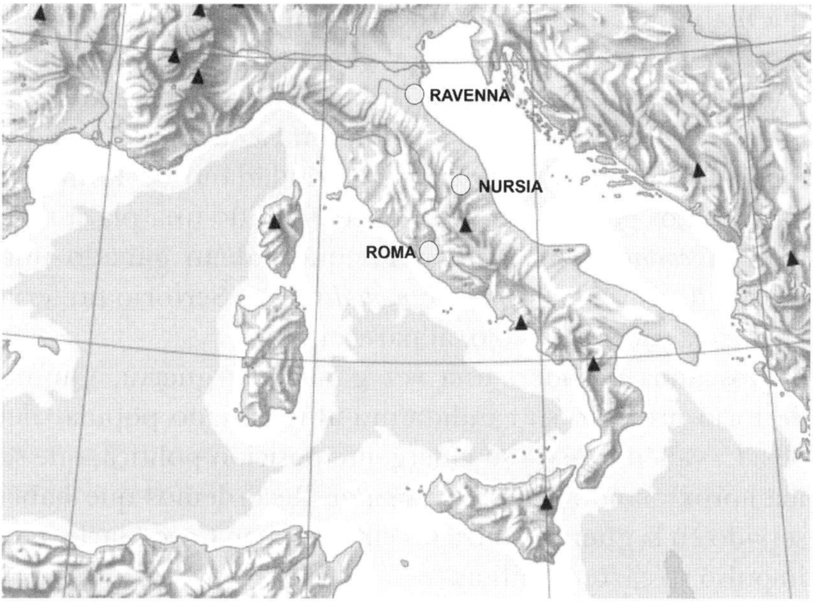

Figura 6: Año 90 a.C.: Sertorio en Rávena.

Al parecer fue este año cuando Sertorio perdió un ojo en batalla, algo de lo que no dejaba de presumir cuando tenía oportunidad; esto de ser tuerto era algo que todavía imprime carácter y respeto entre los militares. Filipo II de Macedonia o Aníbal tuvieron el mismo problema, por ejemplo. Por cierto, no sabemos qué ojo era el que le faltaba, aunque lo más probable es que fuese el ojo izquierdo, ya que en combate frontal el enemigo ataca con su derecha sobre ese flanco. Pero pudo ser el derecho, realmente importa muy poco. Lo cierto es que el joven Quinto presumía de su ojo perdido y decía que esa era su auténtica medalla. En el ejército romano existían varios tipos de condecoraciones militares. Los torques y las armillae, unos brazaletes, piezas tomadas prestadas de los galos o, permítanme un punto de chauvinismo, de los celtíberos, eran condecoraciones al valor. Las *phalerae* o faleras, en castellano, se otorgaban por actos de valor superior y se llevaban colgadas o prendidas en el pecho. La *corona vallaris* era una diadema de oro que se colocaba en la cabeza del primer soldado que había saltado el muro de un campamento enemigo y la *corona muralis* era idéntica y se concedía al primero que había trepado a la muralla de una ciudad en asedio. La *corona civica* era de ramas y se imponía a cualquier soldado que hubiese salvado la vida a un ciudadano de Roma en batalla. Los generales que había defendido una plaza recibían la *corona obsidionalis*, y los que habían ganado una batalla decisiva, la *corona triumphalis*. Pero Sertorio prefería la cuenca vacía de su ojo, al parecer.

Dos años después, una vez ganada la guerra, Quinto Sertorio presentó su candidatura al tribunado popular del 88 a.C. valiéndose de su emergente posición política, que se iba aproximando al bando *popular*. Recordemos que había servido en la guerra contra los cimbrios con Cayo Mario, que impulsó su carrera militar.

Se cree que los censores del año 89 a.C. lo habían hecho ya senador, pero en cualquier caso perdió estas elecciones al tribunado. Hay autores que consideran que fue en este momento cuando se *afilió* oficialmente al bando *popular*, debido a un enfrentamiento personal con Sila. Personalmente creo que Sertorio ya debía militar en el bando de Mario antes de presentarse a estas elecciones, ya que para ello era imprescindible contar con apoyos políticos, y él, como *homo novus*, era enemigo natural de los *optimates*. Ya hemos visto el clima político que se respiraba, totalmente polarizado. Por otra parte, hay que tener en cuenta que contaba con destacados *optimates* entre sus amigos, como el fallecido Tito Didio. Nadaba entre aguas procelosas. Sertorio posiblemente se considerase ante todo un militar, pero, para prosperar, llegó un momento que hubo que tomar partido y solo había una opción, los *populares*, ya que dada su condición no encontraría lugar en el partido de los nobles.

Fueron elegidos tribunos de la plebe Publio Antistio y Publio Sulpicio Rufo, este último con el apoyo de Mario por encima de otros candidatos. Es muy posible que este movimiento del líder popular, dejando a un lado a Sertorio, quedase grabado en la memoria del sabino, explicando el distanciamiento entre ambos personajes, que podremos ver entre líneas en los acontecimientos que luego se produjeron.

En el 87 a.C. tenemos a Sertorio en la órbita de Cinna, y de hecho tiene que huir con él de Roma tras la masacre del foro, en la que se impuso el cónsul Octavio, como hemos visto. Plutarco nos cuenta que Sertorio se opuso firmemente al regreso de Cayo Mario y a que Cinna lo acogiese a su lado, precisando que comentó del líder *popular* que «era hombre difícil y desconfiado como para compartir el mando». Sea cierto o no este pasaje, Cinna, Mario y Sertorio, los tres, reunidos en Italia, se repartieron el ejército y se apresuraron a recuperar Roma.

Quinto se dirigió junto a Cayo Mario por el Tíber hacia Roma, hacia la puerta Colina, donde se encontraba acampado Pompeyo Estrabón. El padre del joven Cneo estaba agonizando por una epidemia que ya había diezmado a sus tropas. Sertorio tenía la misión de bloquearlo mientras Cinna y Mario entraban en la ciudad eterna, pero cuando se enfrentó a su ejército no encontró ninguna oposición: Cneo Pompeyo Estrabon acababa de morir y sus tropas se encontraban como gallo sin cabeza.

La entrada de Mario en Roma fue a sangre y fuego, destacando las atrocidades cometidas por los esclavos liberados que había enrolado en su ejército con la promesa de su libertad. Al parecer, estos excesos asquearon profundamente a nuestro protagonista y nos ha llegado un pasaje según el cual Sertorio mandó ejecutar a cuatro mil de estos esclavos, que habían matado, entre otras lindezas, a sus antiguos amos, mujeres e hijos incluidos. El viejo Mario decidió mirar para otro lado y no dar importancia a estos hechos. Ni a las atrocidades de sus soldados, ni a la reacción de Sertorio exterminándolos; al fin y al cabo, no dejaban de ser esclavos.

Tras estos terribles acontecimientos las fuentes callan. Nada se sabe a ciencia cierta del papel jugado por Sertorio durante los años del *reinado* de Cinna. Hay quien lo supone tribuno de la plebe el 86, pero no aparece en ningún listado.

Otros creen que fue procónsul hacia el 85 o el 84 a.C., y pretor entre el 85 y el 83.

Tenemos que esperar a que Sila retorne a Italia el 83 a.C. para que Sertorio vuelva a aparecer en el escenario, esta vez como pretor en el ejército del cónsul Lucio Cornelio Escipión, en la retaguardia del ejército *popular*, encargado de controlar las vías Latina y Apia. Sila derrota al ejército del otro cónsul, C. Norbano, se planta ante el ejército de Escipión y decide entablar conversaciones para evitar otra batalla, asumiendo el rol de garante de la legalidad del Estado y partidario de una solución negociada, pero quizás con intención estratégica de ganar tiempo y recibir refuerzos. Se decreta una tregua y se forma una comisión de seis miembros para estas conversaciones, tres por bando, con una silla para Sertorio entre los *populares*.

Durante las negociaciones Escipión encarga a Sertorio que viaje para poner al corriente a su compañero de consulado, que se había retirado compungido tras su humillante derrota. Parte para ello acompañado de un ejército, algo extraño como poco, y de camino asalta la ciudad de Suessa Aurunca, partidaria de Sila. En una guerra no suelen producirse acciones de este calibre sin haberse preparado previamente. Tenemos que pensar que Sertorio seguía ordenes de Escipión, que querría romper la tregua para evitar el fortalecimiento del ejército silano y su avance hacia Roma, lo que no consiguió.

Sila monta en cólera, se rompen las negociaciones y Sertorio se retira a Roma para preparar la defensa de la ciudad. En la capital parece que tiene algún conflicto con las élites políticas *populares*, aunque no sabemos exactamente por qué motivo, aunque personalmente sospecho que su posición contra Mario los últimos años de Cinna le granjeó algún enemigo político. Sea como fuere, en Roma se decide enviarlo a Hispania con el cargo de procónsul y poderes de propretor. No sabemos si esta decisión fue realmente una maniobra para hacer de Hispania un bastión *popular* ante una previsible pérdida de Roma, o si se debió a otros motivos que desconocemos. Ya sabemos que Hispania no era para nada ajena al sabino; había estado aquí cinco años con Tito Didio, entre el 98 y el 93 a.C. Cinco largos años. También hay que tener en cuenta el importante papel que en territorios como Hispania tenían itálicos y *homines novi*, a cargo de las densas y arraigadas redes comerciales, uno de los auténticos motores de la llamada *romanización*.

Sea como fuere, Sertorio se encamina en otoño del 83 a Etruria, quizás a la ciudad de Tarquinia, para formar un ejército. Partiría a pie posiblemente a comienzos del 82, casi un año antes de la victoria total de Lucio Cornelio Sila Félix. Formar un ejército no se hacía de la noche a la mañana, ya que eran necesarios numerosos recursos económicos y logísticos para enrolar soldados, preparar el viaje, pertrechos, fabricar armas...; al parecer consiguió reclutar cuarenta cohortes, unas cuatro legiones, que se unirían a las tropas de las que ya disponía, que sería como mínimo una legión. Cinco legiones en total. Además, le acompañaba un grupo de personas de cierta relevancia política y miembros del Senado. Estaríamos hablando unas veinte mil almas, aunque otros autores consideran que únicamente serían entre nueve y diez mil. Dadas las circunstancias y los acontecimientos que vamos a ver, yo soy partidario de elevar algo esta cifra, que creo que estaría efectivamente próxima a la cifra mágica de veinte mil soldados, quizás incluso algo más.

La elección de Etruria como centro de reclutamiento tampoco es algo casual; muchos de los clientes de Mario eran de Etruria, y de aquí provenía la mayor parte del ejército de Lepido, cuyos restos acompañaron después a Perperna en su huida, pero no adelantemos acontecimientos.

La lógica lleva a pensar que podría haber utilizado la vía marítima para llegar a Hispania, más rápida y sencilla, pero era más costosa económicamente. Fletar y preparar un barco para una travesía, sea un trirreme, un barco de carga o un pesquero, nunca ha sido barato. La vía terrestre poseía también varios inconvenientes ya que, además del tiempo añadido, existía la posibilidad de encontrarse con problemas de la mano de un cuerpo de ejército silano o de una tribu gala con memoria y ganas de revancha. Pero para atravesar el Mediterráneo hay que ser cuidadoso, es mucho más peligroso de lo que parece y los marinos siempre lo han sabido. De hecho, en la antigüedad había una temporada que se denominaba *mare clausum*, de noviembre a marzo, en el que la prudencia evitaba las navegaciones que no fuesen de proximidad para evitar el temperamental *Mare Nostrum*, aunque no había una prohibición expresa para echarse al agua.

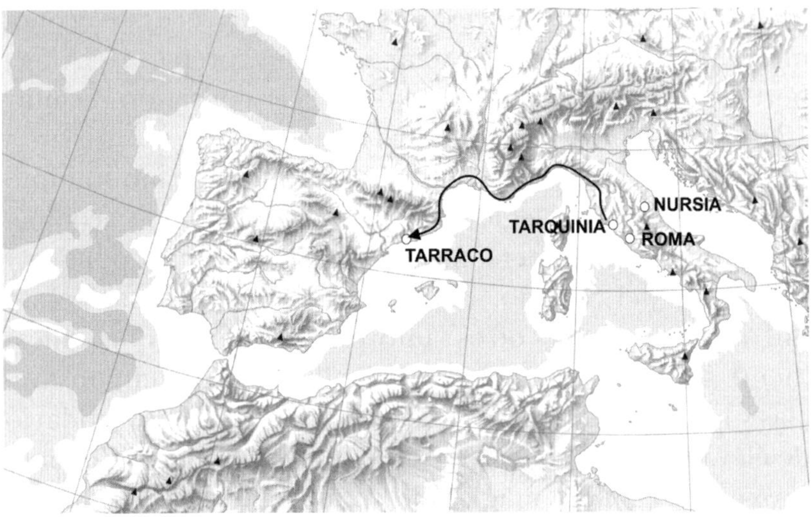

Figura 7. Posible itinerario de Sertorio desde Etruria hasta Hispania.

Hay consenso en situar la partida de Sertorio en el invierno del 83 al 82, posiblemente en enero, lo que nos señala la vía terrestre como la elegida. El padre del gobernador de la Galia en esos momentos, Cayo Valerio Flaco, fue asesinado en Asia por un partidario de Sila, y su hermano había tenido que huir de Roma para buscar refugio con él, por lo que Sertorio contaba con esa baza para atravesar sus dominios sin problemas. Necesariamente tuvo que tomar la vía costera, la *Via Aurelia*, para evitar el interior de la península itálica (*figura 7*).

Suelo decir que los legionarios romanos hacían sobre todo dos cosas: andar y picar. Después estaba lo de entrar en combate. De Etruria a los Pirineos hay algo más de mil kilómetros que bien pudieron cubrir, pese a las altas montañas y a una dura climatología, en menos de dos meses, llegando a la península ibérica en marzo o abril del 82 a.C. Nos cuentan que Sertorio no quiso detener la marcha con combates innecesarios, pagando tributos y peajes a las tribus indígenas por cuyos territorios tuvo que pasar, algo que indignó profundamente a sus compañeros de travesía pero que demuestra el carácter pragmático del sabino: no quería perder ni un momento. No sabemos a dónde se dirigió al llegar a Hispania, pero la lógica nos lleva a pensar que su primer destino en la península ibérica tuvo que ser Tarraco, una floreciente colonia y estratégico puerto comercial donde era tradición que gobernadores y procónsules se pasasen el testigo del mando.

Aunque los textos no nos dicen nada, hay que pensar que Sertorio se mantenía puntualmente informado de los sucesos de la capital. Veremos que años después Perperna ofrecerá a Pompeyo la correspondencia secreta de Sertorio a cambio de su vida. Hay varias vías para este flujo epistolar, pero creo que jugaron un papel especialmente importante las redes comerciales. Ya hemos hablado antes de que la mayor parte de los *negotiatores* responsables de estas redes eran *homines novi* y, por lo tanto, próximos al partido *popular*. Por ejemplo, contamos con un mosaico recuperado en el yacimiento arqueológico de La Cabañeta, una ciudad romana fundada hacia el 130 a.C. cerca de la actual Zaragoza, en un espacio que se ha interpretado como una sede comercial y que nombra como responsable a un liberto llamado Licinus. Estas redes comerciales eran la vanguardia del mundo romano en los terrenos recién conquistados o en vías de ser controlados, y estoy totalmente convencido de que jugaron un papel relevante en la guerra de Hispania. Pero vayamos poco a poco.

El año 82 a.C. fueron elegidos cónsules Mario el joven, hijo adoptivo de Cayo Mario, y Papirio Carbón. El ejército de

Sila acabó con el ejército de Mario, y las tropas combinadas de Quinto Cecilio Metelo y Cneo Pompeyo hicieron lo propio con el de Carbón. Los restos del ejército *popular* fueron aplastados en la batalla de la puerta Colina, a los pies de las murallas de Roma, que ya hemos comentado antes. Sila tenía en sus oraciones una larga lista de líderes *populares*, y nombró rápidamente a un nuevo gobernador para Hispania con una sola misión: dar con Sertorio y acabar con él.

IV

Un mal comienzo: De Hispania a África, regreso y vuelta a empezar

Ya hemos llegado donde queríamos llegar: Sertorio en Hispania, enviado como gobernador en la primavera del 82 a.C.

Las fuentes clásicas apenas nos han transmitido datos sobre estos primeros momentos en la península ibérica, salvo que, al parecer, demostró estar totalmente al tanto de las particularidades e idiosincrasia de la población hispana, algo lógico tras haber estado cinco años destinado en estas tierras. Al llegar se dedicó a asentar su poder en los núcleos urbanos más importantes, adoptando una serie de medidas encaminadas a construir una buena relación con los pueblos peninsulares, como la disminución de tributos y la prohibición a las tropas de acampar dentro de las ciudades. El general no había olvidado la lección aprendida años atrás en Castulo y creo que era muy consciente de que, si quería resistir a los ejércitos que Sila le iba a enviar, debía contar con el apoyo de tropas indígenas.

Tampoco descuidó su relación con los itálicos arraigados en Hispania ya que, según Plutarco, «no se confió únicamente al afecto de los bárbaros; armó a los romanos establecidos en el país que estaban en edad militar, hizo construir máquinas de guerra de todo tipo y trirremes». Estos preparativos, como vamos a ver, no le sirvieron absolutamente para nada. Las guerras se mantienen y ganan con tres recursos: dinero, logística y soldados, y por ese orden. Quizás no haya que creer a pies juntillas a Plutarco, ya que la llegada de un ejército desde Roma acabó de un plumazo con todo un año de frenética preparación.

Sila tenía a Sertorio en su lista negra. Tras entrar triunfante en Roma en noviembre del 82 a.C., lo destituye fulminantemente y nombra en su lugar, como procónsul, a Cayo Annio Lusco, un colega de andanzas militares, que recibe la orden expresa de capturarlo vivo o muerto. Este hombre había servido en la guerra de Yugurta y quizás ahí radique la decisión de Sila, que preveía que Sertorio huiría al norte de África, como todos cuando tenían problemas. Lusco conocía bien África, Sertorio no la había pisado todavía; una inteligente decisión.

Al conocer esta noticia, el sabino decide crear una línea defensiva en los Pirineos para tratar de cortar el paso a Lusco, enviando el mes de noviembre una legión con la misión de defender los pasos. Seis mil hombres al mando de Livio Salinator. No sabemos exactamente dónde ni cómo crearon esas defensas, aunque suponemos que concentrarían sus fuerzas en cinco o seis puertos de montaña y en la línea costera mediterránea. Salinator era uno de sus cuestores, lo había acompañado en su salida de Italia el año anterior, y debía ser un hombre con experiencia militar, ya que consiguió su objetivo e inmovilizó al enemigo al pie de las montañas.

Según nos cuentan, Salinator fue asesinado por un tal Calpurnio Lanario, un personaje del que desconocemos todo, incluso si era de sus tropas o de las de Lusco. El asunto tuvo que ser algo más que una simple muerte, ya que el ejército de los Pirineos se replegó inmediatamente hacia una segunda línea defensiva, en retaguardia. Lusco aprovechó el hueco, penetró limpiamente en la península ibérica y entabló combate varias veces, ganando siempre y empujando a Sertorio por la costa mediterránea hacia el sur.

Conocemos sobradamente las habilidades militares de Sertorio, por lo que esta situación de derrota tras derrota y retirada apresurada nos lleva a que pensar que realmente el ejército que tenía el sabino en esos momentos no era suficiente, en número ni formación, como para enfrentarse a las dos legiones, solo dos, enviadas por Sila.

Los pocos datos que nos han llegado indican que Annio Lusco buscó directamente el enfrentamiento con Sertorio para cumplir con la misión que le había encargado Sila. Tenemos que imaginar a nuestro protagonista, con toda su experiencia, valorando todas las opciones y posibilidades, y concluyendo que su posición era insostenible, su derrota segura y su final previsible. Tan claro lo vio que decidió huir, sí, cómo no, a África. Algunos autores sostienen que esta retirada fue una estratagema para poder mandar emisarios, posiblemente algunos senadores que habían huido con él, a recabar apoyos en el oeste hispano, a Lusitania. Demasiada distracción me parece abandonar precipitadamente una provincia con todas las fuerzas posibles, sólo para que cuatro senadores pudiesen cruzar la Península sin problemas. Un territorio, además, todavía bajo el control de Sertorio cuando Lusco rebasa los Pirineos. No lo veo nada claro.

En cualquier caso, el sabino se retiró hacia Cartago Nova, nuestra Cartagena. Era una ciudad fuertemente defendida, dotada de un excelente puerto, y cabría esperar que allí estuviesen atracados los trirremes que supuestamente había mandado construir el año anterior. Además, si por azares del destino se presentase la flota de Roma en la bocana del puerto siempre les quedaría la opción de la huida por tierra o el combate.

El sabino abandona en sus barcos la península ibérica desde Cartago Nova a comienzos del verano del 81 a.C. Pero, al parecer, logró partir con menos de tres mil soldados hacinados en las pocas embarcaciones disponibles, que no serían más de quince. Salustio comenta que los barcos iban tan sobrecargados que algunos acabaron en el fondo del mar.

No son demasiadas embarcaciones para un año de preparación, desde luego.

Tras la captura, muerte o desaparición de la mayor parte de los líderes *populares* en Roma, las únicas zonas con cierta presencia marianista eran Hispania y el norte de África, Mauritania en concreto, así que la decisión estaba clara. Durante la guerra de Yugurta, Mario había conseguido el apoyo de los itálicos asentados en esa zona, algo que el cónsul no se olvidó de agradecer; cuando volvió a Roma, envió a numerosos veteranos licenciados a colonizar tierras mauritanas, ampliando y afianzando así el control de ese territorio.

Sertorio pensó que allí, con la ayuda de esos viejos veteranos que tanto tenían que agradecer a Mario, podría fortalecerse, recuperarse, y volver a plantarle cara a Lusco. Pero el año anterior Cneo Pompeyo había llegado a la costa de la actual Libia con ciento veinte barcos de guerra y otros ochocientos de transporte con la intención de desmontar el entramado *popular*. Los partidarios de Cayo Mario sólo podían huir en una dirección: hacia el oeste. Sertorio conocería esta situación y partió de Cartagena hacia una zona no controlada por el ejército silano, en la que quizás podría reunir a esos desplazados, muchos de ellos militares veteranos, para sumarlos a su causa. Esta zona sería la desembocadura del río Muluya, aproximadamente frente a las costas de la actual Almería (*figura 8*), algo muy posible teniendo en cuenta el régimen de corrientes, mareas y vientos en el estrecho.

A perro flaco todo son pulgas y, mientras se aprovisionaban y recobraban el aliento en Africa, Sertorio y sus tropas fueron atacados por los pueblos locales, que los echaron literalmente de nuevo al mar. Esto nos indica la debilidad del ejército de Sertorio en este momento: un grupo desorganizado les había echado al mar a escobazos. Podemos deducir por este mismo motivo que no entablaron combate naval con Annio Lusco, ya que con toda certeza hubiesen perdido, y sabemos que eso no ocurrió. Tras esta escaramuza recalaron en la costa de la actual Almería, pero decidieron echarse nuevamente al mar, quizás tanto por la proximidad del ejército enemigo, que habíamos dejado en Cartagena, como por la ausencia de una flota romana en la zona. Hay que volver a recordar esto del *mare clausum*; Lusco salió por tierra en invierno hacia Hispania, sin apoyo naval, pero rebasado marzo pueden partir barcos de guerra, como seguramente sucedió. Una flota en aquella época podía llegar de Italia a la costa ibérica en menos de dos semanas, si el viento era favorable.

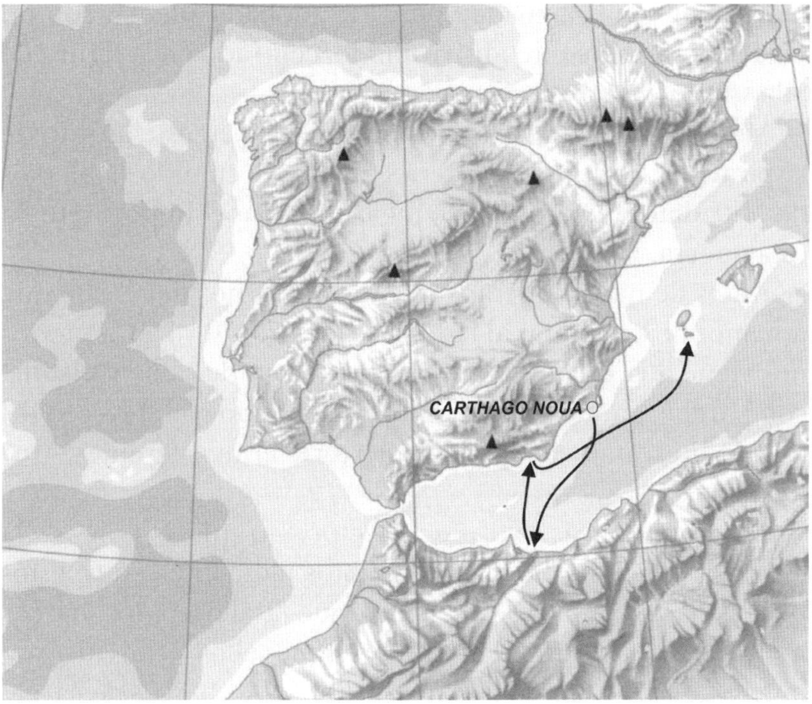

Figura 8. Huida de Sertorio y llegada a las Baleares.

Vemos de nuevo a un angustiado Sertorio en el mar. Los clásicos nos proporcionan en este momento un dato sumamente interesante: sin que sepamos exactamente cómo, llegó a un acuerdo de colaboración con los piratas cilicios. El porqué está claro a la vista de lo que había ocurrido.

Puede resultar extraña la presencia de piratas de Cilicia al otro lado del Mediterráneo, pero en esos momentos decir cilicio y decir pirata era lo mismo. Encontramos numerosas referencias a que la mayor parte de los piratas provenían del Mediterráneo oriental y que se echaban al mar por necesidad. Cilicia Trachea era una zona castigada desde tiempos del imperio persa por grandes potencias y reinos, lo que sumió a la población en una crisis endémica a todos los niveles, forzándolos a hacerse amigos de lo ajeno, ayudados por una geografía propicia, ya que esa costa es muy complicada para una flota enemiga. Las campañas militares de Sila en la zona de Grecia, el Egeo y Anatolia causaron un incremento de la actividad pirática, adobada además con un profundo sentimiento antirromano, centrado en la figura de Sila y los *optimates*.

Merece la pena detenernos brevemente en este asunto de la piratería, que luego volverá a aparecer cuando hablemos de Mitrídates Eupator, y que jugaría un papel importante en esta guerra.

Antes de nada, tenemos que distanciarnos del cliché que tenemos de los piratas al hablar de los siglos II y I a.C. A todos nos viene a la mente la imagen del pirata de sable y pistola, con parche, pañuelo, pendientes y bebiendo ron. Los piratas del Mediterráneo en época de Sertorio eran diferentes. Muy diferentes.

Algo que quizás extrañe al lector —o quizás no— es la estrecha relación que existía en estos momentos entre estos piratas y el comercio. Y no porque asaltasen los barcos mercantes, que también, sino porque ellos eran directamente los que comerciaban o escoltaban los barcos de carga. El mismo Plutarco nos recuerda que «hombres ya poderosos por sus riquezas, de linaje ilustre y considerados superiores por su inteligencia, entraron en las bandas de piratas y participaron en sus empresas». Hombres poderosos, de linaje e inteligencia... Autores como Yvon Garlan inciden en esta misma relación entre las élites económicas de Roma, *negotiatores*, itálicos, *homines novi* y piratas. La dimensión económica está clara pero este tipo de actividades suelen florecer ante el vacío de una autoridad central, ante un vacío de poder, y la Roma de este momento, tras derrotar a Cartago, ya tenía los mecanismos y estructuras necesarias para ejercer ese poder sin problema... ¿Qué pasaba en el mar?

Hemos comentado la importancia de las tierras y el ganado en la antigua Roma. Era un pueblo de interior, de secano, con los pies en una tierra que era su soporte e identidad. No eran un pueblo de mar. La masa de agua era considerada un espacio hostil y desconocido, el fin de la tierra. Recordemos por un momento el rito de delimitación del perímetro de la ciudad, el *pomoerium*, que realizaban con un arado tirado por una yunta de bueyes ungidos y conducidos por un sacerdote. Marcaban así un límite sagrado, un límite que diferencia lo culto, civilizado y seguro, de lo inculto, salvaje y peligroso. Esto en el mar obviamente no se podía hacer. Según lo que conocemos del derecho romano, el mar era considerado como *res communis*, es decir, como algo que no era susceptible de propiedad, sino de libre disposición para todo el mundo. Este recelo al mar y su concepción como algo no susceptible de propiedad supuso que Roma no tuviese un excesivo interés en controlar y regular el Mediterráneo, más allá de contar con una armada suficiente para poder defender sus intereses cuando fuese necesario.

La firma en el 188 a.C. del tratado de Apamea, la inestabilidad del reino Seléucida y la demanda sin fin de productos por parte de Roma, entre los que destaca la mano de obra esclava, son las piezas más importantes de este engranaje entre piratería y comercio, llegando a formar parte importante del mecanismo comercial del Mediterráneo, lo que también explica la permisividad de Roma con los piratas durante el siglo II a.C. A finales de este siglo y comienzos del siguiente Roma decidió controlar directamente el mercado de la esclavitud, y la perspectiva de perder esta lucrativa fuente de ingresos no les gustó absolutamente nada a los piratas, que se vieron forzados a diversificar el mercado. Comenzaron así a proliferar asaltos a ciudades costeras y una nueva práctica: los secuestros. De este modo, los piratas pasaron de formar parte del engranaje económico de Roma a ser declarados enemigos, al menos oficialmente. La capacidad de estos piratas les permitía embarcarse, nunca mejor dicho, en nuevas empresas con osados ataques. En el 87 a.C. atacaron la flota del cónsul Lucio Licino Luculo, que se dirigía a Alejandría; el año siguiente, a la flota de guerra romana que transportaba dos legiones al mando del cónsul Lucio Valerio Flaco para atacar al rey del Ponto. Y hablando de secuestros, llegaron a secuestrar al mismísimo Julio César, que se indignó profundamente al saber la cantidad que pedían por su rescate, que él consideraba ridícula.

Quedémonos de este modo con que los piratas a comienzos del siglo I a.C. eran más comerciantes sin escrúpulos que meros delincuentes. Se ofrecían al mejor postor y solo miraban por sus intereses, por encima de sentimientos nacionalistas o identidades territoriales de otro tipo que, francamente, les traían al pairo. Su número, capacidad y formación les hicieron dueños del mar hasta que Roma decidió acabar con ellos años después, pero esa es otra historia.

Algunos autores sostienen que Sertorio, dada la debilidad de su flotilla, fue apresado por estos piratas, pero que finalmente los convenció para colaborar con él. Me parece demasiado poder de convicción, incluso para un sabino. Lo más probable es que Sertorio llegase a un acuerdo con ellos a cambio de unas buenas cantidades de oro, plata y concesiones en el territorio que pudiese llegar a estar bajo su control: resguardo y seguridad en sus puertos a cambio de escolta y transporte para sus tropas y suministros, algo trascendental. Tampoco hay que perder de vista que algunos de estos piratas, posiblemente de las Islas Baleares y no de Cilicia, ya habían tomado parte por los *populares* en las guerras civiles.

Así que, apoyado por sus nuevos y nada fiables nuevos amigos, Sertorio se dirige hacia las islas Pitiusas con la intención de tomar Ebusus, asentar allí sus reales, aprovisionarse y fortalecerse. Posiblemente darían un pequeño rodeo para evitar Cartago Nova, en poder de los silanos. Llegarían a comienzos del verano del 81, rindiendo rápidamente la reducida guarnición y comenzando a preparar la defensa frente a la más que previsible llegada de Cayo Annio Lusco con una flota (*figura 8*).

Lusco embarcó un ejército de cinco mil hombres, una legión, en naves de guerra y de carga para atacar Ibiza. Al tener noticia de ello, Sertorio consideró acertadamente que si les dejaba desembarcar no podría ganar a ese ejército; perdería y tendría que huir de nuevo al mar con lo que quedase de sus tropas. La única opción que le quedaba era la de enfrentarse en combate naval con la ayuda de sus amigos piratas a ver qué pasaba. En el mejor de los casos se quedaría en Ibiza e incluso podría volver a la península. En el peor ya se encontraría en el mar para huir hacia occidente.

Definitivamente el 81 no era el número de la suerte de Sertorio, no fue un año propicio. Al parecer, cuando la flota de Sertorio salía de la bocana del puerto para enfrentarse al enemigo, se desató una repentina y violenta tormenta que estampó muchas de sus naves contra las rocas de la costa. Esto tuvo que producirse a finales del verano, por lo que hay quien identifica esta tormenta como una de las gotas frías que todavía nos azotan en esta época del año.

El pobre Sertorio acabó a la deriva durante diez días, recalando cual náufrago en unas islas desiertas, dispersas y sin agua potable, según Plutarco (*figura 9*). Unas rocas que unos identifican como Las Columbretes y otros como Las Chafarinas, algo que creo más probable. El mismo autor precisa que Sertorio, tras reponerse del susto, «salió de esas islas, atravesó el estrecho de Gades, dobló a la derecha y tocó en la parte exterior de Hispania, un poco más arriba de las bocas del Betis». Allí pudo atracar y descansar de sus avatares, que se lo había ganado el hombre.

Se nos dice que en este momento escuchó historias de pescadores sobre unas *islas de los afortunados*, llamadas así por el excelente clima y las prosperas cosechas, «que alimentan sin trabajos ni penas a un pueblo descansado». No sería de extrañar que el general, con el año que llevaba, pensase seriamente en retirarse de tanta guerra a un sitio como este, casi seguro las Islas Canarias. Pero, como sabemos, decidió poner buena cara al mal tiempo y volver al norte de África para reponerse y formar un verdadero ejército con el que oponerse a sus enemigos.

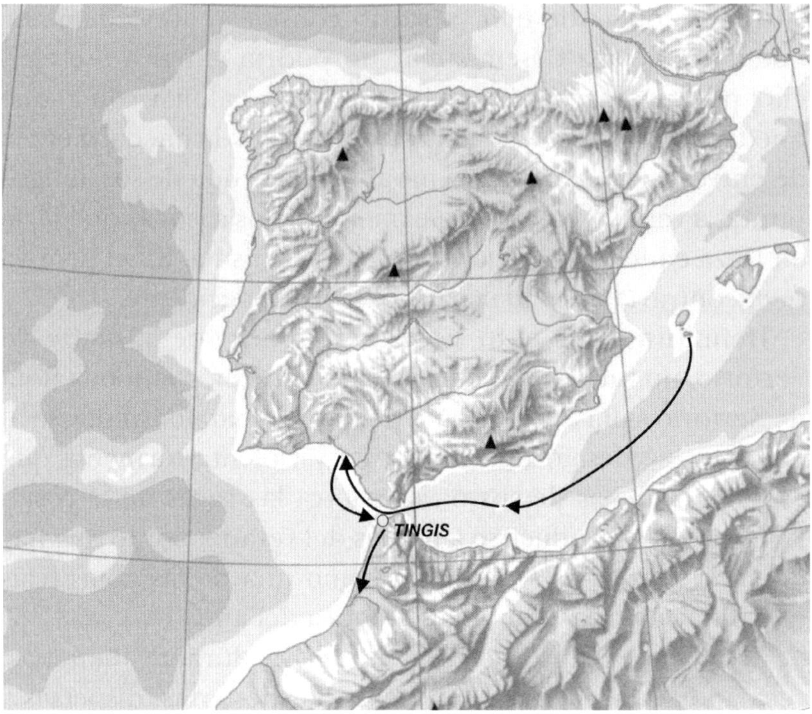

Figura 9. Huida de Sertorio de la Baleares y llegada a África.

Contaba para ello con la ayuda de los piratas, que los transportaban y escoltaban frente al peligro de la flota romana. Al parecer, desembarcó el mes de octubre cerca de la ciudad de Tingis, la actual Tánger, y rápidamente tomó partido por una de las facciones que se disputaban el poder en la zona, en contra de un tal Ascalis, al parecer aliado de los piratas, derrotándolo. No sabemos qué pasaba realmente en esos momentos por la cabeza del sabino, por qué se enfrentaba a un aliado de sus aliados, pero fue así. Pese a todo, no perdió el apoyo de los piratas, quizás porque consideraban más interesante contar con un general romano antes que con un régulo de más allá de las columnas de Hércules.

Justo en ese momento, un tal Vibio Pacciano, un rico terrateniente hispano de la Ulterior que había apoyado unos años atrás a Craso, recordemos, *optimate*, formó un pequeño ejército de oportunidad y desembarcó cerca de Ceuta para enfrentarse a Sertorio. Quizás enviado por Annio Lusco, quizás por el mismo Sila si hacemos caso a Plutarco, pero probablemente por iniciativa personal para sumar puntos. Fue derrotado sin mayor problema, Pacciano acabó difunto y puede que muchas de sus tropas mercenarias engrosasen las filas sertorianas.

Por cierto, y para calibrar la fiabilidad de las fuentes que manejamos, según Plutarco, Sertorio abrió la tumba de Anteo, que estaba enterrado por esta misma zona. Anteo, un gigante hijo de Poseidón y Gea, había muerto a manos de Hércules en su momento, y sus restos medían, al parecer, sesenta codos de largo, más de veinticinco metros. Lo que se dice un buen mozo. Una vez abierta esta tumba nuestro protagonista la volvió a cerrar con todo respeto y realizó sacrificios y ritos en honor al difunto allí depositado. Unos actos religiosos, pero también estratégicos ya que al rendir culto a un héroe o divinidad local buscaba sin duda aproximar a su causa a las gentes del lugar. El hecho de que esta zona se encuentre a más de cien kilómetros al sur de Tánger, cerca de la actual Lixus, nos está indicando que Sertorio había acometido una campaña militar en toda regla, con desplazamientos que necesitaban el establecimiento de toda una red logística y de suministros.

Sertorio y sus tropas estarían de este modo por la costa africana desde octubre del 81 a.C., reaprovisionándose y descansando; era época de mar cerrado, por lo que no tenían el peligro de que una flota romana se presentase frente a ellos sin previo aviso. Es en este momento es cuando recibe una delegación lusitana, que le pide apoyo contra Roma.

No debe extrañarnos esto de las embajadas en el mundo ibérico, celtibérico o lusitano. Aunque las fuentes clásicas no suelen mencionarlas, podemos leer entre líneas una intensa actividad diplomática de estos pueblos al menos desde el siglo III a.C.; primero con los cartaginenses y después con itálicos y romanos. Me gusta mencionar en este sentido la embajada que el 151 a.C. envió el cónsul Marcelo a Roma, harto de las guerras celtibéricas. A Roma, desde el valle del Ebro, llegaron embajadas de Titos, Belos y Arévacos, a negociar la paz con el Senado. Titos y Belos tuvieron que esperar dentro de las murallas de Roma unos meses a ser recibidos en calidad de aliados, suscitando la curiosidad de los romanos en termas y foros, y seguro que fueron invitados a cenas y ágapes por los próceres de la ciudad, muy dados a esto del exotismo. Los Arévacos, al ser considerados enemigos, se tuvieron que quedar fuera de la ciudad y solo pudieron entrar, convenientemente escoltados, para ser recibidos por el Senado. Lusitania está mucho más cerca de los mauros que el río Jalón de la ciudad de Roma, por lo que es perfectamente verosímil la presencia de esta delegación, sobre todo teniendo en cuenta que los lusitanos venían cruzando a su voluntad el estrecho desde hacía tiempo.

En efecto, sabemos por Apiano que ya en el 153 a.C. los lusitanos, bajo el mando de un tal Caucainus, habían realizado incursiones en el norte de África, intentando repetirlas unos años más tarde, invasión que fue impedida por Lucio Licino Lucullo. La presencia de lusitanos en esta zona africana debía ser por lo tanto habitual y los datos conservados parecen indicar dos hechos: primero la existencia de una flota lusitana, grande o pequeña y, segundo, su influencia en esta zona del sur de la península ibérica y norte de África.

Habitualmente se tiende a pensar que esta delegación lusitana acudió por iniciativa propia, para solicitar ser liderados por un militar romano en su lucha contra la presencia del gobierno de Sila en sus tierras. A mí, personalmente, esto me resulta difícil de creer. No acabo de entender esta situación y me parece mucho más plausible que esta embajada sea el fruto de negociaciones iniciadas por el mismo Sertorio, que no renunciaba al control de una Hispania que conocía muy bien. Desde el primer momento los clásicos nos indican que Sertorio había buscado el apoyo y la complicidad de los pueblos indígenas y quizás los lusitanos fueron los únicos que respondieron en un primer momento a esta llamada... o quizás eran los que más cerca estaban de él en ese momento. La frase de Plutarco relativa a que los lusitanos sabían del buen carácter y la astucia militar de Sertorio por «aquellos que habían estado con él» permite pensar en la presencia de lusitanos entre sus filas desde el 82 a.C., o quizás antes, en su etapa de cinco o seis años en la Península con Tito Didio.

Por cierto, en este momento aparece citada una de las cualidades militares que más nos interesa del general sabino, al afirmar su habilidad «en infiltrarse entre sus enemigos con engaños y estratagemas». Recordemos que uno de sus primeros empleos al mando de Cayo Mario en la Galia fue el de infiltrarse, espiar y reconocer el terreno, una habilidad que sin duda hizo de Sertorio la figura militar que conocemos, como vamos a ver.

Sea como fuere, Sertorio decide volver a la península ibérica y embarca a sus tropas a mediados de la primavera del año 80 a.C., dejando, según Livio, a parte de sus tropas en Tánger. El punto de reunión acordado con las tropas lusitanas fue el Mons Belleia, en una zona que se ha localizado hace poco en el entorno de los restos del *oppidum* ibérico que se conservan en la Silla del Papa, cerca de la futura Baelo Claudia, a veinte kilómetros de Mellaria, la actual Tarifa.

V

La primera fase de la guerra de Hispania

Sertorio ya está en Hispania y va a comenzar una guerra que nadie pensaba que iba a ser tan dura y tan larga. Ni Sertorio, ni Sila, que no llegaría a ver la guerra ganada ni al sabino muerto.

Nuestro protagonista, que en este momento contaba ya con una amplia experiencia militar forjada en varias guerras, y una no menor experiencia política, tras haber vivido —y sobrevivido— al turbulento caos de la ciudad eterna, no era ni inocente ni iluso. El hecho de que el sabino no hubiese decidido retirase del mundanal ruido a las Islas Canarias o a Madeira, o a otro lugar más lejano, parece indicar que pensaba que existían posibilidades reales de ganar la guerra.

Hay muchos datos que no conocemos y de los que no tenemos noticia, sólo podemos suponerlos; un vistazo a la correspondencia privada del sabino que Perperna ofrecería años después a Pompeyo a cambio de su vida sería muy revelador. Seguro que aparecían nombres que nos sorprenderían. No hay otra explicación lógica a la decisión de lanzarse a la guerra contra una Roma que conocía bien y que contaba con unos recursos casi inagotables.

Desde luego, todas sus acciones militares se encaminaron en una dirección clara: volver a la península itálica.

La existencia de una potente red de clientelas marianistas en Hispania, junto con esta intensa comunicación epistolar con miembros del Senado y otros grandes personajes de Roma y del resto del Mediterráneo, me lleva a pensar que Sertorio estaba convencido de que, si lograba derrotar a Roma en Hispania y llegar a las puertas de Italia, los socios itálicos se volverían a levantar contra la autoridad de Sila, los soldados desertarían, se sumarían a sus filas y finalmente el *dictator* sería depuesto.

Como sabemos, nada de esto ocurrió. Veamos ahora, año por año, cómo y porqué.

80 A.C. FORTALECIENDO POSICIONES

Sertorio embarca su ejército en Tánger en unas treinta naves, un ejército de «apenas dos mil seiscientos hombres», en palabras de Plutarco, «que él llamaba romanos, entre los que había mezclados setecientos libios que habían pasado a Lusitania con él, había reclutado además de entre los lusitanos a cuatro mil infantes ligeros y a setecientos jinetes». Navega de noche y se dirige al punto de reunión, el Mons Belleia (*figura 10*).

Como todo se acaba sabiendo, le esperaba en esas aguas una flota romana, posiblemente alertada por la concentración de lusitanos en la zona, comandada por un tal Cotta, que algunos investigadores identifican como Cayo Aurelio Cotta, que sería cónsul el 75 a.C. Entablan combate naval en los estrechos cerca de Mellaria, posiblemente en un brazo de mar conocido como el Canal de los Cabezos. Cotta es derrotado. No sabemos nada más, aunque el papel de los piratas y sus naves tuvo que ser decisivo, ya que Sertorio era más de secano que otra cosa.

Es lógico pensar que el sabino capturó todas las naves enemigas que pudo, y que quizás regaló alguna a los piratas por los servicios prestados, engrosando su ejército con algunos romanos más y desembarcando en la costa de la actual Bolonia.

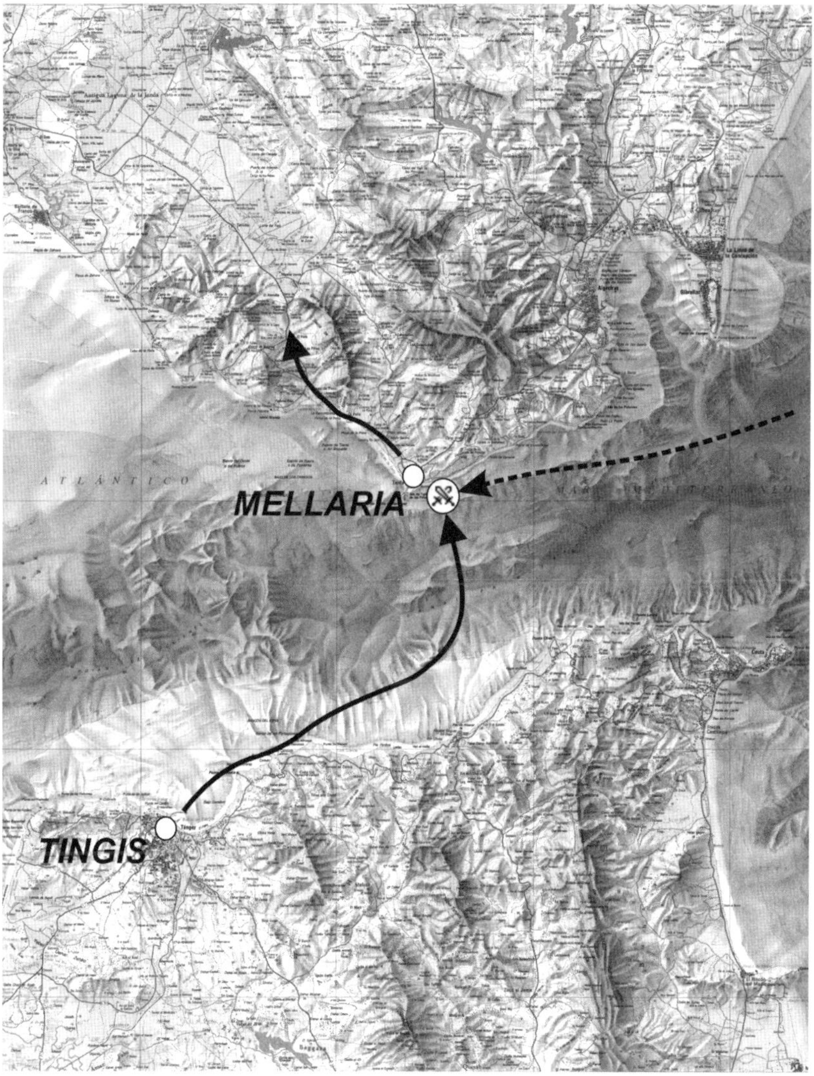

Figura 10. Batalla de Mellaria y desembarco en Hispania.

Sertorio vuelve así a pisar Hispania de nuevo, volviendo a la tierra que sería su refugio y a la postre, su prisión definitiva. Se encamina con sus tropas a la ensenada de Valdevaqueros, en la proximidad del yacimiento de la Silla del Papa, para reunirse con las tropas lusitanas que le esperaban allí y dirigirse a su territorio.

El desembarco en este punto era mera cuestión de lógica estratégica: con el Atlántico a sus espaldas y aliados al frente, evitaba así la costa del Mediterráneo controlada por Roma, donde se hubiese visto atrapado entre dos frentes; el terrestre y el marítimo.

Para llegar desde allí a Lusitania era y es necesario cruzar el río Betis, el actual Guadalquivir. En aquel momento para ello había que utilizar alguno de sus vados, por lo que Sertorio abandonó la línea de costa hacia el noreste, buscando un punto del río con poco caudal que permitiese cruzarlo a pie. Hay que recordar que seguramente esto ocurrió a comienzos del verano del 80 a.C., un momento en el que comienzan a descender los ríos españoles. No sabemos con exactitud el punto de paso del río, aunque se ha propuesto un vado próximo a la ciudad de Ilipa, la actual Alcalá del Río, al norte de la ciudad de Sevilla: el llamado vado de las estacas. Otros apuntan la posibilidad de que este paso se situase cerca de Itálica.

En cualquier caso, junto al vado le esperaba un ejército formado por dos legiones al mando de Lucio Fufidio, que no sabemos si era un legado de Cotta o estaba directamente a las órdenes del gobernador. La lógica militar, y el texto de Salustio, nos lleva a pensar que Fufidio se encontraría esperando en la orilla opuesta, la margen derecha del Guadalquivir, y que Sertorio, que venía desde el sur y se encontraba en la margen opuesta del río, quizás decidió esperar a que el enemigo lo cruzase para atacarlo, un momento especialmente vulnerable para cualquier contingente. Según Salustio, Sertorio controlaba el vado y decidió la zona de la batalla. No sabemos cómo se produjeron los hechos, cómo se desarrolló el combate, pero Sertorio venció causando a Fufidio al menos dos mil bajas y se dirigió rápidamente a Sierra Morena para pasar a Lusitania (*figura 11*).

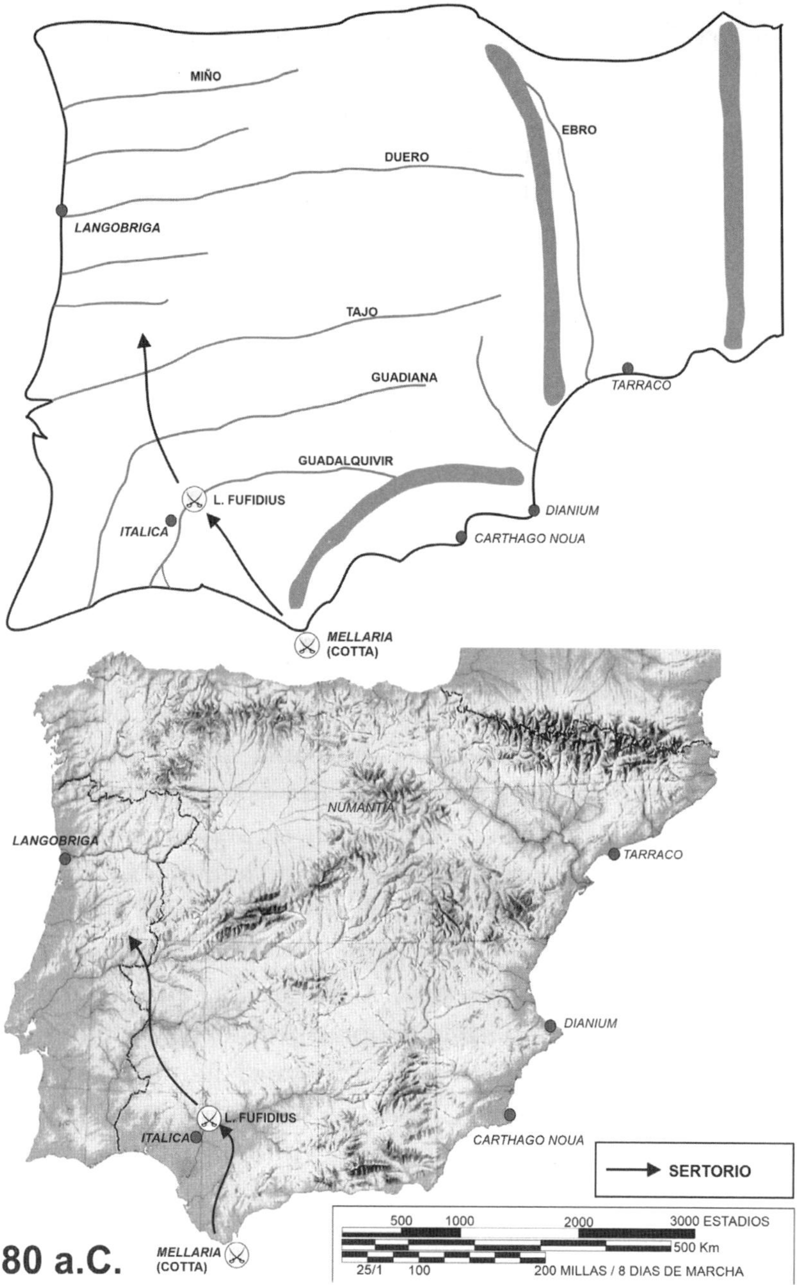

Figura 11. Movimientos del 80 a.C.

Dos éxitos consecutivos después de un año de derrotas y constantes huidas... ¿Había recordado Sertorio las artes de la guerra? No. Era el mismo militar de amplia experiencia que el año anterior había huido ante la llegada de Lusco, por lo que hay que pensar que, en esta ocasión, ya contaba con un ejército suficiente para entablar combate y ganar. La estancia en África, el apoyo de piratas y lusitanos, y la ayuda de las redes marianistas habían reforzado al sabino y vuelto a dar alas a su capacidad militar.

Tras reponerse de la derrota, Fufidio solicita el otoño del 80 a.C. ayuda al procónsul de la Citerior, Lucio Domicio Calvino. Acudiría un año más tarde. Las razones de esta demora pueden radicar en cierta desgana de Calvino para acudir a ayudarlo, quizás algún interés oculto del procónsul o, más posiblemente, a que cuando le llegaron las noticias ya era demasiado tarde para preparar el ejército y echarse al monte. El invierno suponía la paralización de las campañas militares, muy dependientes de los ciclos anuales. Era una época para reforzarse, avituallarse y planificar las campañas del año siguiente, que solían dar comienzo en primavera o principios del verano, buscando una climatología favorable que abriese puertos de montaña y facilitase el tránsito por los caminos de tierra. De hecho, se prefería avanzar en verano, cuando los productos del campo han madurado, con el fin de apoderarse de las cosechas y consumirlas durante la campaña. Este es uno de los principios básicos de las incursiones rápidas sobre un territorio; se cuenta con los recursos del campo enemigo para la propia subsistencia, además del factor psicológico y real que provoca el hambre sobre la ciudad cuyos territorios y cosechas son asoladas. Sea como fuere, el procónsul de la Citerior decidió no arriesgar ni sus tropas ni su persona, y no acudió a la llamada de socorro.

Ese invierno Quinto Sertorio se retiró a un punto desconocido de Lusitania, según unos al territorio próximo a Langobriga, una ciudad lusitana que se viene situando en el monte de Santa María del municipio de Feira, cerca de la actual Oporto, según otros algo más al sur. Este asunto dista mucho de estar claro, y hay argumentos a favor y en contra de cada una de las ubicaciones. En mi opinión, Sertorio en estos momentos podía moverse con libertad por todo el litoral atlántico y quizás prefirió retirarse al norte del Tajo, fuera del alcance de tropas silanas que pudieran quedar por Itálica. Allí se dedicó a preparar y planificar los movimientos del año siguiente, ganándose a los lusitanos y a cualquier otro pueblo peninsular que se pusiese a tiro, ya que necesitaba toda la ayuda que fuera posible.

Como veremos, esta zona del norte lusitano va a ser el auténtico cuartel general de Sertorio, donde comenzó y posiblemente finalizó la guerra de Hispania, aunque posteriores referencias hacen que podamos determinar una clara zona de influencia sertoriana en la vertiente atlántica de la península, desde el sur hasta quizás el mismo curso del Duero.

Es en este momento cuando se ubica la famosa historia de la cierva blanca de Sertorio. Esta anécdota fue narrada por casi todos los autores de la antigüedad que trataron la figura de Sertorio, y parece más encaminada a dibujar el carácter calculador y oportunista del general que a otra cosa. Básicamente, lo que se nos ha transmitido es que a Sertorio le regalaron una cervatilla blanca, un animal que por su rareza debía de estar imbuido de ciertos rasgos religiosos o apotropaicos. Sertorio al parecer aprovechó esta circunstancia, haciendo correr la voz de que la cierva le revelaba el futuro, para atribuirse un hálito de divinidad entre sus supersticiosos aliados peninsulares.

Sólo podemos aventurar e hipotetizar los movimientos del sabino en Lusitania durante el otoño y el invierno del 80 a.C. Plutarco precisa que Sertorio amplió su poder, reuniendo bajo su mando a lusitanos y parte de los pueblos limítrofes; quizás vacceos y vettones. Seguro que procuró asegurar el sur de Lusitania, sobre todo considerando que había dejado en Tingis parte de su ejército y que para poder contar con el apoyo de una flota necesitaba controlar puertos en el Atlántico, especialmente entre el estrecho de Gibraltar y el cabo de San Vicente.

Quizás por arrogarse cierto olor de santidad con el asunto de la cierva mágica, quizás con promesas y mucha actividad diplomática, consiguió asegurarse el apoyo de un creciente número de pueblos indígenas y multiplicar sus fuerzas. Como historiador, soy bastante reacio a valorar como explicación a este *feeling* ibérico la famosa introducción de los cómics de Asterix: «unidos contra el invasor», sobre todo si quien se pone al mando es otro *invasor* que está reñido con los anteriores. Esta ha sido la opinión predominante desde finales del siglo XIX hasta hace bien pocos años, como les explicaré cuando veamos juntos la figura de Adolf Schulten en el capítulo IX, pero actualmente cae por su propio peso. Creo que, antes y ahora, mayormente es el dinero el que mueve el mundo y estoy firmemente convencido de que las redes clientelares y comerciales marianistas tuvieron un peso definitivo en esta implantación y recuperación del ejército sertoriano, además de mil promesas a los pueblos ibéricos y celtibéricos a su alcance.

No descarto la posibilidad de que se fuesen uniendo a Sertorio otros huidos de la península itálica, donde los movimientos del sabino eran seguidos de cerca por lo que quedaba de los *populares*, que se pasaban noticias, en sombras y entre susurros, acerca de los triunfos sobre Cotta o Fufidio. Pero esto no deja de ser una mera especulación personal, basada en algunos de los nombres de las personas que rodearon a Sertorio en su aventura en *Hispania* como los senadores M. Antonio, L. Cornelio Cinna, hijo de su padre, L. Fabio, L. Livio Salinator, Mallio, C. Octavio Graecino, C. Tarquinio Prisco o M. Vario. Seguro que hubo muchos más cuyos nombres no nos han llegado, y todos ellos con sus influencias en la ciudad eterna.

79 A.C. LA LLEGADA DE UN VIEJO ENEMIGO

En el año 80 a.C. los cónsules de Roma fueron Lucio Cornelio Sila, por supuesto, y su compañero de armas y pariente Quinto Cecilio Metelo Pío. Recordemos que Sila se había casado interesadamente con Cecilia Metela, hija de Metelo el Dálmata, pontífice máximo y *prínceps,* que era la prima de Quinto Cecilio Metelo. En Roma todo era cosa de familia.

Las sucesivas derrotas de Cotta y Fufidio fueron recibidas en el Senado con mucha preocupación y, tras el regreso de Annio Lusco, se decidió enviar a alguien con renombre militar para acabar con el incordio de Quinto Sertorio. Sila decidió enviar para ello al mismo Metelo, acogiéndose a *Lex Cornelia de provinciis ordinandis,* recién promulgada el 81 a.C., que precisaba que los cónsules no podían abandonar Roma durante su año de mandato, pero podían prorrogar después su *imperium* proconsular en una provincia, y a Hispania que fue enviado Metelo. De no ser por esta *Lex* quizás hubiese sido enviado un año antes, ya que al Cornelio su primo político le comenzaba a resultar un poco pelma, recordando siempre la legalidad del Estado y estas cosas.

Quinto Cecilio Metelo Pío ya ha ido apareciendo antes a lo largo de este libro. Al llegar a Hispania, casi con cincuenta años, tenía una dilatada experiencia militar. Había acompañado a su padre, Quinto Cecilio Metelo Numídico, en la guerra contra Yugurta. Precisamente el mismo que dejó irse a Roma a Cayo Mario para que ganase su primer consulado. Cuando Cayo Mario pudo, exilió al Numídico a África —¿dónde si no?— para alejarlo de las esferas de poder. Su hijo no dejó un momento de pedir y clamar por la vuelta de su injustamente tratado padre allá donde fuera o estuviese; en el Senado, en el foro, en termas, en templos... con tanta insistencia, vehemencia y dedicación filial, que acabó recibiendo el sobrenombre Pío cuando logró el regreso de su padre. Quizás se merecía el sello de pesado que le puso Sila.

Metelo es enviado de este modo a Hispania como procónsul de la Ulterior, con dos legiones nuevecitas, por lo que el ejército *optimate* en la península ibérica ascendería en esos momentos a un mínimo de seis, unas treinta mil personas, auxiliar arriba, auxiliar abajo. Si hemos de creer a Plutarco, se dirigió de cabeza hacia la zona controlada por

Sertorio para entablar combate (*figura 12*), con la confianza de poder vencer a un ejército *frankenstein*, si me permiten la expresión, formado por tropas inconexas de varias legiones vencidas y salvajes reclutados en cuevas, reanimados por el rayo del sabino. El texto de este autor sobre el primer choque entre ambos estrategas no tiene desperdicio, y es un claro ejemplo de su simpatía hacia Sertorio, percibiéndose una clara inquina hacia el general silano. Copio literalmente: «Por otra parte Metelo era ya de bastante edad [recordemos que tenía cuarenta y nueve años frente a los cuarenta y cinco de Sertorio, casi eran quintos] y después de muchos y grandes combates que había sostenido se había entregado a una vida más regalada que antes; luchaba contra Sertorio, en el pleno de sus ímpetus, y que tenía muy ejercitado su cuerpo en esfuerzo, ligereza y frugalidad [...]. Por tanto, Metelo, no alcanzando trabar batalla, padecía lo mismo que el vencido, mientras que para Sertorio el huir era como si él persiguiese [...] y como Sertorio provocase a Metelo a combate singular, comenzaron a incitarle [a Metelo] a que peleara general contra general, romano contra romano, y negándose él, le insultaron. Pero él se rió de ellos, y con razón, pues como dice Teofrasto, un general debe morir como general y no como un simple soldado».

Tenemos varias cosas para comentar sobre este relato, desde el desafío de Sertorio a combate heroico con Metelo, que francamente me parece una licencia literaria, hasta la táctica de evitar una confrontación abierta, que comentaremos más adelante. Quedémonos en este momento con esta diferente vara de medir de Plutarco: Metelo había ya demostrado con creces su valía en el campo militar y en el político, logrando colocarse al lado de Sila, con actuaciones medidas y calculadas, aunque el *dictator* no acabase de fiarse del todo de su compañero.

Con los datos que tenemos sobre el comienzo de esta campaña no podemos saber si Metelo y sus legiones llegaron por vía marítima o terrestre. En cualquiera de los dos casos podemos situar su llegada a la península ibérica a mediados de la primavera del 79 a.C. Necesariamente pasó por Tarraco, que es donde tradicionalmente se daban el relevo de Hispania cónsules, procónsules y gobernadores, y podemos suponer que se dirigiría hacia la bética por el litoral hasta conectar con la vía Heraclea, una de las arterias de comunicación romana más antiguas de Hispania. Esta vía Heraclea, después llamada vía Augusta, sale del litoral mediterráneo cerca de la actual Alicante y Denia (*figura 12*). Se dirige por Albacete hacia el Guadalquivir para llegar hasta Itálica y de ahí al Atlántico. Una autentica autopista estratégica que conecta el Mediterráneo con la Ulterior.

Metelo llegó a la Bética comienzos del verano, con Sertorio posiblemente en el norte de Lusitania. El general no pierde el tiempo y se dirige rápidamente al norte, directo hacia su enemigo. Salustio nos cuenta que avanzó incendiando aldeas, torres, fortificaciones y campos abandonados, hasta llegar a Dipo, una ciudad en el actual término municipal de Guadajara, cerca de Badajoz, que asedió durante varios días. Quizás Dipo sea la misma ciudad que describe Quinto Claudio Quadrigario en el libro diecinueve de sus anales y cuyo texto transcribimos, ya que resulta sumamente interesante: «Saeteros y honderos disparan con gran ahínco por ambas partes. Pero no es lo mismo lanzar una piedra o saeta hacia arriba que hacia abajo; pues es difícil lanzarlas con certeza hacia abajo mientras que hacia arriba se lanzan las dos muy bien. Por lo cual los soldados de Metelo recibían muchas menos heridas y, lo que es más importante, los honderos con toda facilidad desalojaban de las almenas a los enemigos».

A lo largo de los relatos sobre esta guerra vamos a ver aparecer continuamente el asalto o asedio de ciudades por parte de los dos ejércitos enfrentados. Esta va a ser es una de las terribles señas de identidad de este episodio bélico; la estrategia pivotará en la defensa del territorio a través del mantenimiento de plazas fuertes, lo que supuso la destrucción de innumerables poblados y asentamientos.

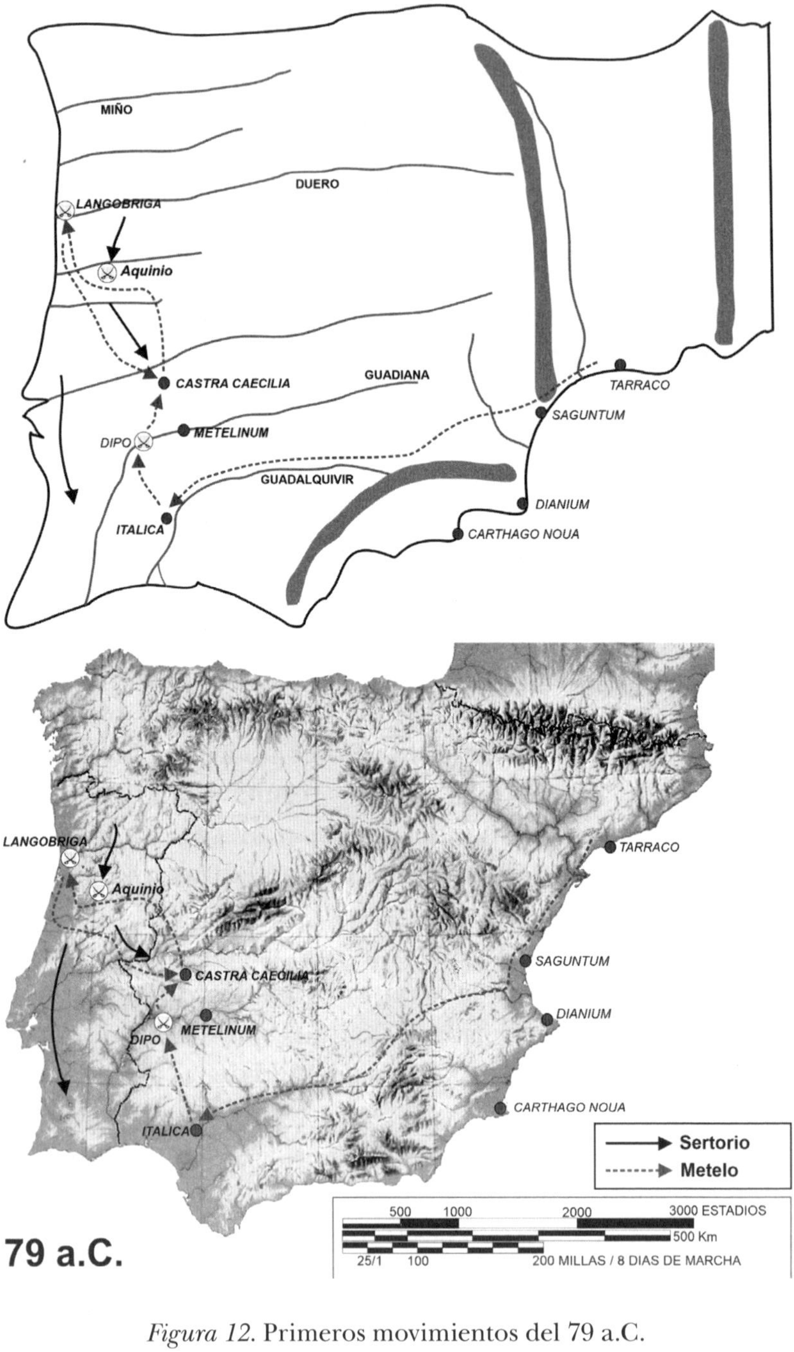

Figura 12. Primeros movimientos del 79 a.C.

A finales del siglo II a.C. el asedio a ciudades constituía una ciencia militar en sí misma. Griegos y romanos habían escrito numerosos tratados especializados y era una disciplina tan común que habitualmente los historiadores clásicos no entraban en detalles sobre la misma, porque se daban por sobradamente conocidos por el lector. Hay alguna excepción, como el asedio a Sagunto por parte de Aníbal, al que Livio dedica una detallada descripción. Merece la pena que nos detengamos un momento en comentar, en líneas generales, cómo era esto del asalto y asedio en esta época.

Dado el carácter pragmático de los romanos, en un primer momento se intentaba que la ciudad o la fortificación capitulase, que se rindiese. Para ello se desplegaba a la vista de los defensores todo el potencial del ejército, para que les quedase claro a lo que enfrentaban. Si esto fallaba, cosa que sería habitual en esta guerra sin cuartel, se procedía al asalto u *oppugnatio*, que consistía en atacar con oleadas sucesivas de intensidad creciente para debilitar a los defensores, sobre todo si no contaban con la posibilidad de oponer a cada oleada un relevo.

Si el asalto no funcionaba, o se preveía que no funcionaría por el potencial de las defensas y defensores, se establecía un asedio formal u *obsidio*. Habitualmente el enemigo comenzaba con la destrucción del territorio más próximo a la ciudad con varios objetivos: controlar los recursos, intimidar a los sitiados y forzarlos a actuar precipitadamente, negociando o batallando en campo abierto.

Después la prioridad era aislar completamente la ciudad, sobre todo para que el agua y la comida de los sitiados se fuesen agotando y forzar la rendición por sed, hambre o enfermedad. Por este motivo las ciudades asediadas con población civil dentro capitulaban antes: la defensa por parte de un contingente estrictamente militar, tras evacuar a la población, tenía muchas más posibilidades de éxito.

Los asedios en los que se rodeaba la ciudad con una muralla, como el de Numancia o Alesia, se pensaba hasta hace bien poco que eran excepcionales, pero la reciente localización de simples muros de tierra o *vallum* en varios yacimientos arqueológicos, como en el Cabezo de Alcalá de Azaila, parece indicarnos que este era un procedimiento casi estándar. El problema es que las huellas que dejan sobre el territorio estas obras de circunvalación de tierra son difíciles de reconocer o directamente han desaparecido en muchos de los casos.

¿Qué hacían asediados y sitiadores desde sus posiciones, aparte de mirarse mal y decirse cosas feas? Pues se tiraban de todo, proyectiles de plomo arrojados con hondas, flechas o *sagittae*, y proyectiles de catapulta. La artillería de torsión era un recurso habitual en estos asedios. Para que se hagan una idea, Livio detalla el contenido del arsenal de Cartago Nova cuando es tomada por Roma en la segunda guerra púnica más de un siglo antes de nuestra guerra: ciento veinte escorpios grandes, doscientos ochenta y uno medianos, y más de dos mil quinientos pequeños, junto con veintitrés balistas grandes (*figura 13*) y cincuenta y dos pequeñas. Más de tres mil piezas. Impresionante.

Estas máquinas al parecer fueron inventadas a finales del siglo V a.C. por un grupo de ingenieros reunidos por Dionisio el Viejo de Siracusa para preparar su ofensiva en la isla de Sicilia. El mecanismo del tiro se basaba en la fuerza de la torsión de haces elásticos montados en cuadros metálicos, perfectamente calibrados. Los primeros ingenios de este tipo arrojaban flechas de grandes dimensiones; sería poco después, con Filipo II de Macedonia, cuando aparecerían máquinas para arrojar los familiares proyectiles de piedra, que tenían que ser lo más esféricos posible ya que los brazos los hacían correr por un canal de tiro que aumentaba la precisión. Como ven, tenemos que olvidarnos de la imagen popular que se tiene de las catapultas como enormes cucharones que tiran cualquier cosa que quepa dentro, una imagen basada en otras máquinas, llamadas onagros, que se desarrollaron en la antigüedad para barcos de guerra, y cuyo uso terrestre no comenzaría hasta mediados del siglo II d.C., como pronto.

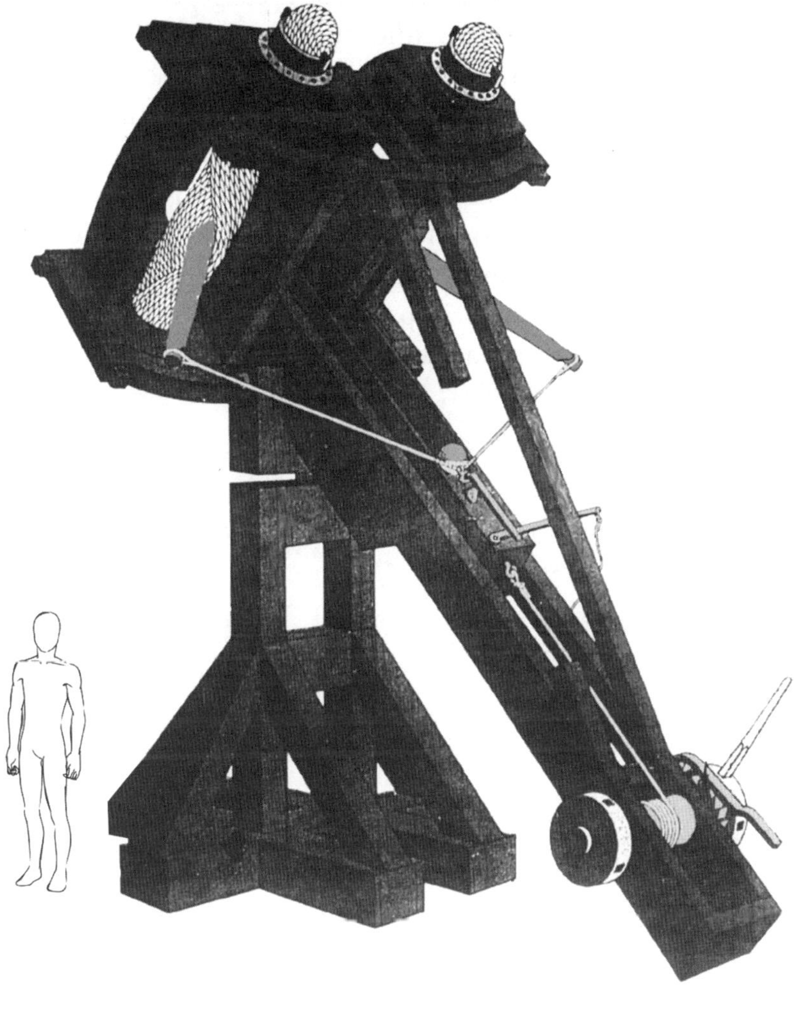

Figura 13. Aspecto y dimensiones de una balista grande. Soedel y Foley, 1977.

Livio se refiere a estos ingenios con el término de *ballista*, frecuente en la época de Augusto debido a la obra de Vitrubio, quien denominaba *scorpio* a las piezas de artillería que arrojaba flechas o *sagittae* (*figura 14*), y *ballista* a las que arrojaban proyectiles de piedra.

Estamos hablando de tecnología militar de precisión. Estas máquinas se transportaban desmontadas en varias piezas y su puesta en marcha corría a cargo de ingenieros especializados, que tenían que calibrar la tensión de los haces de fibras. Sus dimensiones en el caso de las *ballistae* de mayor tamaño, que arrojaban proyectiles o bolaños de un talento de peso, unos veintiséis kilogramos, eran considerables (*figura 13*), llegando a medir varios metros de altura. Los escorpios, más ligeros y fáciles de emplazar en posiciones eventuales, poseían también un notable grado de precisión, pudiendo agrupar varios impactos, algo muy efectivo para desguarnecer las murallas de defensores.

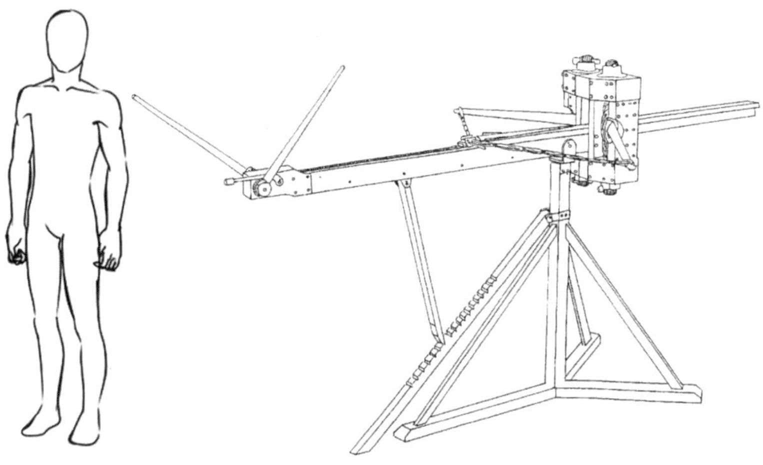

Figura 14. Aspecto y dimensiones de un *scorpio.*

Esta era la función principal de estas máquinas y no la de tirar abajo los muros; lo que se buscaba era barrer de defensas y defensores la zona superior de las murallas, para poder aproximarse con seguridad a realizar trabajos de zapa o directamente colocar escalas para tomar las murallas.

Este era el procedimiento más habitual: capturar un tramo de muralla cerca de una puerta, con el fin de abrirla desde el interior. Si esto no era posible, pico y pala para abrir agujeros en el muro o echarlo abajo. Con este fin los zapadores se aproximaban cubiertos de los proyectiles y el fuego de los defensores con defensas móviles de madera. Hasta donde sabemos, en pocas ocasiones se utilizaron los conocidos arietes, aunque eran de menores dimensiones que los que tenemos en la memoria, construida a base de películas quizás no demasiado afortunadas.

Si los atacantes no paraban quietos, los defensores tampoco se quedaban mano sobre mano. Además de defenderse, reconstruían las brechas o grietas producidas por el enemigo, como nos comenta Livio en el asedio de Iliturgis, donde las mujeres y los niños acercan las piedras a los que trabajan en la reparación de la fortificación.

Figura 15. Proyectiles de Renieblas. (Díaz 2008, p. 349, dibujo de Gómez y Morales).

Otros recursos de los atacantes, como las torres móviles, eran realmente excepcionales y sólo se construían para la ocasión cuando la toma de la plaza era imprescindible y el asedio se encontraba en punto muerto. Para poder aproximar una de estas torres móviles a una muralla era necesario preparar el acceso y allanar el terreno, ya que estas máquinas no pueden salvar ningún tipo de obstáculo por mínimo que este sea. Llegados a este punto se solía construir una rampa o *agger*, con la que, además, se ganaba altura frente a las defensas de la ciudad.

Curiosamente, una de las piezas más habituales que se localizan en el entorno de yacimientos que han sido objeto de asedio en esta época son los proyectiles de honda. Su uso hasta hace bien poco se pensaba que quedaba reservado para las batallas en campo abierto, pero el pasaje que hemos leído sobre el asedio de Dipo es contundente, nunca mejor dicho. Se utilizaban para desguarnecer las murallas de defensores, cubriendo a los atacantes mientras se aproximaban y colocaban las escalas. Se utilizaron también como elemento propagandístico, por decirlo de alguna manera, ya que encontramos numerosos proyectiles de plomo que aparecen con la leyenda Q.SERT. PROCOS, o hablan de la PIETAS de Sertorio. (*figura 15*)

Tras su éxito en Dipo, Metelo decide atacar la ciudad de Lacobriga, que apoyaba a Sertorio. (*figura 16*) Para ello se nos dice que avitualla a sus hombres con los recursos necesarios para cinco días de marcha. Si eran cinco días de marcha hay que pensar que el *optimate* y su ejército estarían como mucho a unos ciento veinte o ciento cincuenta kilómetros al norte o noreste. No creo que un general con su experiencia confiase toda su logística a tomar la ciudad de un día para otro, aunque Plutarco afirme que se sabía que esta ciudad tenía problemas de abastecimiento de agua y que no podría resistir; creo que esos cinco días se refieren exclusivamente a los días de marcha para llegar al objetivo. El caso es que el silano no llegó a tomar la ciudad gracias a una argucia de Sertorio, que sorteó el bloqueo sobre la ciudad e introdujo dentro de las murallas dos mil odres de agua por la puerta de atrás, no sabemos exactamente cómo, indicando a sus tropas que además evacuasen en secreto a los civiles, para que el agua fuese suficiente para los defensores. Quiero subrayar este pasaje para que el lector recuerde la importancia de evacuar a la población civil de una ciudad que puede sufrir un asedio, algo recomendado por los tratadistas clásicos sobre poliorcética de la antigüedad, y que podemos comenzar a intuir en el registro arqueológico. Pero no adelantemos acontecimientos.

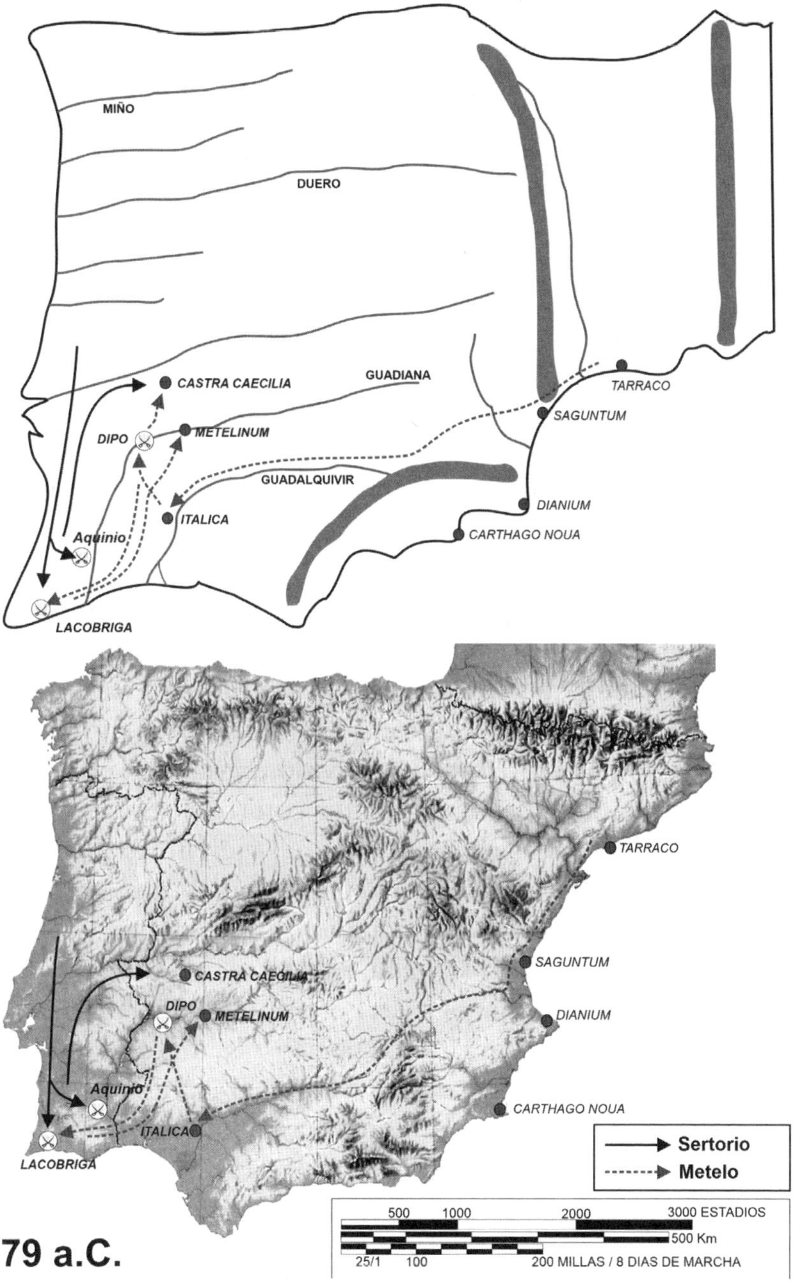

Figura 16. Movimientos de la segunda parte del 79 a.C.

Con esta jugada Metelo pasó de estar en ventaja a quedarse sin provisiones para las cuatro legiones que llevaba, más o menos unas veinte mil almas, y dado que no quería soltar su presa y levantar el asedio, envió a un tal Aquinio con una legión entera para avituallarse, posiblemente desandando la ruta seguida. Sertorio seguía de cerca estos movimientos y atacó a Aquinio en combate frontal mientras tres mil hombres, que permanecían escondidos, atacaron la retaguardia del general *optimate*, derrotándolo. El sabino destroza totalmente este cuerpo de ejército y obliga a Metelo a levantar el asedio y retirarse hacia Conistorgis, la actual Medellín en la provincia de Badajoz, aunque puede que el general y lo que quedaba de sus tropas se dirigiesen al flamante campamento de Castra Caecilia, recién construido. Era un campamento enorme, de cuatrocientos por setecientos metros de planta, capaz de acoger y dar seguridad a las tres legiones que se retiraban desde el norte.

Los combates en Dipo y Conistorgis nos indican que la zona occidental de la Península distaba mucho de estar controlada por Metelo, que se vio obligado a retirarse a invernar a un punto seguro desde el que envió mensajeros al procónsul de la Citerior, Lucio Domicio Calvino, pidiendo refuerzos. Si el procónsul se ve obligado a huir con tres legiones y pico bajo su mando, podemos intuir que el ejército de Sertorio era mayor, ya que forzó a Metelo a irse con el rabo entre las piernas sin intentar entablar combate con el sabino.

La táctica de Sertorio citada en varias fuentes de evitar el combate formal con el ejército principal de Metelo ha hecho verter ríos de tinta a los especialistas. Algunos autores llegan a afirmar que Metelo controlaba los valles y Sertorio le acechaba en los macizos montañosos, lo que obligaba al general silano a ir atacando y destruyendo a su paso poblados y ciudades. Yo no lo tengo tan claro. De hecho, creo que Sertorio controlaba el territorio de forma efectiva, aprovechando fronteras naturales como los cursos fluviales o las cadenas montañesas para delimitar ámbitos asegurados, pero dejando zonas de amortiguación con el enemigo.

Desde este momento comienza a dibujarse la estrategia defensiva que el sabino aplicaría durante toda la guerra: la fortificación y apoyo de ciudades y asentamientos indígenas, que se constituyen en los puntales de refuerzo fundamentales de sus tropas y movimientos. Elabora de este modo una defensa en profundidad, sustanciada en una red de puntos fuertes por la que el ejército sertoriano se puede trasladar con rapidez y relativa seguridad. De hecho, Plutarco precisa que Metelo se ve desbordado por esta movilidad del ejército sertoriano, que rehúye la confrontación directa para ir desgastando y desmoralizando al enemigo. Este planteamiento aboca al ejército silano a la destrucción sistemática de los puntos de avituallamiento y fortificación del enemigo, con el doble objetivo de evitar golpes de mano desde su retaguardia y desarticular, o intentarlo, la red de apoyo y refuerzo de Sertorio.

El sabino conocía sobradamente su situación. Sabía de primera mano la capacidad de Roma para levantar legiones en tierras lejanas, mientras él contaba con recursos limitados, encerrado en un territorio acotado. La sucesión de batallas campales supondría la pérdida de tropas que para él eran vitales. Incluso ganando, perdía. Su objetivo final era plantarse en Italia con un ejército para convencer a posibles aliados a sumarse a su causa contra Sila y retornar a la legalidad a la República, y para eso necesitaba llegar allí con una importante capacidad de combate, es decir, con un gran ejército.

Por cierto, hay que abandonar completamente el presupuesto de que esta mal llamada *táctica de guerrillas* se debía al importante peso del contingente indígena en el ejército sertoriano. Efectivamente, la presencia de cuerpos de ejércitos completos provenientes de distintas ciudades y pueblos favorables a Sertorio es un hecho más que contrastado en las fuentes y comienza a ser reconocido en el registro arqueológico, pero también lo es que en la península ibérica existían ejércitos indígenas con una formación táctica muy desarrollada, capaces de formar en *acies instructa* ya a comienzos del siglo II a.C., y dejar cuerpos de ejército de reserva en campamentos en la retaguardia, como nos comenta Tito Livio en relación con la primera guerra celtibérica. Este autor describe en dos ocasiones la formación en cuña de ejércitos celtibéricos, con cambios de orden de combate en movimiento. Debemos erradicar de este modo el mito del noble salvaje cuando hablemos de los ejércitos ibéricos y celtibéricos. Eran auténticos profesionales, vivían en una sociedad en la que la guerra era uno de los ejes fundamentales, crecían con una espada en la mano y sabían combatir como los ejércitos helenísticos del Mediterráneo. Si hacemos caso a las fuentes, quizás mejor.

Sea como fuere, este primer año Metelo comprendió que esta guerra iba a ser larga y complicada. Sus fracasos y el análisis del enemigo le llevaron a cambiar de estrategia: en lugar de intentar derrotar a Sertorio en combate decisivo, decidió fijarlo en la zona norte de Lusitania, cortando sus líneas de suministro desde el sur peninsular y desde África, creando una auténtica frontera o *limes* en el curso del río Tajo. El general silano se vio obligado a retirarse al sur, dejando Castra Caecilia como puntal de la defensa del frente. Desde aquí Metelo podía lanzar ataques hacia el norte, asegurando una segunda línea de defensa en el curso del *flumen Anas*, es decir, el Guadiana. Allí encontramos una ciudad que conservó su nombre, Colonia Metellinensis, la actual Medellín, y, a unos diez kilómetros al este, los restos de un gran campamento militar, bajo la actual localidad de Valdetorres.

Llega el invierno, se detiene el reloj de la guerra y los enemigos se acuartelan para lamerse las heridas, hacerse más fuertes y pensar en sus próximos movimientos. Metelo pasa los días con su estado mayor pensando cómo desarticular las defensas de Sertorio, que comenzaba a ser un grave problema y no sólo un pequeño foco rebelde sin trascendencia, contando con los refuerzos del procónsul de la Citerior, Lucio Domicio Calvino, y del de la Narbonense, Lucio Manlio. Por su parte, Sertorio volvía a ocupar y asegurar el territorio abandonado por el enemigo, consolidando su posición en el sur de Lusitania y al norte del Tajo, que en su curso medio se convertía en frontera entre ambos contendientes. La liberación de Langobriga, la recuperación de ciudades como Dipo y la derrota de un militar de tanto renombre y prestigio como Quinto Cecilio Metelo Pío multiplicó el apoyo de los pueblos peninsulares. Si tenían dudas, la derrota de Aquinio y la retirada del silano decantó la balanza a favor de Sertorio en este momento.

78 A.C. UNA GUERRA MÁS COMPLICADA DE LO QUE SE PENSABA

Llega el invierno y se detiene la guerra. No sé cuál puede ser la razón, pero las campañas bélicas a lo largo de la historia, de toda la historia, suelen ir acompañadas de inviernos especialmente fríos. Quizás los contendientes notan más en sus doloridos huesos los rigores climáticos, pero es habitual encontrarnos referencias de heladas severas: desde nuestra guerra civil en Teruel a Stalingrado, desde las campañas napoleónicas a las guerras celtibéricas... Durante las gélidas noches del interior peninsular, seguro que en los campamentos de nuestros contendientes se susurraban historias como las de ese ejército de Roma que se congeló en su campamento una noche de la segunda guerra celtibérica. Dos semanas después los encontrarían petrificados en la misma posición en la que murieron. Los historiadores de entonces ya decían que eso no eran más que cuentos de viejos veteranos para asustar a los novatos, pero con seguridad pasaron frío, mucho frío.

Metelo había valorado la situación y decidido asegurar las zonas controladas del sur peninsular; sabía que podía abastecerse por mar, pese al peligro de los piratas, y quiso consolidar los puertos, cortando así los suministros y refuerzos de Sertorio desde el norte de África, que en estos momentos tenemos que suponer que seguían bajo su control; recordemos que había dejado a parte de su ejército en Tingis.

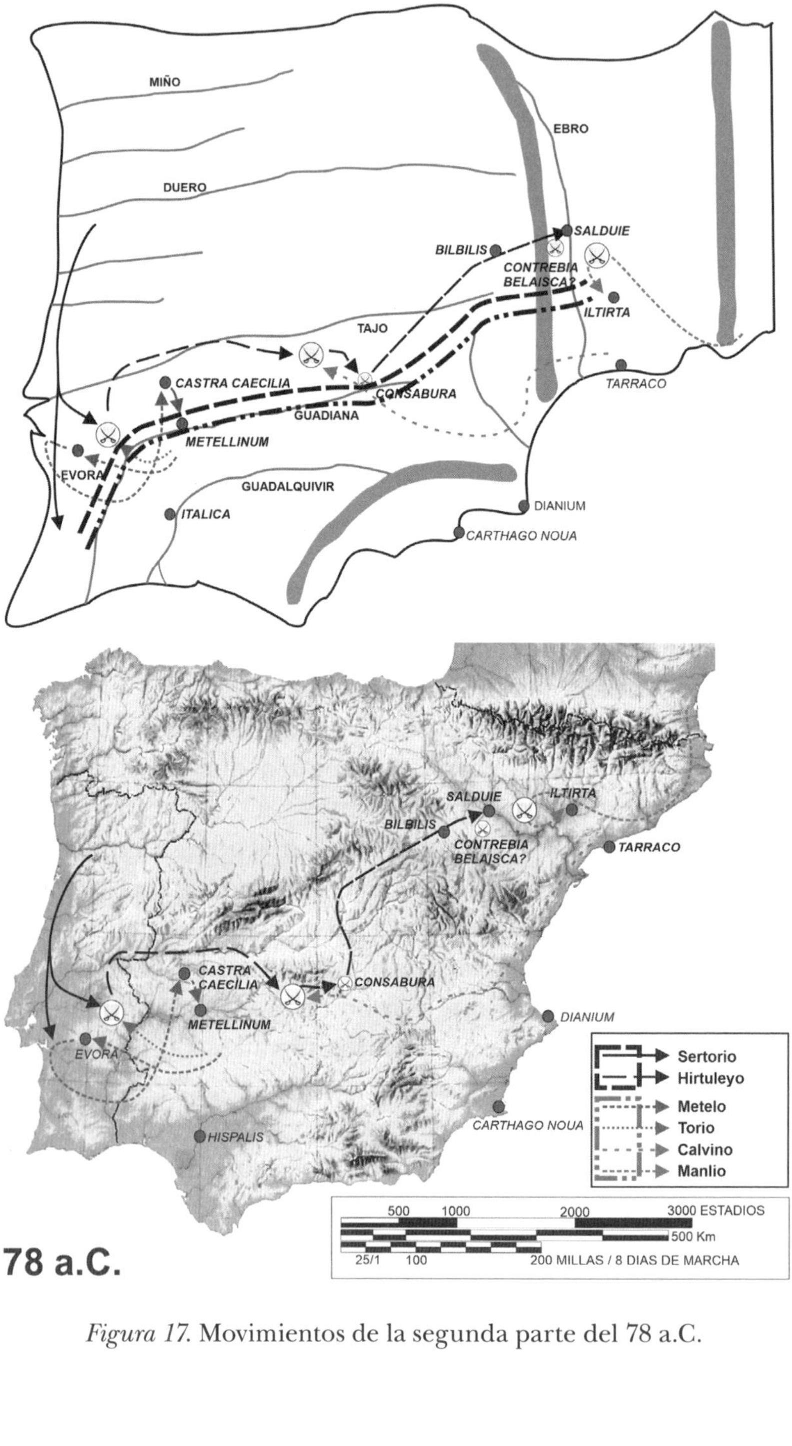

Figura 17. Movimientos de la segunda parte del 78 a.C.

El general de Roma planificó un osado movimiento con el objetivo de partir en dos el territorio enemigo, avanzando directamente hacia el Atlántico, contando con que su retaguardia sería reforzada por las tropas de Domicio Calvino. Este movimiento, además de debilitar al enemigo al oeste y cortar absolutamente su acceso al sur, contaba con cerrar el frente oriental con el ejército de Lucio Manlio, que venía desde el norte. Antes de recibir estos refuerzos, ya en camino, Metelo se pone en movimiento con dos o tres legiones hacia el este, hacia Évora, cortando como un cuchillo el territorio sertoriano. Llega a mojarse los pies en el Atlántico, aproximadamente a la altura de Alcacer do Sal (*figura 17*). En este tipo de campañas de avance rápido los flancos del ejército principal se cubrían con otros cuerpos de ejército menores, que seguían la misma ruta por vías paralelas, a cierta distancia. Uno de estos cuerpos de ejército, a las órdenes del general Torio, protegía su flanco derecho, al norte.

Sertorio cae sobre Torio y lo derrota cerca del río Anas, según Floro, lo que deja a Metelo con el flanco desprotegido y en desventaja. Esta situación potencialmente peligrosa hace que general silano vuelva sobre sus pasos, abandone el territorio conquistado y se repliegue hasta el curso del Guadiana, pasando a situación defensiva. La continua presión de las tropas sertorianas lo obligará a retirarse a la seguridad de Castra Caecilia y posteriormente al sur, hacia Metellinum. Sertorio va ganando terreno, pero ve comprometido su acceso a los puertos atlánticos del sur.

Mientras tanto, Calvino y Manlio se aproximan con los refuerzos solicitados. Por los datos que tenemos parece que Manlio pretendía descender hacia la meseta desde el valle del Ebro siguiendo el río Jalón, mientras que Calvino, con dos legiones, aceleraba la marcha por la costa para unir sus fuerzas con las de Metelo.

Lucio Hirtuleyo, otro sabino proscrito por Sila, había acompañado a Sertorio desde el 82 a.C. y se había convertido en su mano derecha tras haber jugado un importante papel en la derrota de Torio. Sertorio lo envía a salir al paso de Calvino para impedir que uniese sus fuerzas con las de Metelo; lo derrota y descalabra su ejército en un lugar indeterminado entre el Guadiana y el Tajo. Pese a que autores como García sitúan esta batalla en las proximidades de este último río, personalmente considero que la necesidad de un desplazamiento rápido para unirse a Metelo hizo que Calvino utilizase la vía Heraclea, desviándose después para unirse con Metelo por el camino más corto, al sur de los montes de Toledo. Creo que allí es donde le saldría al paso Hirtuleyo, derrotándolo y consolidando el frente este de Sertorio con el asedio y captura de la ciudad de Consabura.

Esta derrota logró dos objetivos: por un lado, neutralizó los refuerzos de Metelo, debilitándolo, y por otro dejaba abierto el frente oriental, creando nuevas vías de acceso hacia el este y noreste de la península ibérica. Un gran logro. Pero Hirtuleyo prosigue con una campaña magistral, seguramente planificada con detalle durante el invierno anterior, y asciende por el valle del Cigüela hacia la cabecera del Tajo para alcanzar el Sistema Ibérico y subir por el valle del Jalón hasta el valle del Ebro. Las razones de esta incursión son obvias y trascendentes; neutralizar a Manlio, asegurar una cabeza de puente en el valle del Ebro y abrir de este modo un nuevo frente hacia Roma.

El valle del Ebro era una zona profundamente romanizada. Había sido durante todo el siglo II a.C. el corredor natural de Roma en sus incursiones hacia el interior peninsular y una zona estratégica en el contexto de las sucesivas guerras celtibéricas. Un ejemplo de esto lo tenemos en el bronce de Áscoli, conservado en los Museos Capitolinos de Roma, por el que se concedía el 17 de noviembre del 89 a.C. la ciudadanía romana a un grupo de jinetes hispanos, o *turma*, reclutados en Salduie posiblemente por el mismo Valerio Flaco que había derrotado a los celtíberos dos años antes. Estos soldados combatieron en el asedio de Asculum bajo las órdenes de Pompeyo Estrabón y destacaron tanto en el combate que se les otorgó la ciudadanía romana, que no era poca cosa.

Cabe preguntarse sobre el posicionamiento de estas élites peninsulares en este nuevo conflicto, pero es posible que se mantuviesen fieles a Roma, aunque no hay que perder de vista que formaron parte del ejército de Roma contra los aliados, en un momento en el que la diferencia entre *populares* y *optimates* no debía ser tan clara para unos jóvenes celtibéricos e ibéricos del valle del Ebro enrolados en una guerra ajena. Quizás eso les daba absolutamente igual y únicamente buscaban aventuras, prestigio y dinero.

Volviendo al choque entre Hirtuleyo y Manlio, Orosio comenta que el ejército de Hirtuleyo era superior al de su enemigo, que tras su derrota se retiró a las proximidades de Ilerda para crear una línea defensiva formada por numerosas fortificaciones de pequeñas dimensiones en la zona baja de los ríos Segre y Cinca, mientras Hirtuleyo haría lo propio en el curso del Ebro. El procónsul romano sin duda quería mantener a toda costa una posición defensiva en la Citerior, dada la trascendencia del puerto de Tarraco y la necesidad de taponar una posible vía de salida de Sertorio de la península ibérica.

Hirtuleyo por su parte llevó a cabo todas las medidas necesarias para aunar las voluntades de las ciudades de la zona que acababa de controlar, y que podemos situar, sin temor a equivocarnos demasiado, en la margen derecha del río Ebro, quizás hasta la altura de la desembocadura del río Cinca. Hasta puede que hiciese una primera toma de contacto con grupos galos, ya que el año siguiente atacaron la propia Narbo y al mismo Manlio, al otro lado de los Pirineos.

Durante esta campaña, Sertorio, reforzado tras los éxitos del año anterior, emprende batalla en todos los frentes: deja el suroccidental fijado, con un Metelo en desventaja, mientras amplia sus dominios hacia este y noreste, buscando vías de salida hacia Roma.

El general sabino había abierto una vía directa de penetración hacia el valle del Ebro, preparando el terreno para la campaña del año siguiente. Creo que en este momento se tuvo que producir el asedio y toma de la ciudad celtibérica de Contrebia Belaisca. Los vestigios de esta gran ciudad se conservan en un yacimiento arqueológico, el Cabezo de las Minas, en Botorrita, cerca de Zaragoza, que posee un intenso nivel de destrucción de esta cronología. Con muchas probabilidades esta ciudad fue fiel a Roma en un primer momento, dado el intenso contacto con la *Urbs* que nos muestra su registro arqueológico con unos tremendos bronces epigráficos que nos indican la presencia habitual de magistrados romanos por sus calles. Visto el desarrollo de la campaña, no creo que Hirtuleyo dejase en su retaguardia directa un enclave como este en manos del enemigo mientras se dirigía contra Manlio.

Aunque las fuentes no son explícitas, para variar, el hecho de que Sertorio se quedase en el sur para hacer retroceder a Metelo hasta el Guadiana es un claro indicador de la importancia de inmovilizar a este veterano y experimentado general, mientras Hirtuleyo derrotaba a ejércitos menos avezados. Carecemos de datos concretos sobre los movimientos en el sur, pero dudo mucho que no se produjesen enfrentamientos y acciones punitivas por ambos bandos. En esta campaña Metelo tiene que desalojar Castra Caecilia, que no sabemos a ciencia cierta si se abandona por los silanos o es tomada y destruida por Sertorio.

El ambiente y las sensaciones en Roma sobre esta guerra comienzan a ser pesimistas y se decide activar todo tipo de medidas, como la ratificación por parte del Senado de un antiguo acuerdo con Gades, que estaba cogiendo polvo desde el 206 a.C. Esta ciudad, representada por la familia de los Balbos, suscribe una cláusula poco habitual que limita la soberanía de la ciudad a la *maiestati populi romani comiter conservando*, y la obliga a prestar ayuda militar. Sertorio era ya un peligro muy real para Roma.

La campaña de este año acaba muy bien para Sertorio. Ha derrotado a sus enemigos en todos los frentes de los que tenemos noticias. Ha abierto una vía directa hacia el valle del Ebro, otra hacia el Mediterráneo y controla la mayor parte de la península ibérica. No obstante, buena parte de la costa del *Mare Nostrum* sigue estando bajo control más o menos amplio del gobierno de Sila, desde Gades hasta Cartago Nova y desde la desembocadura el Ebro hasta los Pirineos, con el puerto de Dianium como baluarte popular.

Cuando se trata la guerra de Sertorio habitualmente se pasa por alto un dato muy relevante: este año 78 a.C. muere Sila, quien se había retirado de la vida pública, que no de la política, un año antes. Las noticias de la muerte de Sila sin duda tuvieron que suponer un acicate para Sertorio, ya que, con el principal enemigo desaparecido, se abría una nueva esperanza para sus afanes de restaurar la República.

77 A.C. ¿TODOS LOS CAMINOS CONDUCEN A ROMA?

El año 77 a.C. será el momento de mayor poder de Sertorio en la península ibérica. Todo le había salido a pedir de boca y encadenaba victoria tras victoria, por lo que decide pisar el acelerador y rematar la faena.

El sabino llama a Hirtuleyo, que deja el valle del Ebro y vuelve al sur, para encargarle mantener a Metelo inmovilizado detrás del Guadiana, con la orden expresa de no entablar combate directo con él. Sertorio se ve con fuerzas, considera el peligro de Metelo contenido, y se traslada con el grueso de su ejército al valle del Ebro para enfrentarse a los refuerzos enviados por el Senado, con la idea de derrotarlos y posiblemente rebasarlos para entrar en la Galia; era hora de ir a Roma a reclamar un nuevo orden.

En la ciudad eterna no se habían cumplido los deseos de Sertorio; tras la muerte de Sila se produce una situación de mera continuidad. El Senado levanta un ejército comandado por un joven Pompeyo con el encargo de acabar con el molesto popular.

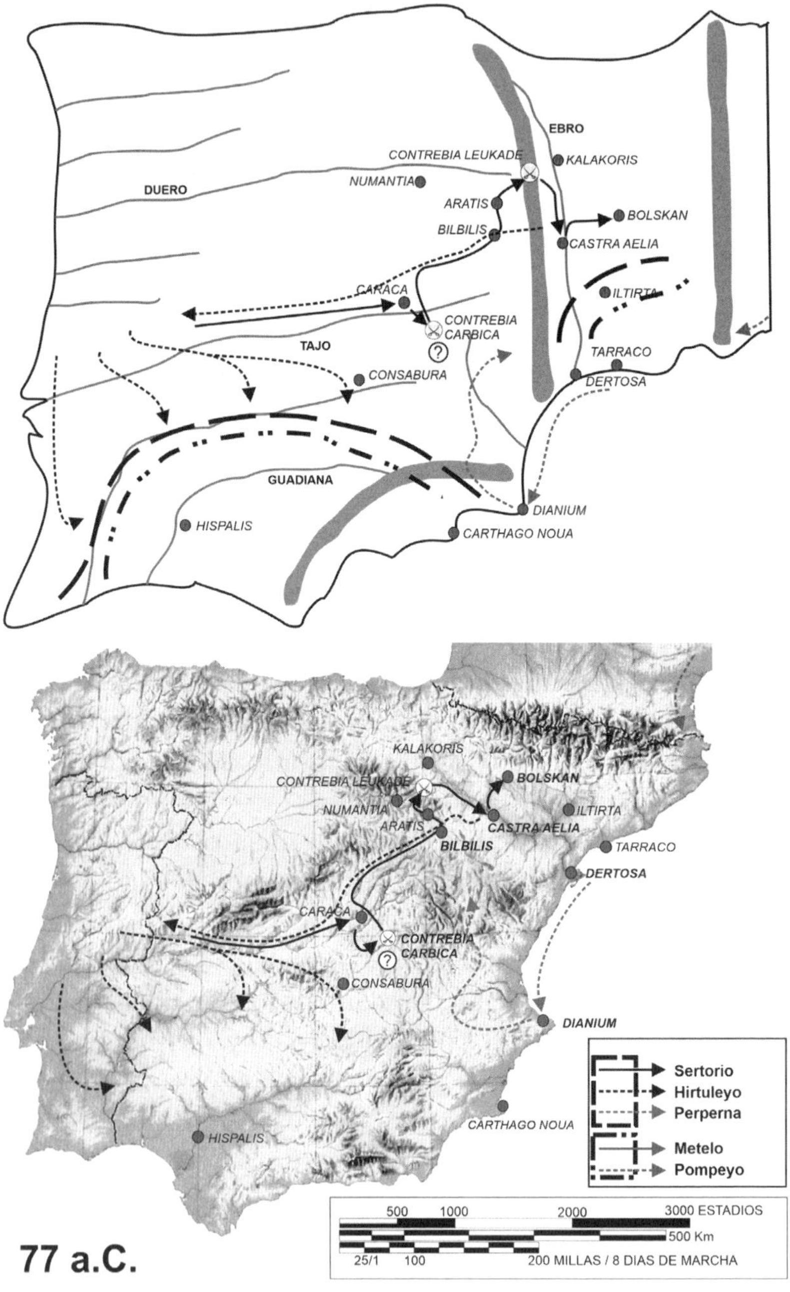

Figura 18. Movimientos del 77 a.C.

Quinto Sertorio remonta el Tajo y tras el asedio y la toma de la ciudad de Caraca, ubicada en el corredor del Henares, concretamente en el cerro de la Virgen de la Muela, Driebes, Guadalajara, asegura la zona de Carpetania (*figura 18*). Como vemos, no toda Hispania había abrazado espontáneamente la causa popular. Con esta victoria abre de forma clara el acceso hacia Dianium, un puerto que no habían dejado de estar bajo el control de los piratas aliados de Sertorio. Quiero recordar a Estrabón refiriéndose a Denia como puerto de Sertorio y lugar de piratas: «El más conocido de estos es Hemeroscopio, que tiene sobre el promontorio un santuario muy venerado de la Ártemis Efesia y que Sertorio utilizó como base de operación marítimas, pues está muy bien fortificado y es propio de piratas, visible desde muy lejos para los que se aproximan por mar; se llama Dianio, que es igual que Artemisio; tiene cerca unas prósperas minas de hierro [...]». Salustio también habla de Denia cuando dice que «Sertorio había trasladado allí su campamento naval y el mercado de los piratas». Denia con toda seguridad era una base de piratas mucho antes, un puerto clave en el tráfico comercial. Los puestos fortificados que rodean y protegen este puerto, que fueron localizados hace pocos años, estaban ya construidos y operativos en este momento.

El control de Sertorio de esta zona del litoral, conectado ahora con el interior peninsular, dejaba aislado totalmente a Metelo por tierra y evitaba la llegada de cualquier tipo de refuerzo a pie. Había bloqueado de lado a lado el sur. No obstante, el general silano contaba con una flota, no sabemos si más grande o más pequeña, y controlaba una serie de puertos estratégicos. El papel de los piratas en el control de las vías marítimas, aunque no se cite explícitamente en estos momentos de la guerra, tuvo que ser fundamental para mantener fijado al general *optimate* y reducir su capacidad bélica.

Volviendo al valle del Ebro, Sertorio tomaría la misma ruta consolidada el año anterior y Livio nos cuenta que asedió durante cuarenta y cuatro días una Contrebia, una ciudad de ubicación controvertida. Hay tres candidatas: Contrebia Carbica, identificada como el yacimiento de Fosos de Bayona, en Huete, Cuenca; Contrebia Belaisca, en el yacimiento del Cabezo de las Minas, Botorrita, Zaragoza; y Contrebia Leukade, en Inestrillas, La Rioja. Hay argumentos a favor y en contra en cada uno de estos emplazamientos para ser la candidata de este ataque sertoriano del 77 a.C., sobre todo porque en todos estos yacimientos aparecen niveles arqueológicos de destrucción con cronologías compatibles con este momento.

En un primer momento parece que la Contrebia más lógica para este ataque, siguiendo el itinerario de Sertorio, podría ser la Carbica, ya que las fuentes nos dicen que Sertorio, tras dejar a Lucio Insteyo con una fuerte guarnición en la ciudad recién tomada se dirige hacia el río Ebro («[...] *ad Hiberum flumen copias adduxit*»). Se podría considerar en términos militares que las Belaisca y Leukade ya están de hecho en el Ebro dada su poca distancia a este río; antes de llegar a la de los belos ya se ve a lo lejos, y para llegar a Inestrillas la vía más cómoda es remontarlo desde la desembocadura del Jalón. Pero la cita de Livio precisa que durante el asedio un grupo de forrajeadores de Sertorio fue hostigado por berones y autrigones; de ser la Carbica estos se encontrarían a más de doscientos kilómetros de sus ciudades. Extraño y difícil.

A favor de los que consideran que la Contrebia asediada es la Belaisca está la localización de los importantes niveles de destrucción que ya hemos comentado, con la presencia de numerosos proyectiles de *ballista*, más de veintisiete en un solo tramo de muralla. Varios de ellos, encontrados en el fondo del foso defensivo, son de un talento de peso; como hemos visto, indican el uso de artillería de torsión de gran calibre. Ya he comentado que soy partidario de ubicar este asedio en la campaña de Hirtuleyo del año anterior, no me voy a extender más en ello. Solo nos quedaría otra candidata.

Contrebia Leukade, en Inestrillas, La Rioja, sería perfectamente compatible con el ataque de berones y autrigones, y quizás el texto relativo a la posterior marcha de Sertorio hacia el Ebro tenga su justificación en la distancia de esta ciudad al río —treinta y tres kilómetros— y el posterior descenso aguas abajo hacia Castra Aelia. En esta línea no sería descabellado pensar que el sabino hubiese accedido a esta ciudad desde la meseta, desviándose a la altura de Bilbilis hacia el este, o quizás por el valle del Aranda, presidido por la potente ciudad de Aratis, del pueblo de los titos. Quizás sea esta la explicación más lógica, ya que de haber penetrado por esta vía, Sertorio podría haber controlado una zona altamente estratégica, una vía de acceso natural desde la meseta hacia la costa y con enormes recursos mineros de hierro, cobre y plata. De hecho, todo el valle del Aranda estaba especializado en la producción metalúrgica, algo especialmente importante para cualquier ejército de la antigüedad.

El análisis de los textos de Livio aporta un elemento más de duda cuando, al referirse a la campaña del año siguiente, el 76, comenta expresamente: «*Postero die M. Marium quaestorem in Arevacos et et Cerindones misit ad conscribendos ex iis gentibus milites frumentumque inde Contrebiam quae Leucada appellatur comportandum*». Al precisar *Contrebiam quae Leucada appellatur,* parece que Livio quiere distinguir esta Contrebia de la anteriormente citada en el mismo párrafo y que fue la asediada. Quiero recordar las palabras de un investigador, Manchón, cuando dice que «una noticia puede estar desplazada de su posición adecuada en la secuencia de eventos para ordenar el material en una manera más lógica o agradable, o para crear un énfasis diferente y un mayor efecto dramático que el que pudiese ser logrado por una narrativa estrictamente cronológica».

Se plantea de este modo un problema de difícil solución. Queda una última posibilidad: quizás el sabino atacó este año 77 a.C. tanto Contrebia Carbica como la Leukade. El asedio y control de ambas tiene sentido dentro del cuadro de operaciones desplegado por el sabino. La primera domina una vía de acceso vital hacia el Mediterráneo y la segunda refuerza la retaguardia, conectando además con la meseta y la ciudad aliada de Kalakoris/Calagurris. La homofonía explicaría la falta de precisión o confusión de las fuentes y daría sentido a los hechos narrados.

Livio, una fuente fundamental para esta campaña, sigue afirmando que tras controlar esta zona Sertorio se desplaza hacia el Ebro a pasar el invierno. «*Ibi hibernaculis secundum oppidum quod Castra Aelia vocatur*». Se han propuesto hasta cuatro ubicaciones diferentes para Castra Aelia: en la desembocadura del Jalón, en el yacimiento de El Castellar, entre Zaragoza y Alagón, en Fitero y en el yacimiento de La Cabañeta, en El Burgo de Ebro. Frente a la ubicación en la desembocadura del Jalón o aguas más arriba del Ebro, o a la consideración de que incluso nunca llegó a existir Castra Aelia y que habría que leer *castra alia*, actualmente gana peso la teoría de que este Castra Aelia corresponde al yacimiento de La Cabañeta, en el Burgo de Ebro, reducción que encuentro más lógica, a falta de pruebas de mayor peso, tanto por las características del yacimiento como por la coherencia de su ubicación dentro del cuadro de operaciones sertoriano.

Según Plutarco, Salustio y Livio, durante el invierno del 77 al 76 a.C., Sertorio desarrolló una frenética actividad diplomática. Plutarco afirma que «abrazaron el partido de Sertorio todos los de la parte de acá del Ebro». Salustio por su parte concreta que «*at Sertorius vacuus hieme copias augere*», es decir, aumentó sus fuerzas con la llegada de contingentes de las ciudades aliadas. Sabemos lo que sabemos, y es poco, así que tenemos que tirar de lógica y sentido común para imaginar a Sertorio escribiendo cartas, mandando a personas de confianza para hablar con unos y con otros, recibiendo enviados de pueblos de Hispania a ver qué le sacaban por apoyarle. Apenas nada sabemos de esto, pero podemos suponer sin temor a equivocarnos que esta guerra diplomática fue quizás más intensa que la de los campos de batalla.

Encontramos indicios de la misma en retazos de textos que nos han llegado, como cuando Livio detalla que el sabino ordenó que cada ciudad bajo su control fabricase armas para renovar el equipamiento militar y que pusiese dinero sobre la mesa para pagar a las tropas. Relata que organizó la logística necesaria y reunió obreros escogidos y los estableció en talleres públicos para fabricar armamento. No voy a entrar en los matices sobre la organización logística militar de este jugoso texto, y me voy a quedar con lo que implica: el control efectivo de toda la zona de la margen derecha del Ebro, de sus recursos, y el trabajo denodado de Sertorio para preparar un embate decisivo en la península ibérica que le abriese las puertas de Italia.

Podemos situar en este momento la fortificación de algunas ciudades ibéricas y celtibéricas que jugaron un papel fundamental en el abastecimiento y la estrategia de Sertorio, tanto en el valle del Ebro como en otras zonas peninsulares. El excepcional sistema defensivo de Los Castellazos, en Mediana de Aragón, a pocos kilómetros del Ebro, puede ser revelador en este sentido. Se trata una ciudad quizás celtibérica, aunque este es otro tema, que se fortifica con secuencias de tres fosos de más de veinte metros de anchura cada uno, presididos por una *turris* de factura inequívocamente romana y que presenta una destrucción y abandono compatible con estos convulsos momentos. En zonas del litoral, como el entorno de Dianium, ya hemos visto que aparecen también puestos fortificados para controlar el territorio y vigilar el mar. Esta fortificación de ciudades aliadas y puntos estratégicos define la táctica defensiva de Sertorio que venimos viendo; el de Nursia crea una tupida red de centros urbanos fortificados para frenar el avance enemigo y proporcionarle tiempo para desplazar y colocar sus ejércitos de la forma más favorable.

Estoy convencido de que este invierno del 77 al 76 a.C. Sertorio tenía la certeza de que la campaña del año siguiente acabaría con sus tropas a las puertas de península itálica, pero la entrada de dos personajes en el tablero de juego acabaría frustrando sus planes: el general Cneo Pompeyo Magno por un lado y Perperna, por otro, un incómodo aliado.

Marco Perperna Venton, un tipo de buena familia de origen etrusco, hijo y nieto de cónsules, podría perfectamente haberse alineado con los *optimates,* pero por los azares de la vida y la política optó por apoyar a Mario. Con los *populares* había sido pretor y gobernador de Sicilia, de donde fue expulsado el 82 a.C., precisamente por el mismo Pompeyo. Al ser proscrito por Sila se retiró a Liguria. Estrecho colaborador y quizás amigo de Marco Emilio Lépido, su muerte le obligó a huir con su tesoro y sus tropas a Hispania. Si se hubiese ido a África, como era costumbre, quizás Sertorio se hubiese visto beneficiado... o quizás no. Nunca lo sabremos.

Sobre la fecha de su llegada a la península ibérica no hay consenso; algunos la sitúan durante el verano del 77, otros en septiembre, y los menos en invierno de este mismo año. Dado que vino por mar, creo que el tiempo necesario para armar la flota nos llevaría como pronto a finales de la primavera o comienzos del verano del 77. El lugar del desembarco tampoco está claro. Tarraco muy posiblemente seguía bajo control de Roma, dada su relevancia y su situación próxima al golfo de León, controlado por la flota masaliota que se había mantenido fiel a la República. Cartago Nova seguía bajo control de Metelo. Quedan de este modo dos puertos posibles: Dianium o Dertosa, en la desembocadura del Ebro. Dertosa me sigue pareciendo muy expuesta a la flota de Massalia; me inclino por Dianium.

Todas las fuentes insisten en que Perperna no tenía ningún interés en ponerse a las órdenes de Sertorio, al que posiblemente consideraba menor en linaje y relevancia. Plutarco insiste en decir que quería entablar combate con Metelo por su cuenta. De hecho, en otoño del 77 a.C., se mantuvo alejado del sabino, sin ninguna intención de unirse a su ejército. Tuvo que ser la amenaza de la presencia de Pompeyo en los Pirineos, junto con la presión de sus propios soldados, si hemos de creer a los clásicos, lo que le forzó a unirse a Sertorio a finales de año, aportando a su ejército cincuenta y tres cohortes.

La noticia de la preparación de una flota por Perperna para huir a Hispania había alertado al Senado romano, que ya estaba demasiado preocupado por Sertorio como para observar cómo se le seguían uniendo tropas sin tomar medidas. Los senadores se sacaron de la manga procedimientos poco escrupulosos con esto del *mos maoirum* y otorgaron poderes especiales a Pompeyo, que con veintinueve o treinta años era demasiado joven para recibirlos.

Pompeyo había regresado a Roma el año 81 a.C. después de sendas campañas en África y Sicilia para desmantelar las redes populares. Recibió un triunfo y se le otorgó el título por el que se lo conoce y que lo diferenciaba de su bizco padre: *Magno*. Sila le otorgó sin dudar un triunfo, pese a que solo tenía veinticinco años y no había tenido una magistratura previa. El *dictator* era una persona sumamente inteligente y suponía que las ambiciones de Pompeyo lo tentarían a no licenciar sus tropas, por lo que prefirió dar antes de que le quitasen, por si acaso.

Pompeyo vuelve a aparecer en la arena política el 79, cuando se presenta a cargos con Marco Emilio Lepido, que había formado parte del círculo interno o *consilium* de su padre. Lepido obtiene el consulado y tras la muerte de Sila intentó aplicar una serie de medidas con cierto tufillo popular, entre las que se encontraba la restauración de los bienes confiscados por el *dictator* y el regreso de algunos exiliados políticos. El anuncio de estas medidas provocó una revuelta, especialmente en Etruria, y el Senado ordenó al cónsul que acudiese allí a sofocarla. Fue una medida sumamente inteligente, ya que era como echar gasolina a una hoguera; lejos de reprimir la revuelta Lepido se sumó a ella y se declaró en rebeldía, precisamente lo que el Senado esperaba que hiciese. El otro cónsul, Catulo, *optimate*, unió sus fuerzas a las de Pompeyo y juntos lograron expulsar a Lepido a Cerdeña, donde murió. Los restos de las tropas de Lepido se unieron a las de Perperna, quien subió a sus barcos en dirección a Hispania, como ya hemos comentado. Todo un culebrón, como pueden ver.

Tras esta victoria, Pompeyo se negó a licenciar a su ejército. La situación en Hispania pintaba muy mal, derrota tras derrota, y los nuevos cónsules del 77 a.C., M. Emilio Liviano y D. Junio Bruto se negaron en redondo a comandar un ejército de refuerzo. No estaban dispuestos a sufrir una derrota y buscaron un candidato con hambre de gloria y cuya muerte no supusiese un contratiempo, quizás al contrario. El único que se dejó querer para ello fue el joven Pompeyo, al que se le dio un mando extraordinario, dado que nunca había ejercido el *imperium*.

Pompeyo levantó en cuarenta días cuatro legiones y partió de Roma en abril o mayo hacia Genua, de allí a Dertona, atravesando los Alpes por el Monte Ginebra para salir al Ródano, aunque hay quien propone otras rutas que, realmente, poco nos interesan para el asunto que nos ocupa. Tras un intenso periplo en el que hubo de someter a Alógobres, Helvios, Rutenos, Voconcios, Volscos y Tectosages con el único apoyo de las ciudades de Narbo y Massalia, llegaría a los Pirineos justo a tiempo para establecer los cuarteles de invierno. La campaña de Pompeyo en el sur de la Galia no fue fácil y trae causa tanto de las dificultades de Roma de armar una flota para semejante contingente, como por el hecho de que la vía marítima para acceder a Hispania seguía siendo arriesgada, dada la intensa presencia de piratas. Pero creo que sobre todo pesó la necesidad de consolidar un corredor terrestre hacia Hispania, cerrando el paso al sabino por este camino. Los duros enfrentamientos con los galos, junto con la presencia de Hirtuleyo en el valle del Ebro el año anterior, permiten valorar la existencia de una posible alianza de estos pueblos con Sertorio, algo que sugieren las fuentes, que es imposible confirmar, pero que entraría dentro de lo probable dado que conocemos embajadas de Sertorio a puntos mucho más alejados. Lo importante es que en otoño de ese 77 a.C., Pompeyo se encontraba ya a las puertas de la península ibérica, esperando que pasase el invierno para atacar a los populares.

Sobre las acciones de Perperna en el 77 a.C. en el solar hispano, las fuentes guardan un completo mutismo. No creo que el popular ascendiese por el Ebro para unirse con Sertorio, como se propuso en su momento; considero que simplemente huyó a una zona no controlada por el enemigo, sin entablar combates reseñables más allá de la simple supervivencia, hasta que los acontecimientos lo forzaron a una unión militar no deseada.

¿Y qué hacía Quinto Cecilio Metelo Pío mientras tanto? Los textos apenas comentan ninguna acción suya para este año, pero seguro que no se quedó mano sobre mano. Aunque el general decidió atrincherarse y esperar el refuerzo del joven Pompeyo, una decisión en la que el bloqueo de Hirtuleyo seguro que tuvo bastante que ver, no por ello dejarían de producirse combates y escaramuzas. Simplemente no se ha conservado ninguna mención a las mismas, posiblemente por su poca o nula trascendencia en el desarrollo de la guerra.

Así el 77 acababa con una parte importante y estratégica de Hispania controlada por un Sertorio reforzado y abastecido, con Metelo bloqueado al sur por Hirtuleyo, y Pompeyo invernando al otro lado de los Pirineos, agazapado como un león hambriento de sangre y gloria.

Una clara muestra del control sobre el territorio ejercido por Sertorio, y de esta actividad diplomática que comentábamos hace un momento, la tenemos en la creación de la famosa escuela de Osca, probablemente durante el otoño o el invierno del 77 al 76 a.C. Tenemos que citar a Plutarco: «Pero lo que más les ganó fue lo de los hijos. Porque a los más nobles de entre los pueblos reunió en Osca, ciudad importante, puso maestros de enseñanzas griegas y romanas y, de hecho, los usó como rehenes, pero de palabra los educaba para hacerlos partícipes, cuando fueran hombres, del gobierno y del poder. Y los padres disfrutaban extraordinariamente al ver a sus hijos con togas orladas de púrpura ir y venir a las escuelas con mucho orden, y a Sertorio pagando sueldos por ellos, haciéndoles pruebas con frecuencia, distribuyendo recompensas a los merecedores de ellas y regalando collares de oro, los que los romanos llaman bullas».

La importancia estratégica de esta escuela para los hijos de los aliados es evidente: en este *collegium iuvenum* de Osca, el astuto Quinto reunió a los hijos de las élites peninsulares y los educó ante la mirada atenta de los padres, encantados de que sus hijos recibiesen una formación romana. Sertorio animaba a estos niños a vestir como jóvenes romanos, con *toga praetexta,* y les prometió la ciudadanía. Así, esta escuela garantizaba la adhesión de las élites que podrían verse tentadas a pasarse al enemigo. Leyendo entre líneas y siendo malpensados, podemos concluir que, además, el hecho de que estos niños estuviesen bajo el control directo del ejército sertoriano aseguraba el apoyo de los padres. Vamos, lo que vienen siendo rehenes.

Sea como fuere, parece que este año y el siguiente Osca, que todavía era una ciudad ibérica que se llamaba Bolśkan, ejerció cierta capitalidad sertoriana en el valle del Ebro, tanto por la presencia de este *collegium* en el que se reunía a las familias mas influyentes de los pueblos peninsulares, como sobre todo por el enorme volumen de monedas de Bolśkan que se acuñaba para pagar esta guerra. De hecho, la aparición de cuños de Bolśkan en ciudades tan alejadas como la Bilbilis celtibérica, en el yacimiento de Valdeherrera, o en Guadalajara, y la masiva presencia de una cuarta emisión de esta moneda, formada únicamente por denarios y ases, nos está indicando que hubo talleres itinerantes acuñándola. Sertorio la utilizó de forma masiva para pagar sus gastos. Estas piezas son habituales en hallazgos y tesorillos de esta cronología, como los ciento sesenta y ocho denarios encontrados en la Muela de Taracena, y en los niveles arqueológicos y contextos asociados a destrucciones de mediados de la primera mitad del siglo I a.C. Pese a que otras ciudades también acuñaron denarios para sufragar los costes de la guerra, siempre con tipología estrictamente ibérica, como Tuŕiasu, Śekobiŕikes, Aŕekorata o Ikalesken, las emisiones de Bolśkan fueron realmente masivas: algunos investigadores afirman taxativamente que estas monedas indican la presencia de Sertorio, mientras que las de la Narbonense, como Massalia, la de los *optimates.*

Otro pasaje de Plutarco insiste en la deferencia que tuvo Sertorio con los pueblos peninsulares, cuando afirma que «no ahorró ni la plata ni el oro para adornar los cascos ni en decorar los escudos, y les apremió a llevar los clámides y túnicas bordados, y así al interesarse por su buen parecer ganaba su buen afecto». Este trato deferente fue uno de los elementos que cimentó una excelente relación de Quinto Sertorio con íberos y celtíberos, llegado a desarrollarse una *devotio* o *fides* con algunos de ellos, una relación con tintes religiosos en los que se vinculaba la vida de los guerreros que la suscribían con el líder. Pero esa es otra historia.

VI

Guerra total. Tres titanes jugando al escondite

76. A.C. POMPEYO EN HISPANIA

Este año comienza con un despliegue militar sertoriano imponente, con cuatro ejércitos de unos veinte mil hombres cada uno: uno con Hirtuleyo en la Ulterior aislando a Metelo, otro con Herenio, las tropas del recién llegado Perperna y las comandadas por el propio Sertorio. Orosio, citando a Galba, concreta que la suma de este ejército ascendía a sesenta mil hombres a pie, mientras que Pompeyo al parecer contaba sólo con la mitad.

Contamos con un detallado relato por parte de Livio de los preparativos de las campañas del 76 a.C., que merece la pena reproducir parcialmente por lo preciso: «Disuelta la asamblea, [Sertorio] recomendó a todos valor y confianza y les ordenó que regresasen a sus ciudades; al principio de la primavera envió a Marco Perperna con veinte mil infantes y mil quinientos jinetes al país de los Ilercavones para defender la costa de esta región, indicándole los caminos a seguir para socorrer a las ciudades aliadas que Pompeyo sitiaba, y qué emboscadas podrían tender para atacar al ejército mismo de Pompeyo. Al mismo tiempo, envió cartas a Herennio que se encontraba por los mismos lugares, y a Lucio Hirtuleyo, en la otra provincia, indicando de qué modo quería que se llevase la guerra; ante todo que se defendiesen las ciudades aliadas de modo que no fuese necesario entablar batalla con Metelo, al cual era desigual en autoridad y en fuerzas. Por su parte, ni creía que él debiese marchar contra Pompeyo, ni Pompeyo había de bajar a entablar batalla con él. Si la guerra se prolongaba, teniendo el enemigo el mar a la espalda, y poseyendo el dominio de todas las provincias, por el mar le llegarían provisiones de todas partes, mientras que él, consumidas todas las provisiones en la anterior campaña, se encontraría en una total inopia. Perperna había sido colocado junto a la costa con el doble fin de poder proteger los territorios aun intactos por el enemigo y poder atacar de improviso si la situación se presentaba».

De creer a Livio, que como ya vimos manejaba información privilegiada, tenemos aquí las claves de la estrategia del sabino: aunar las voluntades de todo el interior de la península ibérica para confrontarse y eliminar a Metelo, dejando a Pompeyo aislado en los Pirineos. Ganado el sur, atacaría a Pompeyo para abrir el camino hacia Italia por la Galia, con el apoyo de una armada que saldría de la costa mediterránea.

La disolución de la asamblea, *conventus* en palabras de Livio, sugiere que Sertorio había reunido en su cuartel de invierno, posiblemente Castra Aelia, a numerosos ciudadanos romanos asentados en Hispania. Sertorio era un romano muy romano, y ese *conventus* sólo podía formarse con ciudadanos, no con indígenas. Las ciudades de fundación exclusivamente romana eran todavía anecdóticas en la península ibérica, pero la intensa romanización de zonas como el valle del Ebro, que se remontaba a comienzos del siglo II a.C., implicaba la presencia habitual y continuada de estos ciudadanos romanos, *mercatores* sobre todo, en las ciudades ibéricas y celtibéricas. Eran una pieza clave en la relación con las poblaciones indígenas.

Es a estos ciudadanos a quien ordena que regresasen a *sus* ciudades, para asegurar el territorio y la logística. Sertorio se encuentra de este modo en una zona consolidada, con Bolśkan/Osca como una de sus principales bases, y controlando el valle del Jalón y todos los territorios hasta la desembocadura del Ebro.

Sertorio envía a Perperna a territorio ilercavón para defender la costa y socorrer a las ciudades sitiadas por Pompeyo y el razonamiento del final del texto que hemos visto no tiene desperdicio; estaba convencido que Pompeyo no penetraría hacia el sur para no perder el contacto con la costa, desde la que se aprovisionaba con ayuda de la flota masaliota, que controlaba el golfo de León. Pensaba que ante la defensa en profundidad que había construido en el valle del Ebro, Pompeyo evitaría a toda costa embolsarse y aislarse en territorio hostil. Las cartas enviadas a Herennio, que ya se encontraba por el litoral y que debía ser reforzado por Perperna, muestran el control sertoriano efectivo de todo el corredor del Ebro en este momento. De hecho, Livio nos dice que Pompeyo está sitiando ciudades aliadas, ilercavonas o cessetanas, lo que nos indica tanto la resistencia de estas ciudades frente a un ejército consular, lo que ya de por sí es significativo, como la necesidad de Pompeyo de asegurar una cabeza de puente al norte del Ebro para unir sus tropas con las de Metelo y aislar al sabino del contacto con el mar.

Por cierto, el hecho de que nuestro protagonista indique con precisión a Perperna los caminos a seguir para auxiliar a estas ciudades y los puntos más favorables para emboscar al ejército de Pompeyo, confirma algo que ya hemos comentado: el conocimiento detallado por parte de Sertorio del territorio en el que se mueve, algo que solo puede conseguirse con mapas precisos a una escala adecuada.

El libro 91 del epítome de Tito Livio es un documento excepcional para esta etapa, ya que aporta detalles precisos y preciosos. Nos cuenta que en este momento Sertorio decide atacar a berones y autrigones por su hostilidad manifiesta, ya que además de haberle atacado cuando asediaba Contrebia, habían intentado convencer a Arevacos y otros *populi* para que se uniesen a ellos contra él. Tenemos un foco hostil a

Sertorio entre el río Jalón, el Ebro y Contrebia Leukade. La imperiosa necesidad de asegurar su retaguardia justifica la presencia del mismo Sertorio en una acción punitiva contra estos pueblos. El relato de la devastación de Bursau, la actual Borja, Cascantum y Gracchurris, y el hecho de que asolase sus cosechas, y no las recogiese en beneficio propio, nos indica dos cosas. La primera, parece la acción debe situarse en fechas en las que el cereal está alto pero todavía no se puede cosechar, posiblemente mayo o junio, y en segundo lugar, que los celtíberos siguiesen siendo sus aliados parece sugerir que esta hostilidad fue una decisión unilateral y aislada de estas ciudades, que no supondrían una grave amenaza, pero que convenía anular (*figura 19*).

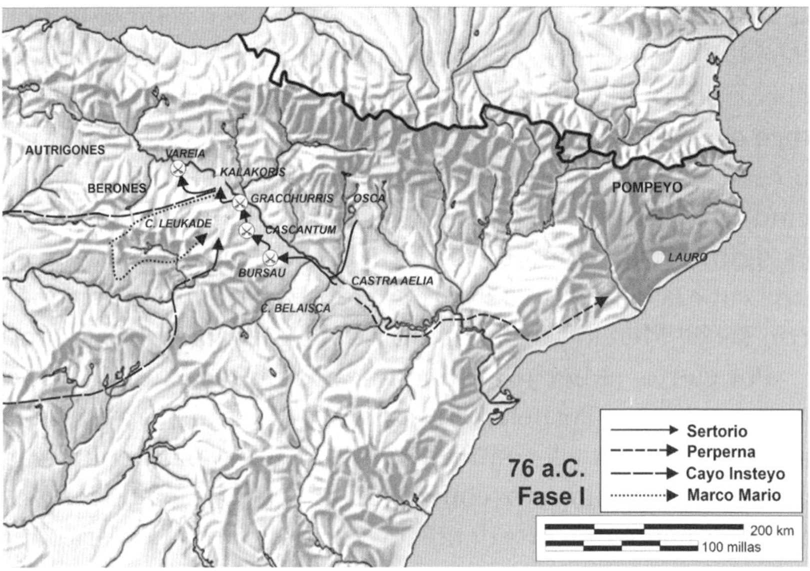

Figura 19. Movimientos del 76 a.C. Primera fase en el valle del Ebro.

Tras acampar cerca de la ciudad aliada de Kalakoris, la que después será Calagurris, donde construye un puente para pasar al otro lado del Ebro, Sertorio envía al cuestor Marco Mario a territorio de arévacos y pelendones con la misión de asegurar su lealtad, reclutar tropas y aprovisionarse de trigo, para volver a Contrebia Leukade. Al mismo tiempo envía a Cayo Insteyo, prefecto de caballería, a territorio vacceo con la misma indicación: volver con las tropas a Contrebia Leukade y esperar sus órdenes. Deja de este modo un ejército de reserva en la retaguardia por si acaso, en una ciudad dotada de potentes defensas controlando un área estratégica, que les permitía poder marchar con rapidez hacia el este o hacia el sur cuando fuese necesario.

Se dirige Sertorio hacia Vareia y, según Livio, «*in confinio Beronum posuit castra*». Quizás sea este el campamento localizado en las inmediaciones de Fitero. Cuando logra rendir Vareia, Sertorio pacifica y asegura su retaguardia, controlando a comienzos de este verano del 76 a.C. una enorme parte del territorio peninsular: la retaguardia asegurada, el sur controlado por Hirtuleyo que mantiene fijado y encapsulado a Metelo, y Pompeyo confinado en el extremo nororiental por Perperna y Herennio. Pero de repente todo cambió y el curso de la guerra tomó nuevos derroteros debido a la iniciativa de Pompeyo. La guerra es así.

Orosio y Frontino sitúan en este momento al joven Magno y su ejército en el río Palatiam, que Schulten identificó como el actual Palancia, para socorrer a la ciudad de Lauro, que estaba siendo asediada por Sertorio. Este pasaje plantea no pocas dificultades que parten de la identificación de Schulten del Palatiam de Orosio como el Palancia que desemboca cerca de Sagunto, debido a la clara homofonía. En estos momentos se está viendo que esta reducción está pillada por los pelos, muy por los pelos. De hecho, el asunto del nombre de este río es lo del huevo y la gallina; resulta que el nombre original de este río era Sogorb, y el Palancia fue dado por un par de geógrafos eruditos del siglo XVI que lo identificaron precisamente como el río citado por Orosio. Curioso.

Cabe deducir varias cosas de esta batalla del Lauro. En primer lugar, Pompeyo había superado y rebasado las defensas planteadas por Perperna y Herennio, bajando por la costa y, en segundo término, algunas ciudades, como la de Lauro, habían permanecido fieles a Roma o, al ver próximo a Pompeyo, habían tomado causa por él. Algo extraño, ya que sabemos que el ejército de Perpena estaba intacto hasta la derrota en Valentia, que veremos el año siguiente, y que los Ilercavones, Contestanos y Edetanos eran aliados de Sertorio.Finalmente podemos deducir las intenciones de Pompeyo: controlar la costa mediterránea y enlazar con el ejército de Metelo. Esta es la razón por la que se ve abocado a enfrentarse a Sertorio, que lo provoca y atrae sitiando la ciudad de Lauro.

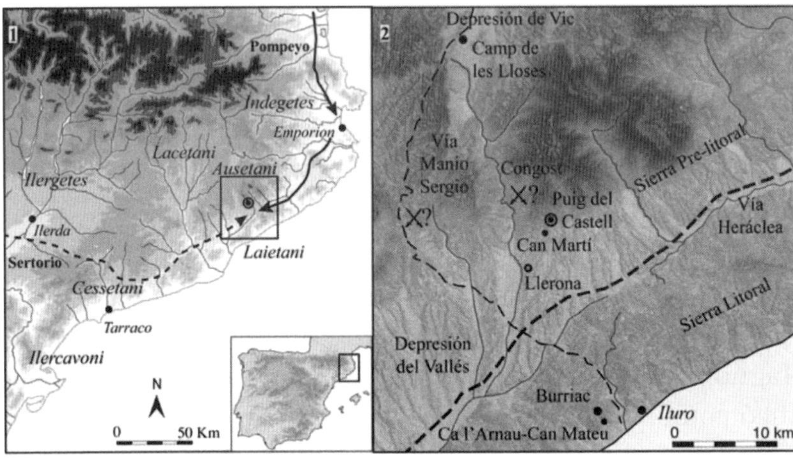

Figura 20. Posible situación de la ciudad y batalla de Lauro, según Noguera 2022.

Vistas así las cosas es muy razonable pensar que esta ciudad estaría al norte del Ebro, no al sur, y dentro de la zona bajo la esfera de control pompeyano, que sabemos que pivotaba en un primer momento sobre el puerto de Emporion, la actual Ampurias, controlando a Indicetes y Lacetanos (*figura 20*). Recientemente se ha propuesto, con criterios a mi entender muy sólidos, la identificación de esta ciudad con el yacimiento arqueológico del Puig del Castell, en Cànoves i Samalús, Barcelona, situado en el acceso a la vía Heraclea por la depresión del Vallés.

Dos textos describen este pasaje, uno de Plutarco y otro de Frontino. Plutarco se limita a decir que Sertorio estaba asediando la ciudad y que, al ver venir a Pompeyo con la intención de tomar una colina próxima a la ciudad para envolver al sabino entre sus fuerzas y las murallas hostiles, divide sus fuerzas, se adelanta a tomar la elevación y es él quien rodea a Pompeyo, que tiene que asistir impotente a la toma y destrucción de la ciudad. Por su parte, Frontino, que escribe a finales del siglo I d.C. y parece que utiliza textos perdidos de Livio, aporta un detalle preciso y verosímil de este choque.

Este autor detalla que había dos zonas para forrajear, algo imprescindible para Pompeyo. Cuando se habla de forrajear lo que se nos dice es que se enviaba a los soldados a recolectar cereal sembrado, lo que nos ubica a finales del verano. Ya hemos hablado antes de la necesidad de los ejércitos que se internan en territorio enemigo, sin líneas de abastecimiento consolidadas, de subsistir gracias a lo que podían recoger durante la campaña, parece que este era el caso de Pompeyo en este momento. Pues bien, dos zonas, una más próxima a la posición de Sertorio y otra más alejada. La más próxima estaba controlada visiblemente por el enemigo, mientras que el sabino dejó la más alejada vigilada pero aparentemente desguarnecida. Cuando tuvo la certeza de que el Magno había enviado a sus tropas a por cereal, casi una legión, Sertorio decidió cerrar la trampa.

Envió con alevosía y nocturnidad a veinte cohortes al mando de Octavio Graecino y dos mil jinetes con Tarquinio Prisco, que se apostaron en una elevación boscosa que dominaba la ruta de acceso a la zona de aprovisionamiento pompeyana. El relato de Orosio nos dice que las tropas pompeyanas llegaron a la hora tercia, esto es, las siete de la mañana, en formación desordenada y sin rastreadores que asegurasen la zona.

Al parecer aguardaron hasta que los pompeyanos, aproximadamente una legión, acabaron de trabajar y se dispusieron a recoger el grano. El ejército sertoriano formó con diez cohortes de hispanos en vanguardia y diez de infantería pesada tras ellos, y la caballería más atrás, lista para desplegarse. El ataque de la primera línea fue devastador, sumiendo en el caos a las tropas enemigas. Tras numerosas bajas los pompeyanos intentaron organizarse, momento en el que recibieron el ataque en formación de la segunda línea, diez cohortes de legionarios en orden cerrado de combate, *acies instructa,* que destrozaron y pusieron en fuga al enemigo. Los pompeyanos que huían en desbandada fueron cercados en ese momento por la caballería de Prisco dividida en dos grupos; uno atacando los flancos y la retaguardia del enemigo, y otro cerrando el paso a los que huían en dirección a su campamento. La victoria fue total, pero sólo era la primera fase de una trampa mortal.

Pompeyo tuvo conocimiento de la situación y envió a Decimo Lelio con una legión enterita para socorrer a sus tropas, que era lo que Sertorio había calculado. Las tropas de Prisco fingieron una retirada precipitada, pero en un rápido movimiento rodearon a la legión de Lelio, que se vio entre la caballería, a su retaguardia, y las veinte cohortes en formación que los estaban esperando tras haber derrotado totalmente a las primeras tropas de Pompeyo.

El joven general, viendo que la cosa pintaba muy mal, decidió actuar para salvar su legión. Ordenó formar a las afueras de su campamento al resto de su ejército, con él al frente. En ese momento, con todo su contingente desplegado, apareció Sertorio con su ejército principal a sus espaldas. Sertorio había ganado la partida de ajedrez. Si Pompeyo acudía a rescatar a sus tropas cercadas dejaría su retaguardia desguarnecida y se encajaría entre dos frentes, por lo que decidió retirarse a la seguridad de su campamento, dejando a su suerte a Lelio y su legión, que fue barrida ante la mirada impotente de Cneo Pompeyo Magno y sus tropas.

Pompeyo perdió en este combate a Lelio y dos legiones, diez mil almas, y su orgullo y la confianza de sus tropas se fue por el sumidero. Entonces recogió sus bártulos y se retiró hacia el norte, pero hay un pasaje que no acaba de encajar en estos acontecimientos. Se trata del texto de Salustio que comenta que Pompeyo envía a su cuestor, Memmio, a Cartago Nova para asegurar este puerto, lo que parece señalar una amplia operación pompeyana para asegurar la costa. El ejército sertoriano responde asediando la ciudad, una operación que no tuvo éxito. Es posible que Memmio se encontrase ya en Cartago Nova y que lo que nos transmite Salustio sea un intento de un cuerpo de ejército sertoriano de tomar y rendir un puerto tan relevante como este.

Tras Lauro se produjo un acontecimiento que, a mi juicio, fue el detonante de un cambio de fase de la guerra que finalizó con la derrota final de Sertorio; la destrucción del ejército de Hirtuleyo en Itálica a mano de Quinto Cecilio Metelo Pío y el derrumbe del frente sur (*figura 21*).

Hemos visto que Hirtuleyo había recibido varias veces la consigna de aislar a Metelo y no enfrentarse a él. El general parece contravenir esta orden directa y se interna en territorio controlado por el enemigo sufriendo una derrota total en Itálica ¿Por qué? Hay varias posibles explicaciones. En su momento Schulten postuló que Hirtuleyo, que no era precisamente bisoño en esto de la guerra, tenía orden de no atacar a Metelo «a menos que intentase unirse a las tropas de Pompeyo». Esto, que puede ser lógico, no tiene ningún apoyo documental. Posteriormente otro investigador afirmó, sin mayores argumentos, que Hirtuleyo tras ser conocedor del éxito en Lauro pretendió conseguir la victoria en toda Hispania y rematar él solo a Metelo. Tampoco lo veo claro. Finalmente, se ha propuesto que Metelo fingió una retirada de Sierra Morena para poner a Hirtuleyo en su persecución hasta atraerlo a su terreno, lo que me parece coherente, dado que el combate se produce cerca de Itálica en una penetración demasiado profunda para el ejército sertoriano, a no ser que oliese sangre. Sea como fuere, el astuto Metelo aguardaba pacientemente el momento idóneo para destrozar al ejército sertoriano del sur. Había mantenido desde el 78 a.C. sus posiciones, accesos y puertos claves, como se deduce de la mención de Salustio sobre un terremoto en Córdoba que afectó al ejército *optimate*. Atrajo a una zona propicia al enemigo, entabló combate en situación ventajosa y lo venció, aniquilando el ejército sertoriano del sur.

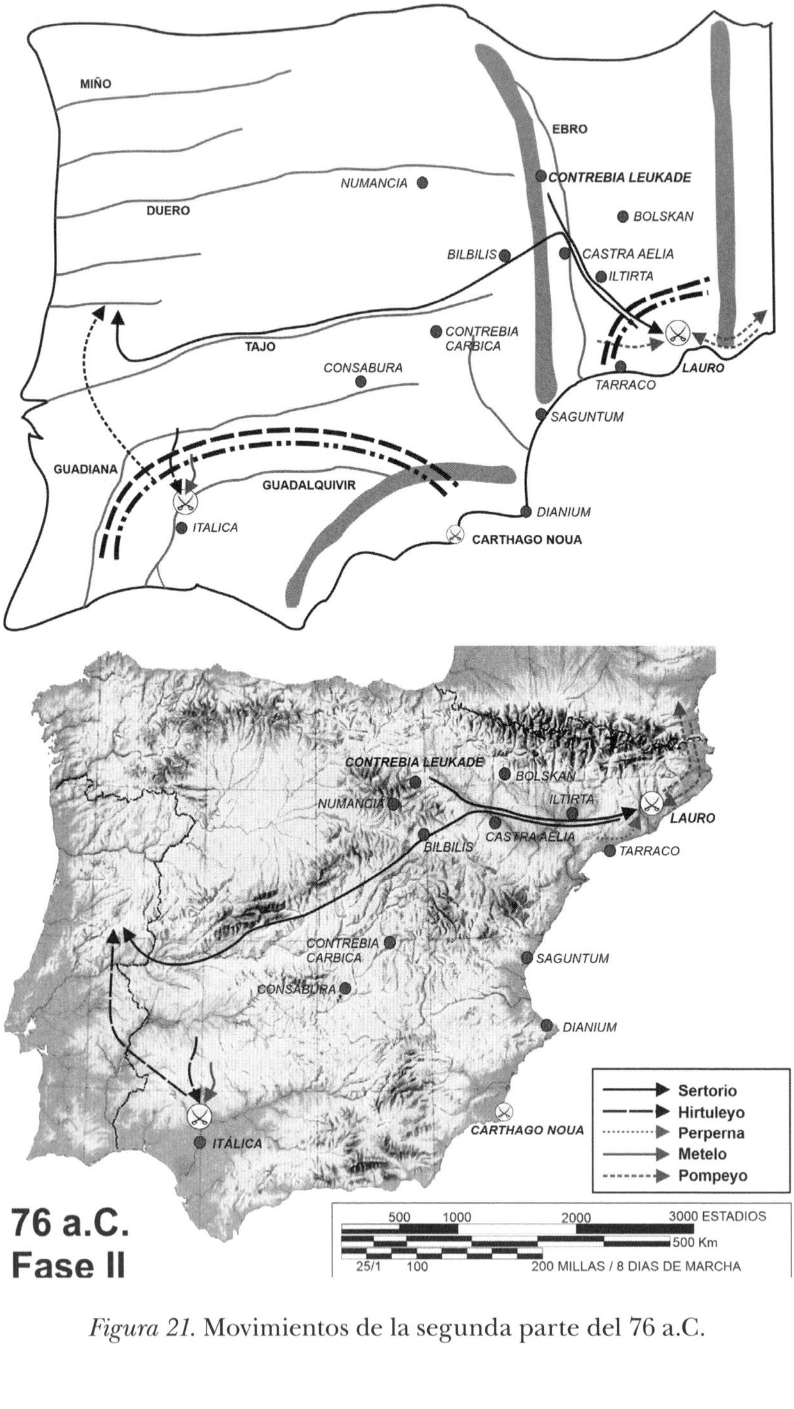

Figura 21. Movimientos de la segunda parte del 76 a.C.

Frontino comenta que esta batalla se produjo en lo más caluroso del año, quizás agosto, y los que hemos estado en Sevilla en esas fechas sabemos lo que hay. Los textos nos comentan que Metelo estaba cómodamente atrincherado en su campamento, a la sombra, e Hirtuleyo comenzó su ataque a primera hora de la mañana. Mientras Metelo se defendía con un mínimo desgaste, dejaba que las tropas de Hirtuleyo sudasen la gota gorda. A la hora sexta, pasado el mediodía, con el sol en todo lo alto, Metelo sale de sus posiciones con sus tropas frescas y descansadas y acaba con veinte mil sedientos y agotados soldados sertorianos. Hirtuleyo se replegó a Lusitania con lo que quedaba de su ejército, a zona segura, pero el desastre fue total.

La caída del frente sur supuso que Sertorio abandonase la persecución de Pompeyo, que se retiró a la Galia a recomponerse, volviendo grupas hacia el sur para gestionar un amplio frente por el que Metelo ya podía moverse con libertad. Un enorme cambio de fase, en términos militares. Quinto Sertorio se dirigió a invernar a Lusitania, para reunirse con Hirtuleyo y reelaborar completamente los planes para la campaña del año siguiente, el 75 a.C. A partir de este momento Sertorio perdería la iniciativa y se vería obligado a combatir a la defensiva. *Alea jacta est.*

VII

Los caprichos de la guerra. Un cambio total de fase bélica

75 A.C. EL DESASTRE DEL SUR Y OTROS REVESES

Podemos considerar como decisivas las campañas de este año para el desenlace de la guerra y así lo vieron también los historiadores de la antigüedad, ya que este 75 a.C. es el año para el que mayor volumen de datos tenemos. Un Sertorio desconcertado por el derrumbe de su frente sur se enfrenta a un Quinto Cecilio Metelo Pío reforzado y libre de movimientos, en ventaja en todo el litoral sur de la Península con Cartago Nova como puerto esencial, y a un Cneo Pompeyo Magno invernando en los Pirineos, lamiéndose las heridas en una Galia asegurada, pero con una cabeza de puente consolidada en el sector noreste que le abre paso al valle del Ebro y a la costa mediterránea.

Habíamos dejado a Sertorio el invierno del 76 en Lusitania, leyéndole la cartilla a un Hirtuleyo que seguramente tuvo que aguantar una buena reprimenda de su jefe por la torpeza estratégica y táctica en Itálica. Cabe pensar que en el Ebro seguían Perperna y Herenio controlando el territorio pompeyano, que no iría mucho más allá del curso del río Llobregat. Sertorio controla por el momento buena parte de la Península, pero el sur está desestabilizado. Sabe que es esencial mantener aislados a los dos *optimates*. Por separado, Sertorio considera que tiene posibilidades. Si combinan fuerzas la cosa pintaría muy mal.

Una vez planificada la campaña, ambos se ponen en marcha. Sertorio se dirige como una flecha hacia el litoral Mediterráneo, a ocupar la cabecera del Júcar, una zona vital para separar y mantener alejados a los dos ejércitos enemigos. Decide colocarse entre ambos frentes, para observar al enemigo y anticiparse a sus movimientos, pudiendo reforzar a uno u otro bando en función de la evolución de la campaña. Las charlas invernales con Hirtuleyo tuvieron que ser jugosas, el sabino vuelve a confiar en su lugarteniente y le encarga que le cubra la retaguardia, con la máxima de que impida por cualquier medio la marcha del ejército de Metelo hacia el este. Esta es una decisión que no acabo de entender y que considero un error estratégico de bulto por parte de Quinto Sertorio. Lo más lógico en este punto de la guerra quizás hubiese sido anular completamente la amenaza de Metelo, fijando a Pompeyo en el noreste. Obviamente nosotros jugamos con ventaja porque conocemos lo que va a pasar, y a toro pasado todos sabemos que numero va a tocar en el gordo de navidad.

Algunos investigadores han querido ver en Hirtuleyo sed de venganza por la derrota del año anterior, de lo que no cabe duda, pero la estrategia de Sertorio necesita asegurar la retaguardia de su ejército, impidiendo la aproximación del experimentado general silano. Podemos deducir que contaba con la presión de los piratas en el mar para que Metelo no se viese reabastecido desde Roma; buscaba que el ejército *optimate* languideciese en el sur, pero Metelo, hábil estratega y conocedor de la necesidad de Sertorio de mantenerlo en la Ulterior a toda costa, decidió remontar el Betis hacia la costa mediterránea, lo que más temía nuestro protagonista. El general *optimate* aseguró sus posiciones con el mínimo de tropas, y reunió el grueso de su ejército para avanzar hacia el este en orden de combate, de forma contundente y sonora.

Su intención era clara, sabía que Hirtuleyo estaba obligado a jugarse el todo por el todo para detenerlo. Las escaramuzas y hostigamientos en los flancos no serían suficientes frente a todas sus fuerzas reunidas, ya había aprendido esa lección. Buscaba a Sertorio o a Pompeyo, y contaba para ello con derrotar a Hirtuleyo.

En la primavera del 75 a.C., quizás cerca del río Anas y de la ciudad de Segoviam, si hacemos caso a Floro, en una zona que se ha querido situar en el paraje de la Isla del Castillo, a ocho kilómetros de Écija, Quinto Cecilio Metelo Pío y los hermanos Hirtuleyo acaban viéndose las caras y entablan combate formal.

Frontino nos ha dejado una descripción del planteamiento táctico de esta batalla. Algunos investigadores opinan que en realidad lo que está describiendo es la batalla de Itálica del año anterior, pero hay que recordar que en esa ocasión Metelo estaba parapetado a la sombra de su campamento, y aquí tenemos una batalla campal en su más estricto sentido. Veamos lo que nos dice este autor: «[…] habiéndose enterado [Metelo] de que este [Hirtuleyo] había dispuesto a sus mejores cohortes en el centro de su formación, hizo retirar un poco el centro de la suya, de modo que esta no entrase en contacto con el enemigo antes de que el centro estuviese cercado por todas partes».

¿Les suena? Claro que sí. Cannas. Otra vez (*figura 22*). Metelo contempla la formación enemiga y parece que ordena al inicio del combate un movimiento táctico; la retirada de su frente central. El enemigo penetra por la brecha y se produce un desbordamiento por los flancos y el embolsamiento de las tropas sertorianas, que son aniquiladas. Al parecer Hirtuleyo y su hermano logran huir, pero se refugian en una *turris*, una estructura defensiva menor, donde son cercados y quemados vivos.

Quinto Sertorio tenía razón al indicar a sus generales que evitasen el combate frontal y formal con Metelo. Eran ya muchos años de jugar al gato y al ratón con un enemigo listo y poderoso, y hasta ahora les había ido bien. Los hermanos

Hirtuleyo no le hicieron caso y resultado fue contundente. *Hirtulei fratres interfecti* y el ejército sertoriano destruido. La muerte de los dos hermanos y la total desaparición de su ejército obligaran al sabino a modificar totalmente los planes, certificando el cambio total de fase bélica iniciado el año anterior en este mismo frente, un nuevo capítulo en este *bellum*.

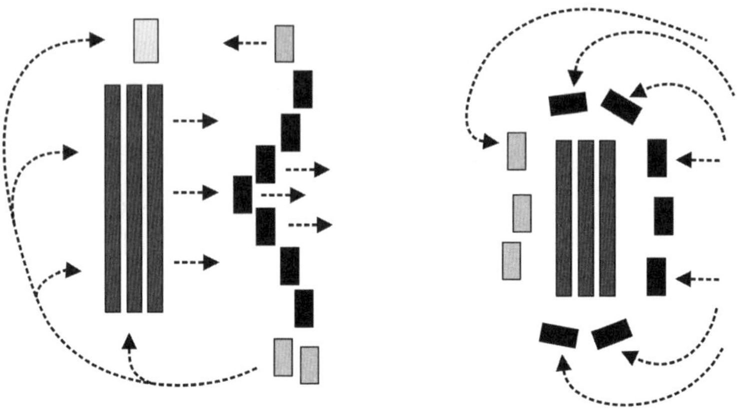

Figura 22. Planteamiento formal de la batalla de Cannas.

Mientras esto ocurría en el sur, Pompeyo rompía el frente y descendía por la costa hacia la línea defensiva establecida sitúo en el río Llobregat por Perperna y Herennio. La cita de Orosio sobre a la toma de la ciudad de Belgida, que Salustio precisa que se produjo durante «*expeditiones hibernas*», podría indicar dos cosas: primero, que el joven general comenzó esta campaña al inicio del año, todavía en invierno, un momento que puede ser benigno en el valle del Ebro. Y segundo, que Pompeyo ha superado sin demasiadas dificultadas la línea defensiva de Perpenna y Herennio, que deben retirarse hacia el sur, con el enemigo pisándoles los talones. En defensa de Perperna, al parecer poco dotado para esto de la estrategia y menos simpático aún para las fuentes antiguas, hay que decir que Sertorio había desplazado el año anterior parte de su ejército para reforzar la Ulterior. Los dos generales, Perpena y Herenio, deciden hacerse fuertes cerca de Valentia y crear una línea defensiva en el actual río Turia para detener a Pompeyo.

La muy probable identificación de Belgida con la ciudad celtibérica de Belikiom, en las inmediaciones de la localidad zaragozana de Azuara, hace valorar la posibilidad de que Pompeyo descendiese por la costa flanqueado por un cuerpo de ejército en paralelo por el interior, que aseguraría su flanco izquierdo. Al otro lado estaba el Mediterráneo. A no ser que Salustio se equivoque, que todo puede ser, como veremos más adelante.

No tenemos ningún detalle sobre lo que ocurrió cuando chocaron ambos ejércitos. Plutarco nos cuenta que los sertorianos son derrotados cerca de Valentia por la poca previsión de Perperna, mientras que Salustio proporciona algún detalle más, al indicar que este general se vio atrapado frente a Pompeyo con la ciudad a su izquierda, un río a la derecha y el mar a su espalda. La derrota fue dura, perdiendo unos diez mil soldados, dos legiones y Valentia fue tomada por Roma, llegando hasta nosotros un registro arqueológico de violencia y crueldad extrema.

Los resultados de las intervenciones arqueológicas en el casco urbano de Valencia nos están mostrando que Valentia estaba controlada por las tropas sertorianas, y que fue tomada al asalto. Han aparecido niveles de destrucción con restos humanos que nos dibujan escenas terribles. En concreto, se han podido documentar los restos óseos de un varón adulto, con una cuerda al cuello que bajaba para atarle las manos a la espalda, y que mostraba un *pilum* que le traspasaba todo el torso hasta llegar al hombro derecho (*figura 23*). Después le cortaron de cuajo la pierna derecha. A su lado aparecieron restos de una auténtica matanza: un joven de unos veinte años con piernas y brazos cortados, una pierna suelta, varios cráneos, manos amputadas con anillos. Horroroso.

Sea como fuere, el frente norte había sido arrollado por Pompeyo (*figura 24*). Sertorio, que estaba esperando a Metelo y preparando un combate frente a frente entre el Segura y el Júcar, recibe la noticia de que Perperna está huyendo con lo que queda de sus tropas para reunirse con él, con el reforzado ejército de Pompeyo echándole el aliento en la nuca. La torpeza de Perperna lo estaba situando en el centro de una tenaza. La tormenta perfecta.

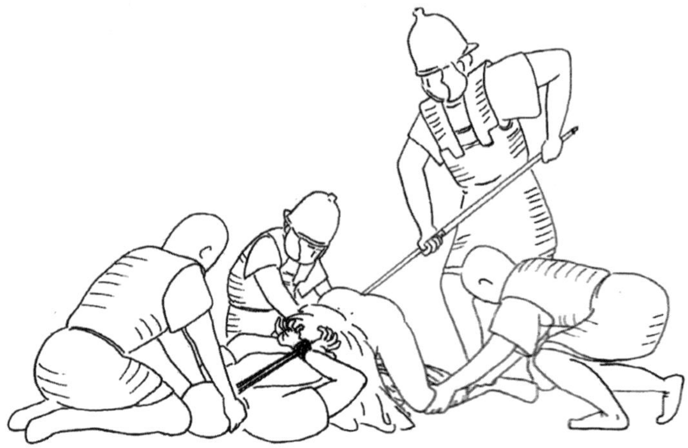

Figura 23. Reconstrucción de los hechos localizados en Valentia. Ribera, 2014

Los clásicos coinciden en afirmar que el sabino, valorando la situación, decidió adelantarse y salir al paso para intentar afrontar sólo un ejército y no dos. Como en la película *Octubre rojo*, cuando Sean Connery decide poner proa y encarar el torpedo enemigo para chocar contra él antes de que se arme. Eligió a Pompeyo antes que a Metelo, lo que nos está indicando el respeto que Quinto Sertorio sentía por Quinto Cecilio Metelo como militar. Se pone en movimiento hacia el norte, para esperar al ejército pompeyano en el río Sucro, nuestro actual Júcar.

Según Apiano, Sertorio tenía su campamento cerca de la ciudad de Sucro y del río homónimo. Plutarco nos cuenta que «Sertorio quería trabar combate con Pompeyo antes de la llegada de Metelo. Formando a sus tropas, las puso en movimiento ya entrada la tarde; pensaba que sus enemigos, extranjeros en el país y no conocedores del terreno, quedarían obstaculizados por la oscuridad ya fuera para huir o perseguir. Entablando combate, acaeció que las tropas que se le enfrentaron no estaban mandadas por Pompeyo, sino por Afranio, quien tenía la izquierda, estando él -Pompeyo- a la derecha. Pero enterado de que los que hacían frente a Pompeyo cedían y se daban por vencidos, encargó a otros generales el ala derecha y corrió hacia los que estaban en derrota. Reuniendo y animando a los que ya se retiraban y a los que aún se mantenían en línea, lanzóse contra Pompeyo que perseguía a los primeros y lo desbarató, y el mismo Pompeyo se escapó con dificultad de morir [...] Afranio, al momento en que Sertorio abandonó a los suyos para socorrer a los de la otra ala, rechazó a sus contrarios, acorralándolos hacia el campamento. Empezó a saquearlo, cuando ya se hacía de noche, ignorante de la huida de Pompeyo e incapaz de contener a los suyos. En esto volvió Sertorio, vencedor de su parte y, sorprendiendo a los de Afranio, que en su desorden se aturdieron, hizo una gran matanza. A punta de día armó de nuevo sus tropas y presentó combate de nuevo, pero, cuando se enteró de que Metelo estaba cerca, disolvió la formación y se replegó diciendo: "Al muchacho este, si no hubiese aparecido aquella vieja, lo hubiese enviado a Roma con una buena zurra"».

El choque fue tremendo. Pompeyo acabó rebasado por Sertorio el primer día de combate, con el cuerpo de ejército de Afranio diezmado, pero no vencido. El segundo día Sertorio pensaba que sería el definitivo, pero sus agentes le informan de que Metelo había pisado el acelerador y que en pocas horas aparecería por el sur, en uno de los flancos de su ejército. Sertorio decide retirarse para evitar esa pinza, librándose el Magno de una humillante derrota. Efectivamente Metelo, tras acabar con los hermanos Hirtuleyo y perfectamente informado de los movimientos del sabino, se había dirigido a máxima velocidad a la zona de combate, subiendo como un cohete por la vía Heraclea, destruyendo a su paso algunas ciudades, como posiblemente Libisosa.

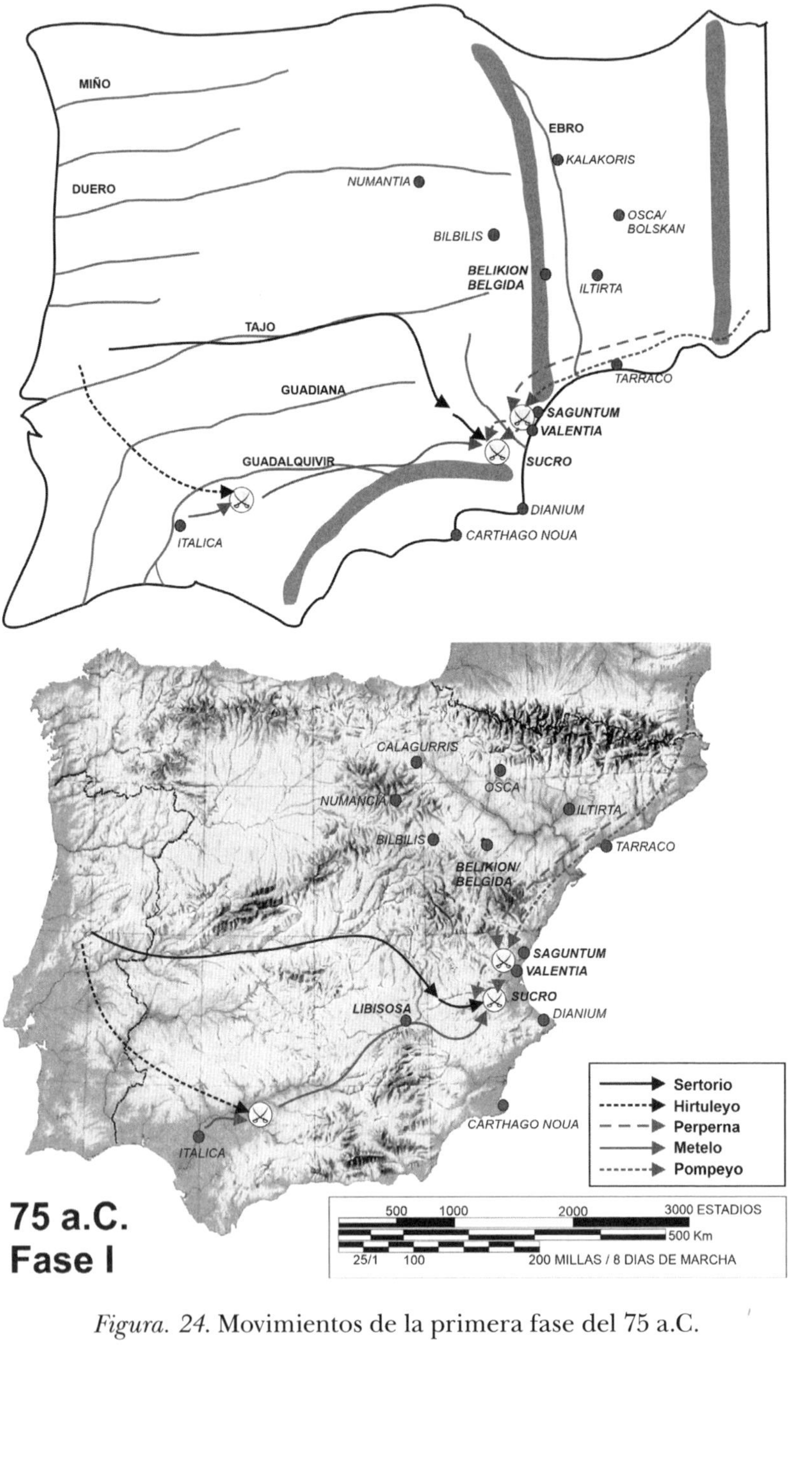

Figura. 24. Movimientos de la primera fase del 75 a.C.

Se unen así por primera vez los dos ejércitos. Plutarco nos cuenta que Pompeyo acude a presentarse ante Metelo y que, cuando se encuentran, hace bajar sus haces, en deferencia al rango superior de Quinto Cecilio Metelo Pío. Están por primera vez cara a cara en suelo hispano. Se pusieron al día y planificaron una estrategia conjunta, con todos sus efectivos reunidos y coordinados.

El ejército sertoriano se retira hacia el norte, a una ciudad que algunos investigadores quieren situar en Sagunto, quizás por ser una ciudad aliada próxima, pero que otros están identificando en Segontia. Analizando las fuentes, lo más verosímil desde un punto de vista estratégico es que Quinto Sertorio y sus tropas se retirasen buscando un refugio próximo en una ciudad del levante, agarrándose al litoral como fuese, ya que sabía que debía mantener contacto con el Mediterráneo para intentar dividir el territorio controlado por el enemigo.

En esa zona se entabla un nuevo combate entre Sertorio y el ejército combinado *optimate*, que seguía de cerca sus pasos. El sabino planeó un enfrentamiento en una zona de avituallamiento del ejército enemigo, quizás intentando repetir la victoria sobre Pompeyo en Lauro. En un primer momento Sertorio tomó ventaja, dando muerte al general pompeyano C. Memmio e incluso hiriendo de un flechazo al general Metelo, de cierta gravedad. Es lo que tiene la guerra; si Metelo hubiese muerto con certeza las cosas hubiesen sido diferentes. Pero los *optimates* se rehacen, refuerzan sus filas y obligan a Sertorio a dejar el campo de batalla y buscar un lugar seguro donde descansar y reforzarse. Es una derrota en toda regla.

Sertorio se retira hacia el interior peninsular, hacia Segontia, que se describe como «montuosa y fortificada». Repara sus muros y asegura sus puertas preparándose para un asedio formal. Parece que decidió asentarse una temporada en esta ciudad para descansar y reforzarse, retomando su táctica de evitar choques frontales con los ejércitos senatoriales, hostigando en su lugar cuerpos de ejército menores y líneas de aprovisionamiento.

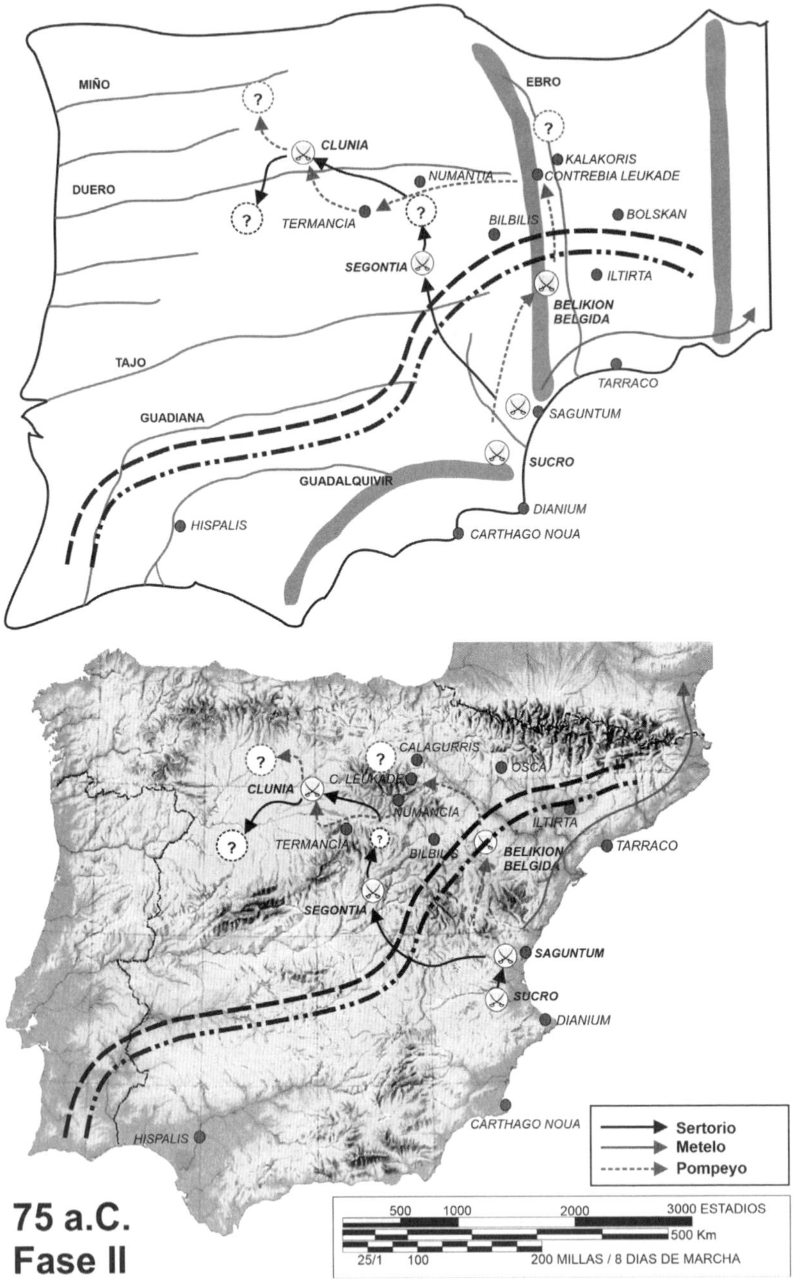

Figura. 25. Movimientos de la segunda fase del 75 a.C.

Un texto de Apiano resulta extraño, ya que sitúa a Pompeyo y Metelo combatiendo en los alrededores de Segontia. De hecho, llega a afirmar que «Sertorio, al día siguiente de la batalla, cogiendo a muchos bárbaros, corrió de forma inesperada hacia el campamento de Metelo, hacia el atardecer, con la intención de sitiarlo con un foso». Creo que Apiano, recordemos que escribe casi dos siglos después, se refiere al combate en las proximidades de Sagunto y no de Segontia. Al fin y al cabo, casi se llaman igual.

En cualquier caso, ahora era Sertorio el que se lamía las heridas en el interior peninsular (*figura 25*). Había quedado en tablas en Sucro y perdido por puntos en las llanuras levantinas, pero hay que recordar que, aunque no hubiese tenido demasiadas bajas, el que quedaba en desventaja era él; su ejército del sur prácticamente había desaparecido y las posibilidades de refuerzo eran mucho menores que las de Roma.

Parece que o no pudo o no quiso quedarse demasiado en Segontia, y durante el verano se retiró al interior, hacia las profundidades del territorio aliado celtibérico. Esta huida devolvió a Roma el control de casi toda la costa Mediterránea, salvo algunas zonas aisladas que seguían bajo control sertoriano, unidas solamente por el control del mar por los piratas en un área que, en cualquier caso, no llegaría más allá de la desembocadura del Ebro.

La campaña de este año aún no había terminado para desgracia de nuestro protagonista. Los ejércitos de los dos generales romanos, por fin unidos, ascienden durante el verano por la costa para separarse, quizás a la altura del Ebro, quizás antes, hacia dos destinos diferentes; Metelo se retira con sus tropas a un merecido descanso en la Galia Narbonense, mientras que Pompeyo decide proseguir campaña en terreno hostil.

Si hubiese más datos sobre esta acción de Pompeyo, se estudiaría en las academias militares. Tras varias derrotas frente a Sertorio, el joven general decide acometer un osado movimiento por el río Ebro, una auténtica *blitzkrieg* ascendiendo con rapidez por su margen derecha, rompiendo todas las líneas de defensa con el apoyo de pueblos que habían sido reprimidos por Sertorio, como lusones y berones, para entablar combates más o menos intensos en la zona norte de Celtiberia. Se enfrenta a la defensa en profundidad planteada por Quinto Sertorio en el valle del Ebro.

La defensa en profundidad o elástica se define como una estrategia de defensa militar que consiste en emplazar varias líneas defensivas consecutivas en lugar de una única línea reforzada. De este modo, el empuje inicial se va perdiendo al tener que superar las distintas barreras, buscando que el atacante disperse sus fuerzas, permitiendo al defensor ganar tiempo para reorganizarse y atacar así los puntos más débiles del enemigo, habitualmente flancos y retaguardia. La defensa en profundidad requiere que el defensor despliegue todos sus recursos detrás de la primera línea de defensa. Así, aunque el enemigo pueda romper el frente, al avanzar sigue encontrando la resistencia, haciendo sus flancos vulnerables y corriendo el riesgo de envolverse, ralentizando su marcha y perdiendo la logística de abastecimiento, lo que posibilita los contraataques en sus puntos débiles.

Hemos visto varios casos de ciudades sertorianas que son asediadas y no pueden ser tomadas al llegar Sertorio en su ayuda. Un asedio formal supone frenar el avance del enemigo, que debe detenerse, montar la artillería de torsión que transporta en carros, incluso circunvalar la ciudad para someterla, como se está comprobando en el caso del Cabezo de Alcalá de Azaila, con el desgaste que ello supone. Este es el objetivo de Sertorio en el valle del Ebro: desgastar los ejércitos *optimates* y eliminarlos mediante una tupida red de centros urbanos fortificados y defendidos. Ganar tiempo y causar enormes bajas a costa de ceder espacio. Solo así podemos entender esta campaña de Pompeyo en el valle del Ebro, en la que pudo penetrar con profundidad en territorio enemigo, pero con grandes pérdidas, como relató el mismo general. No hubo una línea de frente en el valle del Ebro. Sertorio evitó en todo momento la confrontación directa, en batalla campal, porque sabía que a igualdad de pérdidas el perdedor real era él. Buscó desgastar al enemigo haciendo de cada ciudad una plaza fuerte preparada para el asedio.

Pompeyo y Metelo fueron plenamente conscientes de esta estrategia. Con la lección aprendida, las campañas de los dos generales de Roma para este año y los siguientes van a ser movimientos precisos, que penetran con rapidez y precisión quirúrgica en territorio sertoriano. El análisis de las fuentes incide en esta rapidez de movimientos; los generales *optimates* van a procurar no fijarse en una zona determinada, de hecho, no invernaron nunca en el valle del Ebro. Esto explica movimientos, *a priori* paradójicos, del ejército de Pompeyo a través de territorios controlados por el enemigo; la velocidad tuvo que ser el factor decisivo de la contienda en este sector de la Península Ibérica. Un *blitzkrieg,* como ya he comentado, en el que la red de vías romanas que comenzaron a implantarse en la segunda mitad del siglo II a.C. sin duda jugó un papel fundamental.

En esta campaña de Pompeyo se sitúa el célebre pasaje narrado por Salustio, en el que se narran las diferentes posturas tomadas en cada una de las ciudades celtibéricas y el papel de las mujeres para llevar a la *iuventus* celtibérica a una posición beligerante. En este contexto tendría también sentido el asedio y toma de Belgida/Belikiom que hemos comentado antes, pudiendo retrasar este suceso de comienzos del 75 a.C. a finales de ese mismo año. Realmente no sé por qué opción decantarme, aunque estratégicamente parece más coherente situar este episodio en esta segunda fase del año. El avance de Pompeyo implica que necesita embolsar los núcleos de resistencia enemigos para evitar ataques desde su retaguardia y cortes de líneas de suministros. La arqueología tiene mucho que contarnos todavía sobre este asunto.

Subyace en este pasaje otra de las intenciones de Pompeyo: demostrar a los pueblos hispanos, a los beligerantes celtíberos, que Roma había llegado para quedarse, recordándoles antiguos pactos y antiguas derrotas. Quería poner una pica en Flandes y comenzar a debilitar la única posibilidad de refuerzo con la que contaba su enemigo: los hispanos.

¿Y qué hacía Sertorio mientras tanto? Un texto de Salustio, conservado en el palinsepto de Orleans, nos ofrece alguna pista al comentar, sobre una ciudad asediada por Pompeyo, que si Sertorio «les libraba del asedio cumplirían fielmente con su alianza; pues antes, en la incerteza de la paz, habían fluctuado entre él y Pompeyo. Entonces el ejército romano se retiró al territorio de los vascones para proveerse de trigo, y al mismo tiempo se puso en marcha Sertorio [...]. Pompeyo se acantonó por unos días en un campamento separado de los enemigos por un pequeño valle, y las ciudades vecinas de Mutudurum y [...]eores se abstuvieron de auxiliar a ninguno de ellos con provisiones. El hambre les agobiaba a ambos. Finalmente, Pompeyo se puso en marcha en formación de cuadro».

Sertorio y Pompeyo se seguían de cerca, devastando todo el valle del Ebro. Pompeyo arrasando los campos de Termancia para llegar hasta Clunia, donde puede que sitiase al mismo Sertorio si hacemos caso a Livio: «*obsessus deinde Cluniae Sertorius*». En cualquier caso, tanto si Sertorio estaba dentro de las murallas, como si estaba fuera, desmontó el cerco pompeyano y los hizo retroceder a aprovisionarse e invernar a territorio vascón, de acuerdo a la precisión de «*remotus in Vascones*» que nos da Salustio.

Durante esta campaña tardía del 75 Pompeyo ordena a su legado Titurio invernar con quince cohortes, legión y media, en Celtiberia «a la cabeza de sus aliados», quizás en los campamentos de Renieblas IV y V, próximos a Numancia. Yo mantengo mis reservas sobre esta posición, que implicaría que los arévacos serían en este momento aliados de Pompeyo. Hay quien opina que cabe identificar este campamento de Titurio con el localizado en las inmediaciones de Fitero, pero la arqueología ha demostrado la ocupación de estos dos viejos campamentos de cerco de Escipión a Numancia en época sertoriana.

Por cierto, la tradición de situar en estos momentos a Pompeyo invernando y fundando Pompaelo parte de la traducción de Schulten de 1937 y hoy en día se pone en duda;

de hecho, la mención a una ciudad próxima al campamento de invierno llamada Mutudurei parece ponerse en relación con el hidrónimo Duero.

La estrategia de Pompeyo con este movimiento es clara, y fue realmente efectiva. Con la costa controlada, buscaba cortar la vía de acceso de Sertorio hacia Italia por el valle del Ebro. No obstante, muchos territorios y centros urbanos seguían siendo fieles al sabino y la zona distaba de estar controlada por Roma, tanto que hay quien opina que Metelo había dejado un cuerpo de ejército sin vacaciones masaliotas, controlando el curso medio del Ebro, una decisión adecuada para no desguarnecer un territorio prácticamente controlado, pero no asegurado (*figura 25*).

Dejamos así este año con Sertorio a la defensiva, abandonando plazas y retirándose hacia el interior peninsular, a una zona que situamos en el curso medio del Duero. Metelo está invernando en el sur de la Galia, controlando la Ulterior, buena parte de la costa y del valle medio y bajo del Ebro, mientras Pompeyo se encuentra clavado en el corazón de la mitad norte peninsular, cortando el acceso al valle del Ebro.

Contamos para este momento con datos muy jugosos de la actividad diplomática de Sertorio, contactando con Mitrídates, y de Pompeyo, pidiendo refuerzos a Roma.

Actualmente, y pese a que Sertorio mantenía una intensa actividad diplomática con todas las facciones contrarias Sila, hay consenso en admitir que Mitrídates VI es quien envía una embajada a Sertorio para proponerle un acuerdo, al parecer sugerido por dos romanos refugiados en su corte, procedentes del ejército de Fimbria aniquilado por Sila: unos tales L. Fannio, del círculo de Cayo Mario y L. Magio, miembro de una familia de comerciantes y *negotiatiores* de Capua, en Etruria. Es posible que Fannio conociese personalmente a Sertorio y es casi seguro que tuviese contactos con los mal llamados piratas de esta zona del mediterráneo, como parecen indicar tanto la intensa presencia de *negotiatores* etruscos en Delos como la aparición de lingotes de plomo con la leyenda L. FANI en el pecio Cabrera V.

Sobre lo que no hay consenso es sobre el momento en el que se recibe esta embajada. Muchos opinan que llegaría en invierno del 75 a.C., pero analizando el discurso de los acontecimientos a mí me cuadra más que fuese un año antes, el 76. Este año es cuando Sertorio alcanza el mayor poder en la Península y para muchos es el caballo ganador, lo que cuadra con el texto de Plutarco: «el nombre de Sertorio se extendió por todas partes, y los navegantes venidos de occidente habían llenado el Ponto con el ruido de sus hazañas». Además, la mención de que analiza la oferta de Mitrídates en su senado durante el invierno concuerda con las menciones a dicho senado que sabemos que se reúne el invierno del 76 al 75 a.C. en Castra Aelia.

La oferta de Mitrídates es clara. Ofrece a Sertorio tres mil talentos de plata y cuarenta naves, y a cambio pide que le ceda el control de Capadocia, Bitinia y la provincia romana de Asia, además de que envíe a uno de sus generales y a soldados escogidos para entrenar sus tropas.

La respuesta de Sertorio partiría en marzo del 75, en mi opinión, en una embajada formada por Marco Mario en calidad de general y algunos soldados escogidos. Nada de perder Asía, pero sí Capadocia y Bitinia. General y soldados por delante. Sertorio esperaba de su nuevo aliado apoyo económico, suministros y una flota que llegará el año 74 a.C. al puerto de Dianium, cuando ya era demasiado tarde.

En invierno del 75 Cneo Pompeyo Magno escribiría su famosa carta al Senado de Roma en la que reclama dinero y tropas, ya que ha dilapidado, según él, su fortuna personal en esta guerra. Merece la pena reproducirla casi en su integridad, ya que no sólo es una estupenda muestra del genio epistolar de Salustio, sino que tiene visos de haber sido transcrita con cierta fiabilidad del original de Pompeyo y contiene datos sumamente interesantes.

«Si luchando contra vosotros, contra la patria y los dioses penates me hubiese expuesto a un número de trabajos y peligros igual a las veces que bajo mi mando y desde mi adolescencia los más execrables enemigos han sido derrotados y vuestra salvación obtenida, nada más grave podría decretar contra mí en ausencia que lo que hacéis, padres conscriptos, intentando con todos vuestros medios acabar por el hambre, la más miserable de las muestres, a quien enviasteis contra la edad a una guerra ferocísima contra un ejército que se había cubierto de gloria ¿Es con esta esperanza que el pueblo romano envía a sus hijos a la guerra? ¿esta es la recompensa por las heridas y la sangre tantas veces derramada por la República? Cansado de escribir y enviar legados he consumido todas mis riquezas y créditos privados, mientras que vosotros apenas durante un trienio me habéis enviado para los gastos de un año. ¡Por los dioses inmortales! ¿creéis que voy a tomar las funciones del erario, o que podéis tener un ejército sin trigo ni paga? Confieso que esta guerra la emprendí con mejor deseo que prudencia, yo que, no habiendo recibido de vosotros más que un imperio nominal, equipé un ejército en cuarenta días y a un enemigo que pesaba sobre la cerviz de Italia lo rechacé desde los Alpes hasta Hispania. A través de los Alpes os abrí un camino distinto y más practicable para nosotros que el de Aníbal. Recuperé la Galia, el Pirineo, la Lacetania, los Indicetes, soporté con soldados bisoños y muy inferiores en número la primera embestida de Sertorio, acostumbrado a la victoria, y pasé el invierno en el campamento, rodeado de enemigos ferocísimos y no en ciudades como es debido en mi rango ¿Porqué, en definitiva, enumerar, las batallas o campañas invernales, las ciudades asaltadas o sometidas? Más fuerza tienen los hechos que las palabras: bastante conocidos os son la toma del campamento enemigo en Sucro y la batalla del río Turia, y la destrucción y muerte de Cayo Herennio con su ejército y la ciudad de Valencia. ¡Por todo ello, oh padres agradecidos, me devolvéis necesidad y hambre! Así pues, una misma es la condición de mi ejército y del enemigo, y, ya que a ninguno se da estipendio, cualquiera de los dos se puede presentar en Italia como vencedor. Por lo que os advierto y os pido que pongáis atención y no penséis que yo puedo socorrer por mis medios a mis necesidades. La Hispania Citerior que no está en poder de los enemigos, o nosotros o Sertorio la hemos devastado hasta el exterminio, excepto las ciudades marítimas, que no ofrecen más que gasto y trabajo. El año pasado la Galia proveyó de estipendio y trigo al ejército de Metelo y ahora apenas puede vivir de la mala cosecha; yo no sólo mi hacienda, sino que mi crédito he consumido. No queda sino vosotros, que si no poneis remedio, contra mi voluntad y habiéndolo predico, veréis como mi ejército, y con él toda la guerra de Hispania, se trasladarán a Italia».

Realmente una carta fuerte. Se queja amargamente de que no le han hecho caso en tres años y, en caso de otra negativa avisa de que recoge sus tropas y lleva la guerra a Roma, ahí es nada. Pero dejando a un lado las quejas de Pompeyo, sus reproches y las amenazas para nada veladas, hay una frase que pone los pelos de punta: «*Hispanian Citeriorem, quae non ab hostibus tenetur, nos aut Sertorius ad internecionem vastavimus...*», hemos devastado hasta el exterminio la Hispania Citerior. La arqueología nos está demostrando que no mentía.

74 A.C. APOCALIPSIS

Los datos con los que contamos para esta campaña, la decisiva en el valle del Ebro y casi la final de esta guerra, son muy reducidas, casi anecdóticas. Salustio y Plutarco no mencionan nada desde el 75 hasta la conjura contra Sertorio y su asesinato el 73, y solo contamos con Livio hablando del asedio de Pompeyo y Metelo a Calagurris, además de Apiano, Estrabón y Frontino que proporcionan pocos datos más. Podemos reconstruir los movimientos *grosso modo* de las tropas, pero lo que tenemos claro es que a partir de este momento Quinto Sertorio va a recibir el embate de su versión particular de los cuatro jinetes del apocalipsis: la falta de suministros, las deserciones, las derrotas y las conjuras.

La carta de Pompeyo hizo su efecto, y el Senado de Roma, que había sido reticente a la hora de proporcionar demasiados medios al joven general por eso de contener su ego y no dar demasiadas armas a un potencial enemigo, decide enviarle dinero, pertrechos y dos legiones, que parten a pie y se unen a Metelo en la Narbonense. El general *optimate* estaba cansado ya de esta guerra, y desde sus cuarteles de invierno decide poner precio a la cabeza de Sertorio; cien talentos de plata y veinte pletros de tierra, es decir, dos mil seiscientos kilogramos de plata y veinte hectáreas de tierra, kilogramo arriba, hectárea abajo. Y si era uno de los rebeldes, le ofrecía el perdón absoluto y el regreso a Roma. Para pensárselo.

Desde los Pirineos, este general descendió hasta el Ebro, remontando después su curso para unirse a Pompeyo, abastecerle y planificar juntos la campaña. No sabemos si Quinto Cecilio Metelo Pío bajó por la costa o penetró por el interior, cruzando territorio ilergeta por la vía romana que se había construido un siglo antes, a mediados del siglo II a.C. Quizás esta sea la opción más lógica, tanto por el ahorro en tiempo, algo muy importante en este momento, como por el hecho de que la campaña del año anterior había asegurado esta zona. Si habían quedado focos y núcleos rebeldes con seguridad fueron anulados en este momento o, de algún modo, embolsados y neutralizados. La rapidez de movimientos del ejército de Metelo parece confirmar esta situación, ya que de haber sido territorio hostil hubiese sido necesario proteger los flancos, rastrear previamente el territorio y desplegar toda una serie de medidas tácticas de protección que lo hubiesen ralentizado.

Posiblemente la unión de ambos generales se produjo en una zona no muy distante de Kalakoris/Calagurris, ya que Livio comenta que ambos, Pompeyo y Metelo, deciden asediar y tomar juntos esta ciudad, fiel a la causa sertoriana.

Sertorio contraataca, por lo que no debía haber invernado demasiado lejos, y consigue que los dos generales levanten el sitio y se dirijan en direcciones casi opuestas, en un movimiento planificado; Metelo haca la Ulterior, que tan bien conocía, y Pompeyo hacia poniente, al mismo territorio hostil por el que había evolucionado el otoño anterior, quizás hacia los campamentos de Numancia, donde había dejado invernando una legión con el legado Titurio.

El escueto comentario de Estrabón al afirmar que Metelo entabla combate con Sertorio entre Bilbilis y Segobriga nos permite identificar la vía tomada por el general silano hacia la bética; el valle del Jalón, la puerta de acceso al sur peninsular desde el valle del Ebro. No tenemos más detalle sobre este enfrentamiento, ni siquiera si el ejército estaba comandado por el propio Sertorio o por un subalterno. Lo que si sabemos es que en este momento muchas ciudades comienzan a ver clara la situación y basculan sus intereses hacia Roma, como parece indicar la tésera de hospitalidad de Fuentes Claras. Metelo llegó a su destino sin más complicaciones, siendo recibido con celebraciones. Había ampliado el control senatorial hasta el sistema central, asegurando la zona de Carpetania y fijando cada vez más a Sertorio en el noroeste peninsular.

Nada sabemos del ejército de Metelo una vez llegado a la Ulterior. Cabe suponer que las exageradas celebraciones que nos narran las fuentes a la llegada de Quinto Cecilio Metelo Pío no impidieron que el general tomase las medidas más adecuadas para asegurar y ampliar el control de la provincia, quizás con desplazamientos de cuerpos de ejército hacia el norte, hostigando a un Sertorio acosado.

De Pompeyo sabemos que se dirige hacia el oeste y asedia Pallantia y Cauca, en territorio vacceo. El asedio de Pallantia parece que fue complicado ya que se ve obligado a hacer minas bajo las murallas y apearlas con vigas de madera a las que prendió fuego para derribarlas, un procedimiento costoso y complicado. Al parecer Sertorio llega en ayuda de la ciudad y Pompeyo decide rehuir el combate, levantando el asedio, aunque llega a derribar las murallas. Mucho correr es esto para Sertorio, no pudo ir de un lado al otro. Acto seguido Apiano nos cuenta que el joven Pompeyo ataca un campamento sertoriano cerca de Calagurris, matando a tres mil soldados. En Cauca lleva a cabo una estratagema para su captura: manda tropas de élite disfrazadas de enfermos para recuperarse en la ciudad, y la toman al asalto.

La razón de estos movimientos parece clara. Con Metelo controlando la Bética y buena parte de la costa, y asegurado el valle del Ebro, el Magno busca aislar y debilitar a Sertorio con ataques puntuales, sin entablar combate para no desgastarse. Exactamente lo mismo que hizo Sertorio al comienzo de la guerra. Llegado el momento, rodearían al ejército rebelde con las tropas de Metelo desde el sur.

Apiano narra también que en este momento comienzan a producirse numerosas deserciones en las filas sertorianas, lo que agria el carácter del general. Este autor el que comenta que los soldados itálicos estaban ya un poco hartos de los favores de Quinto Sertorio hacia los hispanos, especialmente hacia los celtíberos. Afirma que «el ejército le culpaba, en particular, porque se hacía rodear en todas partes de lanceros celtíberos, en vez de romanos, y porque, postergándolos, no había confiado a romanos su custodia personal».

Una serie de noticias dispersas nos hablan de conflictos en puntos alejados del supuesto frente de combate; así tenemos la toma de Cale, en Gallaecia, por Perperna y un ataque a Dianium, que seguía en manos sertorianas, por M. Antonio Crético. Quizás el pasaje de Cale nos esté indicando la búsqueda del apoyo de los Braccarenses a la causa sertoriana, dada la pérdida del valle del Ebro, aunque lo más probable es que se tratase de una expedición con una motivación económica, ya que esta zona no tenía demasiada importancia estratégica (*figura 26*).

El ataque de Crético se debe a la alarma creada en el Senado de Roma por la embajada de Sertorio a la corte de Mitrídates, que convence a los padres de la patria de la necesidad de enviar una flota para controlar totalmente la costa mediterránea de Hispania. Dianium sería atacada por tierra, con el legado Manlio, y por mar, pero sabemos con certeza que resistió ya que el 73 todavía estaba en manos sertorianas.

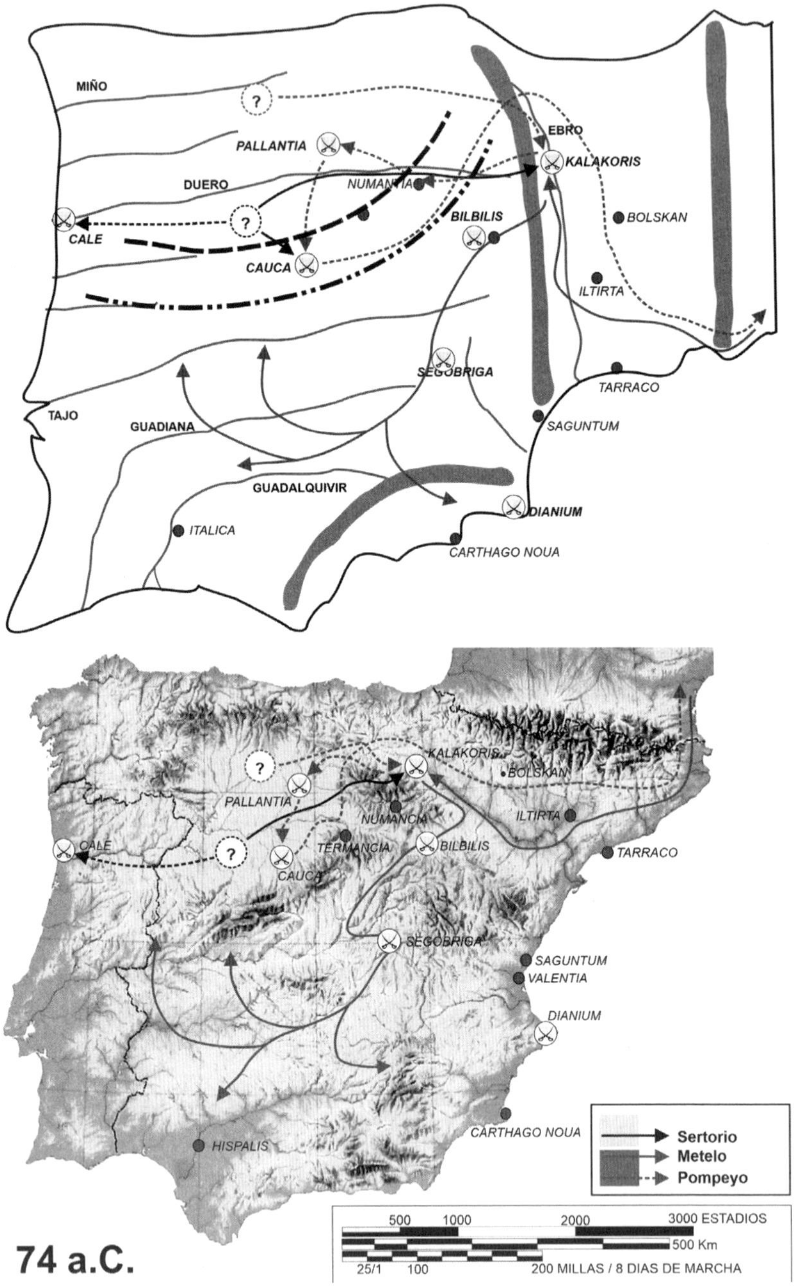

Figura 26. Movimientos del 74 a.C.

Pese a la especial parquedad de las fuentes, parece claro que el dominio sertoriano sobre territorios en principio favorables a su causa se estaba disolviendo como un terrón de azúcar ante el avance de Roma, un avance que muchas ciudades y pueblos indígenas comenzaban a ver como definitivo en buena parte gracias a la campaña del año anterior de Pompeyo. Los golpes de mano sertorianos parecen dispersos, descoordinados y a la defensiva, con la iniciativa bélica en manos *optimates.*

Tras esta campaña Pompeyo se retira para invernar en la Galia, este año le tocaba a él descansar en la Narbonense mientras Metelo se queda en Hispania controlando al enemigo. Sertorio no sabemos dónde se retira a descansar, aunque todo apunta que vuelve a una zona segura en Lusitania, en un momento en el que es probable que todo el noreste estuviese controlado por Roma, incluso ciudades como Bolśkan/Osca e Iltirta/Ilerda, mientras otras estarían todavía en sus manos. La balanza estaba ya desequilibrada de un modo casi definitivo a favor de Roma.

73 A.C. UN FIN LAMENTABLE

Este año se ha considerado como el último activo de Quinto Sertorio y las fuentes son más reducidas si cabe que las del anterior. Prácticamente sólo tenemos a Apiano comentando sumariamente que muchas ciudades fueron arrebatadas a Sertorio, y a Estrabón precisando que Ilerda y Osca «con Calagurris, una de las ciudades de los vascones, y las zonas costeras de Tarraco y Hemeroscopeion [Dianium] fueron testigos de los últimos esfuerzos de Sertorio tras su expulsión de entre los celtíberos, y fue en Osca donde cayó asesinado».

Apiano no proporciona más detalles que comentar que «los generales romanos, más envalentonados, atacaron con desprecio a las ciudades fieles a Sertorio, le arrebataron muchas, asaltaron otras [...] No obstante no sostuvieron ninguna batalla de importancia».

Con estos breves textos resulta imposible dibujar con precisión el cuadro de operaciones de esta campaña. Nos tenemos que quedar con que Sertorio fue expulsado de Celtiberia, posiblemente por Pompeyo y con el hecho de que fue abandonado poco a poco por sus antiguos aliados, además del comentario de que unas pocas ciudades «fueron testigos de sus últimos esfuerzos», sean estos los que fueran. Apiano remata y precisa que los generales romanos arrebataron muchas ciudades y tomaron al asalto alguna de ellas, pero sin entrar en combate con el ejército sertoriano, que debemos suponer arrinconado al norte del Duero, en Lusitania.

La estrategia de los generales *optimates* había funcionado a la perfección, fijando a Sertorio en el noroeste y cortándole el acceso a las zonas con mayor posibilidad de aprovisionarle de tropas y recursos. Sertorio se encontraba con un ejército disminuido, con deserciones continuas, intentando mantener algunas plazas, pero sin controlar casi ningún territorio de forma efectiva. No sabemos si se ajusta a la realidad la cita de Apiano, un autor bastante tendencioso, de que Sertorio, «ofuscado por la divinidad, relajó su esfuerzo en la acción y pasaba la mayor parte del tiempo entregado a la molicie, a las mujeres, a las francachelas y a la bebida». Personalmente no lo creo, y no por considerar al general sabino como un icono de perfección, sino porque, dado su carácter, su formación militar y sus antecedentes, antes que abandonarse a una derrota segura posiblemente hubiese intentado huir. El ejército de Sertorio mostraría ya un avanzado estado de descomposición, como cabe deducir de las fuentes y de la promulgación de *Lex Plauta de reditu lepidanorum*, una Ley hecha a medida para favorecer, precisamente, las deserciones sertorianas, aunque hay dudas respecto a su fecha de promulgación, con seguridad entre el 73 y el 70 a.C. En cualquier caso, el ejército sertoriano tendría poca capacidad de movimiento, no sé si entregado a la molicie como maliciosamente precisa Apiano, pero en cualquier caso sin posibilidad de reacción ante dos ejércitos frescos y reabastecidos.

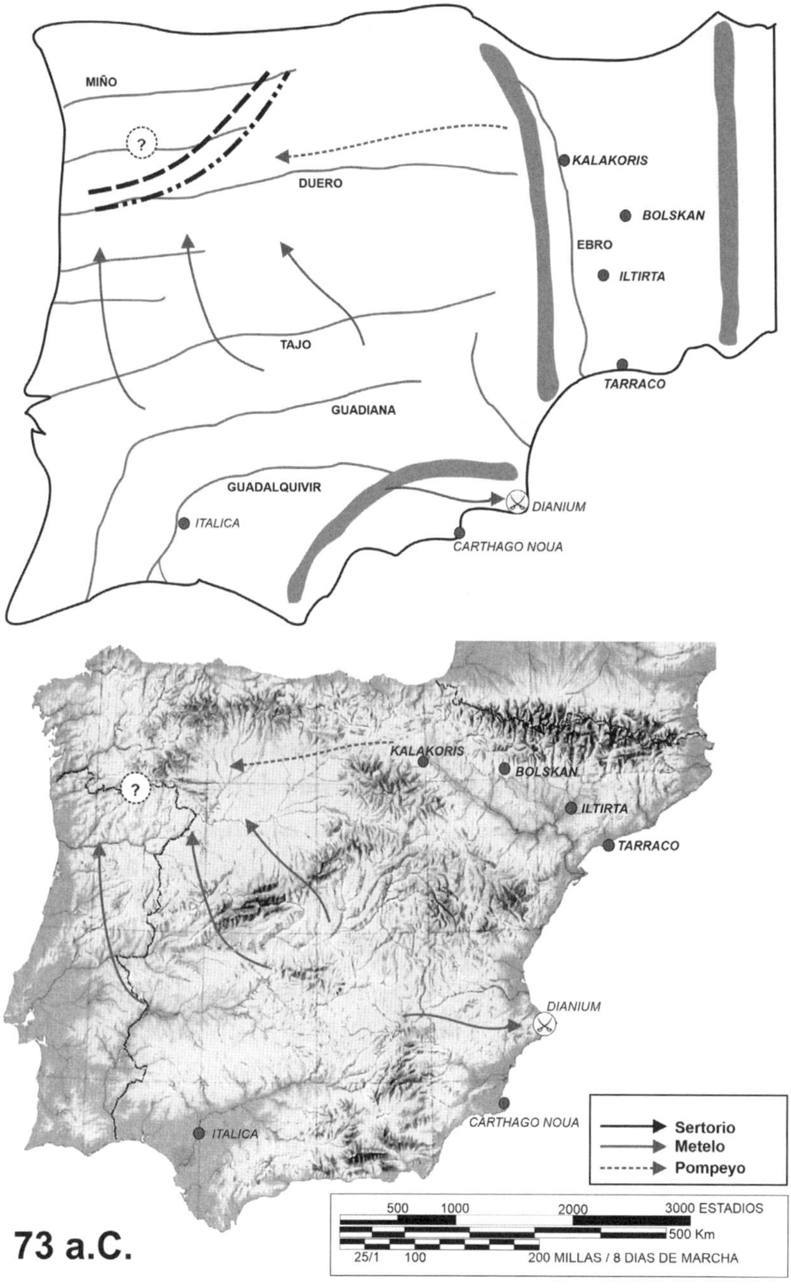

Figura 27. Movimientos del 73 a.C.

Por otra parte, y siendo conscientes de la importancia del valle medio del Ebro, me cuesta mucho pensar que generales como Metelo y Pompeyo hubiesen dejado sin someter ciudades importantes como Bolśkan o Iltirta, tanto por motivos estratégicos, como propagandísticos. No podían dejar centros urbanos potentes e icónicos sin controlar en su retaguardia.

Según Estrabón estas ciudades serían sometidas este año 73 a.C., dentro de esos ataques que comenta Apiano. Personalmente, y vistas las campañas de los dos años anteriores, considero que como tarde cayeron en manos de Roma el 74 y que, por lo tanto, el famoso pasaje de la traición y muerte de Sertorio no tuvo lugar en Osca. Enseguida entraré en este asunto.

Con Sertorio acorralado en el noroeste de la península ibérica, los generales de Roma se dedicaron a sofocar focos sertorianos, campando a sus anchas por todo el territorio peninsular (*figura 27*), quizás dividiendo sus ejércitos en cuerpos más reducidos de diez o quince cohortes para tomar ciudades o, llegado el caso, asediarlas y someterlas. Faltan datos para llegar a dilucidar los mecanismos internos de decisión y las razones de las ciudades que siguieron oponiendo resistencia a Roma en estos momentos; cabe pensar que en ellas se habían refugiado aquellos que no tenían ninguna esperanza de piedad ya que cualquiera en este momento sabía que no había esperanza para Sertorio.

Desde un punto de vista estrictamente estratégico tiene sentido la opinión de García cuando opina que el *limes* bélico se situaría en el curso bajo del Duero, con un Sertorio arrinconado «en algún lugar del ángulo noroccidental de Hispania», una zona a la que el sabino ya se había retirado en alguna ocasión.

Hemos llegado al final del camino. Sertorio está acabado y arrinconado al norte del Duero. Con un ejército exiguo, debilitado y desmoralizado, sus acciones serán este año de mera subsitencia, de hecho, las fuentes no recogen ningún movimiento, ninguna batalla, solamente nos cuentan el asunto de la conjura y el asesinato de nuestro protagonista. Hay varias posibles causas para este complot. Tenemos que partir de la baja consideración que tenían todos los escritores de la antigüedad, y en esto hay unanimidad, de Perperna. Aparece siempre, con mayor o menor saña, como poco apto y envidioso, una opinión simplista que fue recogida y amplificada por Schulten en el siglo XX y que persiste hasta la actualidad. Luego hablaremos de la mitificación de Sertorio y de la necesaria existencia de un antagonista moral.

Otra posible causa se centra en el mal carácter que parece que Quinto Sertorio desarrolló al final de su vida, amargado por una derrota segura, resentido por las deserciones y atormentado por el fantasma de lo que pudo ser y no fue. Apiano, que tampoco es imparcial, nos dice que «sufrían continuas derrotas y se hizo en extremo irascible a causa de sus sospechas de todo tipo, cruelísimo en sus castigos y lleno de recelo hacia todos, hasta el punto de que Perperna, que había venido de manera voluntaria junto a él procedente de la facción de Emilio y con un gran ejército, temió por su propia seguridad y planeo una conspiración con otros diez hombres». El mismo Plutarco, mucho más amable con el sabino, como hemos visto, también nos cuenta este cambio de humor, aunque, claro, la culpa era de subalternos envidiosos de la gloria de nuestro protagonista: «estaban dominados por una envidia y un celo insensato del poder de aquel [Sertorio, claro]. Los incitaba Perperna quien, exaltado por la nobleza de nacimiento, con un orgullo vano de alcanzar el poder, difundía ocultamente rumores malignos entre sus más allegados [...]». Este autor nos traslada que Sertorio al enterarse de que muchos de sus aliados abrazaban la causa pompeyana, hizo ajusticiar a muchos de los niños que estaban en la academia de Osca. A otros los vendió como esclavos. No olvidemos en ningún momento que Quinto Sertorio era romano, y tenían poco sentido del humor en esto de la guerra. Plutarco nos ofrece una interesante reflexión: «el trato dado a los rehenes en cuanto a crueldad y dureza mostró que su naturaleza no era suave, sino encubierta con cálculo por la necesidad». Menos mal que Plutarco era de los más favorables al sabino…

Quizás en este posible mal carácter tenga que ver el hecho de que al parecer hubo una primera conjura que no llegó a fructificar y de la que solo tenemos alguna noticia puntual, pero que si se produjo hizo que Quinto Sertorio tomase medidas punitivas y mil precauciones. Finalmente, no hay que perder de vista que la misma figura y trayectoria de Sertorio imposibilitaba una posible negociación de paz con Pompeyo, Metelo y el Senado de Roma. Él, precisamente él, no podía acogerse a esa ley hecha a medida para perdonar a los levantiscos populares que decidiesen volver al regazo de Roma. Era vencer o morir, y lo primero parece que no iba a ser posible.

Tenemos que imaginar el ambientillo en su estado mayor Casi una década de duros combates, penurias, viajes constantes, rodeados de muerte y desolación. Eso debe pasar factura. Con una derrota segura en el horizonte, la opción de presentarse ante el Senado con la cabeza de Sertorio en una bandeja parecía la mejor baza para salvar los muebles y la vida.

En resumen, la causa de este complot seguramente fue la mezcla de varios de estos ingredientes, o un poco de todo, como sería lo normal. Nada suele ser o blanco o negro.

Entre los conjurados se encontraban miembros de su círculo más íntimo. Seis antiguos senadores y tres caballeros. Entre los primeros, además de Perperna, M. Antonio, C. Octavio Graecino, L. Fabio Hispaniense, Manlio y C. Tarquinio. Entre los segundos dos de sus escribas, Versio y Maecenas y un tal Aufidio. Los textos nos trasladan líos de cama, celos y otros elementos dignos de un culebrón venezolano entre los conjurados, que me permitirá el lector que obvie para centrarme en lo relevante, aunque, como siempre, recomiendo la lectura de los clásicos. En este caso, como he dicho, se Plutarco se explaya.

Al parecer, y siguiendo las más arraigadas costumbres romanas, los conjurados decidieron que lo coserían a puñaladas y que el asesinato se cometería en un banquete íntimo, rodeado por todos ellos y sin la presencia de los guardaespaldas de Quinto Sertorio, que debería estar desarmado y alejado de su guardia personal. Decidieron montar un banquete ofrecido por Perperna, para celebrar una ficticia victoria en algún lugar desconocido.

Salustio nos narra con detalles el magnicidio. Se dispusieron así: «Sertorio a la derecha del lecho del medio, a su lado Lucio Fabio Hispaniense [...], en el lecho de la derecha Antonio, y más abajo Versio, el escriba de Sertorio; el otro escriba, Mecenas, se tendió en el lecho de la izquierda, entre Tarquitio y Perperna [...]». Al parecer la señal era que Perperna dejase caer una copa: lo dicho, un culebrón. En ese momento, M. Antonio se abalanzó sobre Quinto Sertorio para apuñalarle e inmovilizarle, sujetándole las manos para que el que el resto de los conjurados hicieran lo propio. Un triste fin en todos los sentidos.

Solo dos fuentes nos precisan dónde se produjo, Estrabón y Veleyo Patérculo, y ambos la sitúan en Bolśkan/Osca. Hay dos posiciones al respecto. La visión tradicional da verosimilitud a las fuentes, ya que tras la derrota definitiva de Perperna a manos de Pompeyo, Floro comenta el ataque a ciudades fieles a Sertorio tras su muerte, citando Osca, Termes, Clunia, Valentia, Uxama y Calagurris. Exuperancio sólo cita Uxama, Clunia y Calagurris. Ninguna de estas ciudades se ubica en Lusitania, donde en opinión de García había acabado Sertorio. La fiabilidad de Floro queda bajo la sombra de la duda al incluir en esta nómina Valentia, que ya hemos visto que fue tomada por las tropas pompeyanas el 75 a.C., aunque es segura la resistencia de ciudades como Kalakoris/Calagurris.

Otros autores, entre los que me incluyo, consideramos que Sertorio no pudo ser asesinado en Bolśkan/Osca, básicamente porque el valle medio del Ebro estaría bajo el control de Roma desde el 74 a.C. Si seguimos las fuentes, Sertorio y su ejército estaban arrinconados en una zona entre Lusitania y los vacceos. Resulta difícil pensar que, controlando Pompeyo y Metelo todo este territorio —y lo tendrían bien controlado por la importancia estratégica del corredor del Ebro—, Sertorio se pudiese desplazar desde zona vaccea hasta Bolśkan sin ningún tipo de problema para invernar, descansar y montar cenas. Imposible y menos en Bolśkan, ya que por su situación y su relevancia seguro que no pasó inadvertida para los ejércitos de Roma, que poseían desde el 74 a.C. el control efectivo del curso medio del Ebro. Se trataba de una ciudad altamente estratégica, que controla la margen izquierda del Ebro hasta los Pirineos.

A este argumento podemos sumarle otros. En primer lugar, la escasa relevancia de las fuentes en relación con los hechos narrados, ya que solo Estrabón y Veleyo hablan de Osca. Estrabón escribe con relativa proximidad temporal y su fuente para la península ibérica es Posidonio de Apamea y su *Historia.* Este escritor mantuvo algún tipo de relación personal con Cneo Pompeyo, pero el relato en su obra acababa el 85 o 84 a.C. A esto hay que sumar que la cita de Estrabón no deja de ser una acotación al margen dentro de su obra geográfica, con las dudas que ello implica. Veleyo Patérculo cita la muerte de Sertorio de forma también anecdótica. Finalmente sabemos que el ejército sertoriano había pasado el invierno en una zona al norte del Duero, y que el valle del Ebro estaba bajo el control de Roma, por lo que no tiene ningún sentido, ni es posible, que Sertorio se desplazase con su ejército por territorio hostil hasta el valle medio del Ebro, que estaba bajo siete candados *optimates.* El asesinato no fue en Osca, fue en algún lugar desconocido del norte de Lusitania.

Tras la muerte de Sertorio los hechos se precipitan. Se lee su testamento, en el que Perperna figuraba como heredero y sucesor al mando del ejército, lo que al parecer no gustó demasiado a las tropas. Los textos clásicos nos relatan que Perperna tuvo que aplicar mano dura para hacerse respetar, ejecutando a varios soldados y compañeros de armas, entre ellos a su mismo cuñado; aunque eso quizás fuese disculpable, si me permiten la broma.

Las deserciones se multiplican, e íberos y celtíberos se echan en los brazos de Pompeyo, quien hacía tiempo venía realizando una intensa actividad diplomática para atraerlos a su esfera de control y dominio. Perperna acuerda con el joven general un combate final, diez días después de la muerte de su jefe. Se presentan ambos con casi todas sus fuerzas y hay acuerdo al considerar que Pompeyo vence por goleada. Apiano, siempre tan mesurado, comenta que Perperna se ocultó debajo de un matorral, «temeroso más de sus propios soldados que de sus enemigos», y Plutarco remata, «hecho prisionero ni siquiera supo llevar el último infortunio como a un general le correspondía».

Y ahora el mismo Plutarco nos traslada algo realmente importante que explica el porqué de esta guerra: «Habiendo quedado dueño de la correspondencia de Sertorio, ofreció a Pompeyo mostrarle cartas originales de varones consulares y de otros personajes de gran poder en Roma, que llamaban a Sertorio a Italia, con deseo de trastornar el orden existente y mudar el gobierno; pero Pompeyo se condujo en esta ocasión [...] recogiendo todas aquellas cartas y escritos de Sertorio, los quemó todos, sin leerlos ni dejar que nadie los leyera; y a Perperna le quitó inmediatamente la vida, por temor de que no se esparcieran aquellos nombres».

Queda clara esa intensa relación epistolar del sabino con Roma durante toda la contienda que hemos venido comentando y la implicación de sectores senatoriales y hasta de varios cónsules en el intento de restaurar el poder *popular* en la República. Aunque se nos dice que el Magno no leyó los documentos no sé si hacer demasiado caso al viejo Plutarco. Algo leería. Seguro.

Tras la ejecución de Perpenna todas las ciudades hispanas pasan a control de Roma, salvo unas pocas como Uxama o Kalakorikos/Calagurris, que resistirán hasta sus últimas consecuencias, siendo devastadas por Afranio. La población de Kalakoris será deportada hacia la Galia, junto con vettones y celtíberos.

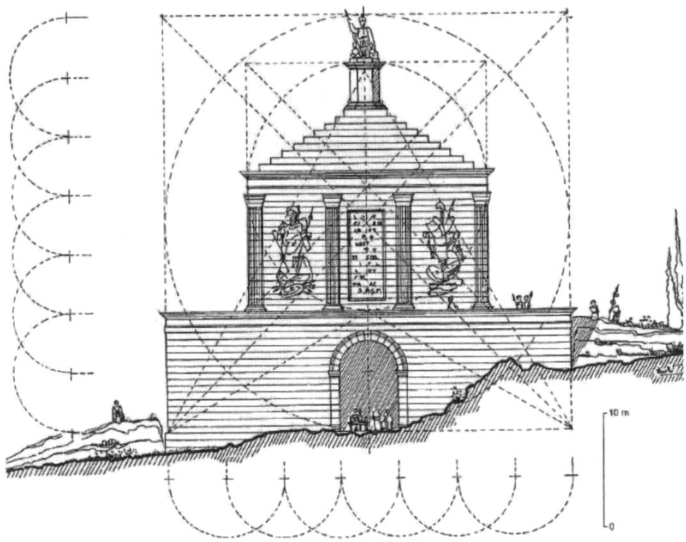

Figura 28. Reconstrucción del trofeo de Pompeyo en los Pirineos según Paillet, en Amela (2016), 68.

Metelo parece que vuelve a Italia el 72 a.C. y Pompeyo lo hace al año siguiente, el 71. Desconocemos qué hizo exactamente el Magno estos dos años en la península ibérica, quizás acabar con los focos rebeldes que pudieran quedar, estructurando los territorios y sus recursos de acuerdo al ordenamiento y aprovechamiento de Roma y al suyo propio, afianzando una potente red clientelar. Quizás esto último era lo que más le interesaba; tras haber vencido era hora de recoger ganancias y sabemos que Cneo Pompeyo Magno creó una intensa y bien estructurada red clientelar, y comercial, en Hispania.

Antes de regresar, Pompeyo erige un trofeo en el paso de los Pirineos orientales, concretamente en el Panissars, un monumento con una estatua suya y una inscripción en la que relata la rendición de 876 *oppida*, desde los Alpes hasta los límites de la *Hispania* Ulterior, sin mencionar ni su victoria sobre Sertorio, ni la participación de Q. Cecilio Metelo Pío (*figura 28*).

Los horrores de esta guerra civil dejaron una honda cicatriz en el mundo romano. Una auténtica brecha que supuso un antes y un después en muchos órdenes de la República romana, una grieta tan grande y profunda que comenzó un proceso que culminaría con el mismo fin de la República romana.

La devastación en la península ibérica fue enorme e inédita. Era la primera vez que la misma guerra se había paseado por toda la geografía peninsular. Ni las guerras púnicas, ni las celtibéricas, ni la de Viriato... ninguna había visto semejante alcance de destrucción ni tanto territorio afectado. Desde el norte de Lusitania, bajando por la costa atlántica, la bética, la costa del mediterráneo, las dos mesetas, el valle del Ebro, el norte del Duero... Por toda la geografía pasó esta guerra. Además, una guerra diferente. No se trató de un conflicto de movimientos de grandes ejércitos que quedaban en una llanada para matarse más o menos. Para nada. La guerra paso casi por cada pueblo, por cada casa, asolando territorios enteros y diezmando a la población. La arqueología nos muestra muchos centros urbanos que se destruyen en este momento y nunca vuelven a ocuparse. Jamás. Quizás porque no quedó nadie para volver a sus casas. Me gustaría ver una pirámide demográfica para estas fechas...

VIII

Dos mil años después. Sertorio, Schulten y celtas sin boquilla

Cuando estaba elaborando este libro encontré un texto que relataba a la perfección lo que quería decir para comenzar este capítulo, y como eso de copiar está feo, transcribo literalmente el fantástico inicio del artículo «Q. Sertorio, personaje literario: creación, reelaboración y recepción», de David García:

«El tiempo, y con él la permanente renovación del discurso histórico imaginado a la luz del presente vivido, han ido acumulando sobre el personaje de Quinto Sertorio (122-72 a. C.) una aplastante cantidad de bibliografía que, en su sorprendente disparidad, resulta sumamente difícil de estudiar. La creación y recreación del personaje, particularmente intensa entre los siglos I a. C. y V d. C., pareció quedar en suspenso hasta que en pleno s. XVII fuera retomada por Corneille, en cuyas manos el episodio sertoriano quedaría convertido en dramático escenario sobre el que desplegar una síntesis de los problemas históricos y políticos que preocupaban en la Francia de su época. Admirado por Niebuhr y Mommsen, las tensiones de la Europa de los años 20 del siglo pasado propiciarían la producción de nuevas relecturas del personaje, siempre adaptable, siempre camaleónico.

Verdaderamente, estamos ante un problema multifacético, alimentado por la pronta conversión del episodio sertoriano en material de reflexión política cuyas implicaciones superan su marco inmediato, pero también por la propia actitud del personaje y un probable interés personal en proyectar una determinada imagen de sí mismo, una imagen lindante con la leyenda que desnaturalizó rápidamente al hombre para colocarlo precisamente en el plano de los mitos historiográficos. El material, por tanto, resultaba atractivo, cuajado como está de episodios dramáticos, simbólicos, sobrepasando en ocasiones la frontera de lo mágico. [...] El destino del propio Sertorio, muerto en una conjura de sus allegados y nunca derrotado en batalla, supone un anticlimático final, dotado de esa épica crepuscular que eleva a sus protagonistas a la condición de iconos».

David ha dado en el clavo; no se puede decir mejor. La historia, que no el pasado, es dúctil, maleable y las más de las veces interesada. De forma involuntaria o voluntaria, dependiendo de las inclinaciones, tendencias o la misma ideología del historiador, se acaba proyectando sobre el pasado la realidad del presente que se vive. Y esto ocurre con todos los ámbitos de estudio histórico. Con las estructuras económicas, de poder, sociales y con sus protagonistas. Y la figura de Sertorio es realmente un ejemplo de estos procesos de trasposición, por lo que he creído necesario invitar al lector a realizar un viaje sobre el origen, la formación y el recorrido del llamado mito sertoriano.

Siempre es recomendable comenzar por el principio, así que, dejando a un lado los textos clásicos, que ya hemos tratado en el capítulo I, volvamos la vista al siglo XVII, cuando un jesuita, Juan de Mariana, publica una *Historia general de España*, que será el libro de cabecera de los historiadores hasta bien entrado el siglo XIX. Esta obra tenía la intención declarada de exaltar las «glorias de España» y la «alta calidad de su sangre» frente al resto de países europeos, en un momento en el que, como se suele decir, se nos estaban comiendo el turrón.

El autor sigue a pies juntillas las fuentes clásicas, especialmente a Plutarco, que venían al pelo en la España de aquel momento. Según Juan de Mariana, Sertorio es llamado por los lusitanos porque «podría escurecer la gloria de los Romanos, abaxar sus brios, y quitar su tyrania», comenzando así a diseñar la figura de un rebelde que pretender liberar a España del yugo romano.

Esta visión se retomará y amplificará en otra obra de 1850: la *Historia General de España desde los tiempos primitivos hasta nuestros días,* de Modesto Lafuente, quien dibuja con detalle un personaje inteligente y capaz, que supo hacerse con el afecto de los «españoles» para liberarlos de Roma. Tal y como afirma, «logró encender en los pechos españoles la misma llama que ardía en el suyo contra la tiranía de Sila y no lo consiguió porque tuvo la virtud y el defecto de no acabar de ser español y no querer dejar de ser romano». El autor abunda en este concepto con párrafos en los que el sagaz lector verá pistas, más que pistas aldabonazos, del uso y abuso de la figura de Sertorio y de la historia antigua en general. Por ejemplo, comenta que los *«españoles»* vieron en Sertorio «un general de talento, de arrojo, de carácter amable, y aunque extranjero, protector de su libertad: porque él les repetía frecuentemente que no descansaría hasta librar a España de la opresión en que tan inmerecidamente gemía: que él mismo no tenía ya más patria que España, y que o la fortuna y los dioses le habían de ser muy adversos, o había de verla una nación grande, independiente y libre». Casi nada. El relato del fin de Sertorio tampoco tiene desperdicio cuando afirma que «para honor de España [...], hay que confesar que ninguno de los conjurados era español; todos eran romanos». Sertorio se convierte así en otro Viriato, en un arquetipo de los valores españoles luchando por su libertad frente a un gobierno tiránico.

Esta obra de Lafuente fue la base de los libros escolares que adobaron la implantación de la escuela nacional con la restauración borbónica, y que acabaron de definir el modelo iconográfico de un Sertorio bueno, hábil, hecho a sí mismo, inteligente y compasivo, que al final pierde la razón por culpa de *los otros* y es traicionado vilmente a instancias de una potencia opresora, incapaz de doblegarlo por medios dignos. Se trata de un relato que viene y conviene en una España de finales del XIX azotada por una profunda crisis social y económica y una situación agónica en las colonias de ultramar. Era necesario un modelo nacional virtuoso e inquebrantable al que agarrarse como a un salvavidas en un proceloso océano.

Será poco después, a comienzos de nuestro convulso y terrible siglo XX, cuando aparezca un historiador que marcó una impronta profunda en la historiografía de la Hispania antigua y en la figura y arquetipo de Quinto Sertorio: Adolf Schulten.

Schulten, Adolfo en estas tierras, nació el año del señor de 1870 en Elberfeld, una pedanía de Wuppertal, en Westfalia. Comenzó sus estudios en la Universidad de Göttinger en 1888, pasando después por las de Bonn y Berlín, donde se formó a la sombra de historiadores como Wilamowitz y Christian Matthias Theodor Mommsen. Ahí es nada. Mommsen, que recibió el Nobel en 1902, ejerció una influencia definitiva en el joven Schulten. Había sido diputado en el Reichstag, representando a partidos liberales nacionalistas partidarios, por ejemplo, de la inclusión en la cultura alemana de la población judía, enfrentándose al incipiente antisemitismo del siglo XIX.

Schulten consigue su doctorado con veintidós años, centrado en derecho público romano, y dos años después, en 1894, recibe una beca gracias a su maestro Wilamowitz para investigar la antigüedad clásica, viajando por Italia, Grecia y el norte de África, muchas veces a pie, visitando numerosos yacimientos y, como él mismo dijo, «disfrutando de los caminos, del sol, del aire y de las gentes». A la vuelta de sus viajes es nombrado profesor de historia antigua en la Universidad de Göttingen en 1896.

Vino por primera vez a la península ibérica en 1899, una visita que lo dejó profundamente impresionado. De hecho, el mismo Schulten admitió que visitó este país cuando aún «no tenía en España fines científicos, y sólo quería, después de haber conocido a fondo los demás países mediterráneos, conocer también la tierra romántica por la que tanto entusiasmo sentían los poetas alemanes». Él se reconocía poeta, como admitió a cierto profesor al confesarle que lo primero que había escrito habían sido versos... «naturalmente, dedicados a una mujer». Un breve artículo de Schulten de 1934, «*Das Land der Hojlichkeit*», «El país de la cortesía», es revelador: lo que más admiraba de nuestro país era la hospitalidad y la cortesía, que se traducía en la calma y amabilidad de las tertulias que se prolongaban lo que fuese necesario, en contraposición a las costumbres de su país natal. Hay que decir que por supuesto le gustaban las tertulias en las que él llevaba la voz cantante, por no decir los monólogos.

Como dijo Pericot, «ha sido, además, un poeta, autor de obras de subido lirismo, y ha puesto en todas sus actuaciones la nota romántica. Esta cualidad adquiere especial valor en sus emotivas reconstrucciones literarias de ciudades o de personajes antiguos: Viriato, Sertorio, Numancia, Tartessos, los cántabros y mil títulos más [...] esos libros y artículos, son un verdadero monumento a la Hispania heroica y, al mismo tiempo, a los paisajes y los hombres de la España eterna». Están sembradas de este romanticismo que venimos comentando, entendido en un sentido antirracionalista que podemos reconocer en las tendencias filosóficas y artísticas de finales del XIX y entre guerras, desde Nietzsche o Wagner hasta Schopenhauer o los prerrafaelistas, o en España en la generación del 98, con la que comparte la descripción emocionada y visceral de los paisajes y las gentes. El mito subyace, trasciende y conforma la realidad histórica en su obra.

Él mismo lo reconoció, como cuando afirma en su biografía de Sertorio que «los destinos trágicos, tanto de la patria como de la propia vida, animan al historiador no menos que al poeta [...] La musa que besa la frente de los grandes historiadores es la trágica. Al tiempo que se lamentan sobre el ocaso de los ideales, su mirada, vuelta hacia el pasado, reposa con nostalgia sobre las grandes figuras de los mejores días {…}», o en el caso de Numancia al decir que «mi objetivo no ha sido solamente científico, sino también artístico, pues la historiografía es ciencia y arte a la vez, lo que en la época actual, tan apartada del arte, se desconoce con frecuencia». Qué tiempos aquellos en los que los historiadores necesitaban musas para escribir.

En 1902 vuelve para investigar las ruinas de Numancia, con el libro de Apiano en la mano. Hinca allí el pico por primera vez en 1905 gracias a la financiación del Káiser Guillermo II, prolongando los trabajos sobre la ciudad y los campamentos que la rodean hasta 1914. Durante esta frenética etapa no se quedó exclusivamente en Soria; llevó a cabo excavaciones arqueológicas en otros yacimientos, como Castra Caecilia.

Su magnífica formación en filología, derecho y fuentes clásicas, que no en arqueología, por cierto, junto con los recursos económicos de los que disponía para excavar, supusieron una diferencia con el resto de sus colegas españoles, provocando recelos, envidias y desprecios a partes iguales, una tradición hispana donde las haya, pero en ningún momento nadie cuestionó su visión nacionalista y romántica de la antigüedad. En eso todos estaban de acuerdo, de hecho era lo poco que le reconocían sus enemigos: el amor a España, que lo redimía, solo un poco, de sus miradas por encima de los hombros de sus colegas peninsulares.

Porque Adolf Schulten era una persona de trato complicado. García y Bellido dijo de él que sólo le interesaba su trabajo y, pese a ser acogedor y de trato llano, era reservado y poco locuaz, «parecía arisco y solitario, y, sin ser orgulloso, lo parecía […] vanidoso y soberbio, siéndolo solo en la medida perdonable y comprensible con que un hombre de verdadera vocación aprecia y valora su propia obra». Y eso que García y Bellido se declaraba amigo suyo... No puedo evitar traer a colación en este sentido una divertida carta del 23 de abril de 1923 del Duque de Alba: «ha estado a verme acompañado de Obermaier el Sr. Schulten, que si bien sabes que es pesadísimo, no puede ocultarse que es de importancia científica indiscutible».

La Primera Guerra Mundial interrumpe todos sus trabajos en España y vuelve a Alemania, mandando varias cartas a su Universidad para que lo declarasen imprescindible y evitar así el barro de las trincheras, cosa que consiguió, aunque tuvo que expresar su adhesión inquebrantable a la causa alemana. Durante esta terrible confrontación se recluye y aísla con sus textos clásicos, produciendo numerosas obras entre las que quiero destacar dos de especial interés: una biografía de Viriato en 1917, y la de Sertorio, que se publica por primera vez en 1926 en Leipzig, traduciéndose al castellano por Miguel Carreras más de veinte años después, en 1949, en una edición corregida y aumentada por el propio Schulten. Pese a las críticas, estas monumentales biografías marcaron las líneas de investigación de un modo tan profundo que se han venido perpetuando, de un modo u otro, casi hasta la actualidad.

La biografía de Sertorio está reconocida como uno de los mejores trabajos de Schulten, escrito en su madurez intelectual. El lema de la obra, sacado de la biografía de san Francisco de Asís de Sabatier, no deja lugar a dudas: *L'amour est la véritable elef de l'histoire.* Sertorio es el bueno de la película, como si fuese un *western* del Hollywood clásico, y el malo, por encima de Metelo y Pompeyo, será sin duda Perperna, como justifica Schulten: «Hombres tales odian, ya de por sí, y por su inferioridad, a los mejores, odio que aumenta a medida que su incapacidad crece. En definitiva, Sertorio fue asesinado por igual motivo que César: por envidia, porque era muy superior a los que le rodeaban, destino de todos los grandes hombres».

Podemos reconocer algunas incoherencias en el discurso de este trabajo, aunque disculpables si pensamos que hablamos de una obra de hace casi cien años. Por un lado, Schulten insiste en la intención de Sertorio de crear un «imperio hispánico, de fundar en España una segunda Roma, desde la cual poder arrancar, poco a poco, de la oligarquía el resto del mundo romano para incorporarlo a su Imperio hispánico», mientras casi a continuación afirma que Sertorio «continuaba fiel a Italia [...] Roma continuaba siendo para él la dueña del mundo». Schulten tiene claro que esta guerra fue un combate despiadado entre dos partidos romanos, lo que contrasta con el título de su capítulo XV: «Fin de la guerra de independencia celtibérica», donde dice que, una vez acabada la guerra, «volvió a ser la provincia romana de la Hispania Citerior después de un dominio sertoriano de siete años (78-72). La guerra de independencia luso-celtibérica, que había durado cien años —desde el 181—, había, finalmente, terminado. Lo que posteriormente pudiera todavía suceder, no sería ya otra cosa que las últimas convulsiones pronto dominadas». Aquí tenemos una de las claves de los errores que han marcado esta guerra, el hecho de ser considerada el epílogo de una guerra de independencia indígena y no como realmente fue, una guerra civil romana.

Esta obra es necesariamente un producto de su tiempo. La tremenda guerra de trincheras, el pasado romántico y poético de Schulten, su afán nacionalista y su identificación con los pueblos hispanos que resistían al invasor fueron los ingredientes perfectos del cóctel que conocemos. No nos engañemos, sería totalmente injusto culpar solo a Schulten de esta tendencia. Era lo suyo en ese momento en los que todos los países de Europa, no solo España, necesitaban referentes nacionalistas para afianzar su identidad, sus esperanzas y pretensiones. Ahora consideremos el momento de su publicación en España, 1949. El prólogo, escrito por el mismo traductor, precisa que «es un deber de gratitud de los españoles hacia el Dr. Schulten el que hubiese, en su día, sacado de la penumbra histórica al ídolo de los iberos [...] tiene un interés especial en la historia peninsular como elemento de cristalización de la primera unidad entre los iberos, que, superando por primera vez la disgregación tribal, crea una superestructura política [...]. Ya no era la Numancia del año 143 a. de C., con otras pocas y dispersas ciudades, las que ofrecían resistencia aislada a las águilas de Roma; eran prácticamente todos los celtíberos y los lusitanos, desde Olisipo hasta Tarraco, y desde los Pirineos hasta el Guadalquivir, cubriendo las tres cuartas partes de la península, los que, bajo las banderas de Sertorio, eran capaces de luchar, encuadrados en una organización militar, por un ideal común». Una, grande y luchando por su liberad. Casi nada.

Por cierto, Schulten se debatía también en una cierta incoherencia política. En unos momentos en los que para un alemán era difícil, por no decir que nada recomendable, declararse abiertamente en contra de los principios del nacional socialismo, Schulten nunca negó un odio abierto por su tocayo Hitler mientras se refugiaba de la Segunda Guerra Mundial entre Alicante y Tarragona; la figura y el pensamiento de Mommsen pesaban demasiado en su formación. Pero no por eso dejó de arrimarse al árbol que más sombra daba. En esa etapa buscó hacer economías, en palabras de una biografía de Agatha Christie —y que recomiendo encarecidamente, *Ven y dime cómo vives*—, y se alojaba en casas de amigos o directamente en las embajadas y consulados alemanes. Eso no fue obstáculo para que algunos arqueólogos españoles especialmente afectos al régimen, como Santa-Olalla, lo tachase directamente de marxista, lo que indignó profundamente a Schulten. Santa-Olalla tuvo que retractarse públicamente de esta afirmación debido a las influencias del alemán, que no eran pocas y pesaban mucho.

Me permitirá el lector que finalice con una reflexión sobre Schulten. Si recuerdan la cita relativa al asesinato de Sertorio que antes les he presentado, tengo que reconocer que personalmente veo tras ella la misma sombra del autor alemán. Estoy convencido de que se veía a sí mismo como un Sertorio menor, envidiado por inferiores poco dotados que querían defenestrarlo, como se deduce de una carta de 1942 a su amigo Pericot en la que dice textualmente que «la mayoría de los españolitos me tienen envidia».

Estas posturas de la investigación, apoyadas en el análisis muchas veces interesado de los textos clásicos, construyeron discursos de corte colonial en los que se enfrentaba la barbarie indígena a la *romanitas* civilizadora que siguen teniendo cierto eco en la actualidad. Quizás no entre la investigación, pero sí en la imagen grabada a fuego que la sociedad tiene de los pueblos prerromanos. La sociedad siempre está necesitada de referentes morales e ideológicos, y cada uno y cada cual elige los suyos en función de sus gustos e intereses. Actualmente la imagen de íberos y celtas se ha amplificado de acuerdo a la dirección del viento. O direcciones, que esto cambia cada dos por tres.

Esta concepción e iconografía de lo *celta-ibero-celtíbero* nos llega de formas más o menos sutiles pero, como una lluvia que no cesa, nos ha calado a todos (*figura 29*), recordemos los comics de Astérix, con esa aldea gala que resiste siempre al invasor. Esa visión, y este cómic es un buen ejemplo, se basa en la idealización del buen salvaje, un estereotipo decimonónico que se resiste a abandonar el imaginario colectivo sobre la antigüedad. Sobre este arquetipo del salvaje caracterizado por la *feritas*, como dirían nuestros romanos, es decir, el tremendismo en lo físico, social y psicológico, se proyectan los valores que se anhelan y añoran y que se supone que adornaron una Edad de Oro que, lamentablemente, nunca existió: valor, fidelidad, nobleza, fiereza, franqueza, honestidad... todo destilado en su esencia más pura y presentado en una botella de cristal brillante. Nuestros antepasados eran como nosotros, poco más o menos y, como ahora, habría de todo: gente mejor, otra peor, envidias, amores, celos, *filias* y *fobias*, bondad y maldad.

Pero, como el lector ha visto, las mismas fuentes clásicas fueron las que crearon esta imagen deformada del pasado. Esto de los celtíberos como salvajes que se lanzan al combate en pelota picada, por ejemplo, no hay por dónde agarrarlo, con perdón. Por más que lo diga Livio, Polibio o el sursuncorda. Los que viven en los montes de la sierra soriana y zaragozana saben de lo que estoy hablando; nadie en su sano juicio concibe pasearse por estos parajes en cuerpo gentil, a merced del inclemente cierzo y sufriendo un frío que pela. Además de la mera lógica, la arqueología se está encargando de erradicar esta visión, ya que las necrópolis nos proporcionan miles de piezas que contradicen frontalmente estos relatos. Nuestros antepasados prerromanos iban peinaditos, rasurados y, en función de sus posibles, bien vestidos. Los guerreros entraban en combate bien pertrechados, abrigados si hacía frío, con adornos y elementos funcionales decorados de manera prodigiosa. De hecho, una de las razones de que el combatiente celtíbero supusiese tantos problemas al ejército romano fue su superior equipamiento, en calidad y cantidad. Tanto que el equipamiento defensivo y ofensivo era superior a sus homólogos romanos, que en estas fechas todavía tenían que pagarse de su bolsillo el armamento.

Figura 29. Imágenes grabadas a fuego en nuestro imaginario.

El *princeps* romano, el soldado veterano de infantería pesada que además pertenecía a rangos sociales más pudientes, llevaba como elementos defensivos una cota de malla, que era muy cara, habitualmente un casco montefortino, un escudo largo y seguro que protectores de cuero para no dejar a la vista demasiada piel en la que hincar la espada. Como armamento llevaba una espada, un *gladius hispaniense* casi seguro en estas fechas, además de algún cuchillo que no se suele representar en las ilustraciones, pero que estoy seguro que llevarían por un quítame allá que se me ha caído la espada.

Un combatiente homólogo íbero o celtíbero, un guerrero de posibles, llevaría también una cota de malla, como vemos en alguna escultura conservada, anterior incluso a estos finales del siglo II y comienzos del I a.C. Podría llevar hasta dos escudos; un escudo pequeño o *caetra*, quizás cruzado en la espalda para utilizarlo llegado el combate cuerpo a cuerpo, y un escudo largo o *scutum*, que sería el que se utilizaría en formación cerrada. Los cinturones serían gruesos, grandes, con placas que protegían el bajo vientre. La espada colgaba de un tahalí con refuerzos metálicos para evitar que cortasen el cuero y se perdiese el arma, y que también defendería torso y espalda del combatiente. Llevaría una espada principal y un cuchillo corto, que habitualmente no era tan corto. Los clásicos nos dicen que llevaban un *pilum* pesado y varias lanzas ligeras, arrojadizas. Los *soliferrea* obviamente eran para el cuerpo a cuerpo y además de tener dos puntas afiladas no dejaban de ser una barra de hierro que te puede dejar en el sitio si te dan con ella en la cabeza.

Por cierto, no me resisto a comentar que el arma principal era la lanza, antes que la espada. De hecho, tenemos muchas, muchísimas, puntas de lanza de más de treinta centímetros con hojas afiladas por los dos lados, algo que no deja de ser una espada con un asta de madera muy larga. No tenemos ni idea de la esgrima de este tipo de elementos, pero tenía que ser impresionante y devastadora.

Hay que tener presente que conocemos bien lo que la arqueología nos ha permitido comprobar, bien sea sobre las mismas piezas metálicas o sobre esculturas. El resto, como el cuero, el fieltro, la lana, piezas acolchadas… se los ha comido la tierra. No tenemos la suerte de contar con unas condiciones climáticas y geológicas que permitan que estos elementos se conserven, como sí ocurre en el norte de Europa e Inglaterra. Sólo podemos imaginar cómo vestirían nuestros antepasados, cómo entrarían en combate, sabiendo que eran pueblos en los que la guerra era un auténtico elemento vertebrador social. Y del mismo modo sólo podemos imaginar su habilidad en el combate, que tenía que ser tremenda.

Cuando veo algún intento de restauración de estos tipos de combate de mano de personas más o menos conocedoras, más o menos curtidas, recuerdo una anécdota que viene al pelo. Hace muchos años, cuando me iniciaba en esto de la arqueología, comenzaba a interesar mucho algo que se conoce como arqueología espacial. Básicamente consiste en analizar el aprovechamiento del medio y sus recursos en la antigüedad para avanzar en el conocimiento de las sociedades del momento y sus ámbitos de influencia. En cierto yacimiento y de mano de un director cuyo nombre omito, se decidió intentar delimitar el ámbito de captación de recursos calculando tiempos y distancias: tantos kilómetros a una hora a pie, tantos otros a dos, etcétera. Y nos pusieron a andar a estudiantes urbanitas que, precisamente, no destacábamos por nuestra conformación atlética. Caminando bajo el sol de agosto no dejaba de recordar historias que me contaba mi abuelo, que me decía que se iba andando de tal pueblo a tal otro, a distancias que me parecían entonces, y ahora más, absolutamente inasumibles. Nuestros abuelos echaban a andar y llegaban muy lejos; nosotros andando con una cantimplora, un mapa y una brújula, hicimos la risa.

Imaginemos esto mismo, pero echando la vista atrás dos mil años. Y estoy hablando de andar, que es una cosa que, poco o mucho, hacemos todos. Ahora pensemos en utilizar una lanza o una espada, nosotros, que sólo hemos jugado a los piratas, con suerte, a base de ver películas en blanco y negro, y comparémoslo con una sociedad en la que la guerra y el combate era el día a día. Pues eso. De todos modos, tenemos que intentarlo, la curiosidad está en nuestros genes.

No puedo resistirme a comentar, en relación con la corriente que una amiga, profesora de la Universidad de Zaragoza, ha bautizado como *celtas wannabe*, el surgimiento de un imaginario que mezcla en un batido todos los elementos posibles del puzzle del celtismo, reconstruyendo a su antojo estructuras sociales e ideológicas de las que apenas sabemos nada y que sólo podemos llegar a intuir tras una tupida urdimbre formada por restos arqueológicos, fragmentos de textos antiguos, tradiciones populares, leyendas y mitos. Se mezcla lo que se sabe, lo que no se sabe, lo que nos contaron hace dos mil años, hace quinientos y hace cien, lo que no nos han contado, pero se supone, y lo que les apetece (*figura 30*). Es la era de acuario. Bueno, mientras no hagan daño a nada ni a nadie y se lo pasen bien, perfecto. Pero conviene saber qué es lo que es y lo que no es. Y lamento mucho decir que mucho de lo que se cree cierto con seguridad no fue. Otras cosas sí, y otras, quizás.

Figura 30. Celtas wannabe pasándoselo bomba.

Soy un convencido de la necesidad de la existencia de un recreacionismo científico y de otro lúdico. Es necesario que la sociedad se sensibilice con su pasado, pero es igualmente recomendable comenzar a erradicar mitos que no hacen sino construir historias alternativas, andamios ideológicos sustentados en bases erróneas que pueden hacer más mal que bien.

IX

Sombras y dudas. Créditos para apasionados

Hasta aquí mi historia. La mía. Lo que yo creo. Otros tienen la suya, con diferencias más o menos importantes o puntuales. Como ya he comentado en varias ocasiones, una cosa es el pasado y otra diferente la historia, es decir, lo que sabemos y contamos del pasado. Arqueólogos e historiadores echamos manos de todos los recursos posibles para confirmar o desmentir lo que sabemos o creemos saber y para rellenar los enormes huecos que quedan.

Hay muchos más datos sobre la guerra de Quinto Sertorio que no he incluido en esta obra. Multitud de yacimientos arqueológicos y estudios, libros y artículos que el lector no va a encontrar en este capítulo, y es que hay que hacer de la necesidad virtud. En este caso de la lógica necesidad de síntesis: pretender incluir todos los datos sobre Sertorio en una obra es algo casi descabellado, inabarcable. He querido hacer un relato ameno, espero estarlo consiguiendo.

Pero, tal y como les he venido amenazando, voy a dedicar este capítulo a comentar los principales recursos y herramientas que he utilizado, además de otros puntos de vista sobre algunos acontecimientos que he descrito. Hay situaciones para las que ninguna fuente aporta nada, ni los textos, ni la arqueología. Nada. Especialmente para los dos últimos años de la vida de Sertorio. En estos casos he echado mano de aquello de la probabilidad militar inherente para reconstruir los acontecimientos más probables (Quesada 2008, 30). He analizado los datos disponibles a la luz de la consecución de los resultados militares buscados por los protagonistas (Romeo 2021, 68), teniendo siempre presente la orografía y las vías de comunicación más adecuadas para cada caso, pero deben quedar en hipótesis más o menos sólidas. Usted como lector, debe decidir.

Si hay consenso en algo actualmente es sobre que Quinto Sertorio nunca quiso crear un estado independiente de Roma, un concepto heredado de esa visión romántica de Schulten (Wulff 2003; Gómez 2015). En todo momento su intención no fue otra que acabar con Sila y su régimen, restableciendo Roma a la legalidad de la que había sido privada (Gabba 1973, 287; García, 2017; Santos 2009; Salinas 2014b, 18-19). De hecho, Sertorio consideró siempre y hasta el último momento que él era el gobernador legítimo de Hispania, como certifica la habitual leyenda *procos* que se encuentra en proyectiles de honda del ejército del sabino (Chic 1986; Manchón 2014).

Antes de nada, tengo que reconocerme deudor de los trabajos de Félix García sobre Sertorio, al que dedicó su tesis doctoral (García 1991, 1991 b). Pese a que ya cuentan con unos años y a que la arqueología ha venido matizando algunas de sus afirmaciones, sigue siendo un trabajo sólido y lúcido. Tengo que confesar igualmente que me considero afortunado de contar entre mis amigos a muchos de los especialistas cuyos trabajos he consultado y con quienes he tenido largas conversaciones, y las que nos quedan, por cierto. Discúlpenme que omita sus nombres concretos, pero esto de la memoria es algo muy peligroso, y no querría dejarme a nadie en el tintero.

Hemos visto que la figura de Quinto Sertorio ejerce, como buen arquetipo (Imbert 2002; Moret y Pailler 2002; Padin 2017; Pina 2011), una gran atracción a la que nadie o casi nadie puede sustraerse. A partir de sus enormes dotes objetivas como militar (Pina 2009b, 227), y basándose en su papel en el partido de los *populares* (Antela 2011, 400), Plutarco construyó un modelo de *homo novus* virtuoso (Konrad 1994; García 2019, 233), un arquetipo que ha sido retomado una y otra vez en la antigüedad y en fechas recientes. La historiografía de comienzos del siglo XX amplificó una visión romántica de Sertorio, viendo en este conflicto el trasunto del levantisco y ardoroso carácter independiente de los pueblos hispánicos, comandados por un general romano rebelde, indómito y visionario (Mommsen 1861; Plácido 1991; Schulten 1949). En este sentido, actualmente hay un claro y definitivo consenso en que este no fue sino el epílogo del enfrentamiento descarnado entre *optimates* y *populares* que había estalló en el seno de Roma (Gabba 1973; Pina 2009b, 228; Salinas 2014, 16), una tremenda guerra civil cuyo final adquirió personalidad propia en el solar hispano.

Para poder dilucidar con cierto grado de verosimilitud las posibles razones de los movimientos de tropas ha sido necesario aproximarse a la visión espacial que se tendría del terreno en aquel momento. Las propuestas realizadas hasta el momento (García 1991; Salinas 2006, 2014; Manchón 2016) se han venido plasmando en representaciones geográficas actuales, pero hay que pensar que el familiar perfil de la península ibérica era sustancialmente diferente en la época de nuestros protagonistas, y el marco geográfico determina movimientos y estrategia (Pontijas 2020, 400). Como dijo Cohen (1980, 23), el mundo está divido por el hombre, pero la geografía refuerza y potencia ese deseo. A la geografía hay que añadir necesariamente lo que se denomina actualmente en estrategia militar *ambiente*, es decir, la suma de las características climáticas, históricas, culturales, el tipo de terreno, la flora y hasta la fauna, unos elementos cuya consideración estratégica no varió sustancialmente desde la antigüedad hasta Clausewitz o Jomini (Pontijas 2020, 403).

Estoy de acuerdo con Moret cuando afirma que la concepción de los mapas que tendrían griegos y romanos sería sustancialmente idéntica a la que tenemos nosotros, con la salvedad de los códigos de representación (Moret 2017, 14). Los mapas serían de uso habitual por parte de estadistas, comerciantes, militares y simples viajeros; el problema es que, como dice el autor galo, la mayor parte de estos mapas de la antigüedad no tuvieron la fortuna de grabarse en mármol o en bronce.

Frente a los que consideran que los mapas en la antigüedad estarían restringidos a reducidos círculos académicos (Brodersen 2012), estoy absolutamente convencido de que los distintos ejércitos en este momento poseerían representaciones geográficas de las zonas por las que pensaban transitar con la precisión necesaria para una campaña militar; de hecho, se sabe que una de las razones de la campaña del viejo Marco Porcio Catón por el interior de la península ibérica a comienzos del siglo II a.C., aparte de sofocar una revuelta (Liv., XXXIV, 20; App. *Hisp.*, 41) fue la de conocer los recursos y la morfología de una zona ignota para Roma y sobre la que ya habían posado sus ojos (Romeo 2016, 83).

El soporte geográfico sobre el que he plasmado los movimientos de tropas propuestos se ha realizado a partir de las magníficas propuestas de Moret sobre el papiro de Artémidoro (Moret 2017, 242-250, fig. 22) y sobre la *Geografía* de Estrabón (Moret 2017, 271-276, figs. 30 y 31). Artémidoro parece que realizó un viaje a la península ibérica entre el 137 y el 108 a.C. (Gallazzi *et alii* 2008, 102; 2012; Moret 2017, 205), mientras que la obra de Estrabón está escrita entre el 29 a.C. y el 7 d.C., y posee la vocación de sintetizar los datos geográficos conocidos hasta ese momento (Cruz, García y Gómez 2007; Moret 2017, 252-253; Nicolai 2020, 197). Todo indica que la visión geográfica de la península ibérica que tendría el ejército romano de comienzos del siglo I a.C. sería esencialmente la reflejada por las obras de estos dos autores, aunque seguro que con muchos más detalles que no han llegado a nuestros dias.

Estoy de acuerdo con los que opinan que hacer coincidir los datos arqueológicos con las fuentes es arriesgado

(Morillo 2014, 48-49; Romeo 2021, 84-86), algo habitual por otra parte con el episodio sertoriano desde Schulten, como hemos visto (García y Castillo 2019). Las evidencias sobre el terreno deben ser claras y el registro arqueológico muy explícito para poder identificar en un yacimiento los rastros de un conflicto concreto (Morillo y Adroher 2015). Por este motivo no he analizado yacimientos arqueológicos concretos más allá de los contrastados y estrictamente necesarios para hilar los acontecimientos dentro del discurso general de este trabajo, así como tampoco he comentado las interesantes y relativamente abundantes ocultaciones monetarias relacionadas con este episodio, aunque sí se han tenido en cuenta (Amela 2000b; Antela 2012; Bennet 1961; Esteban 2014; Gil 1980; Guinea 1995; Marcos 1999; Ochara 1995; Ripolles 2005; Rodríguez 2006, 2009, 2011; Romagosa 1971; Ruivo, 1997; Salinas 2014b, 35-41; Villaronga 1977). En ciertos casos, y el *bellum sertorianum* es uno de ellos, las fuentes son lo suficientemente explícitas y detalladas como para poder reconstruir un discurso coherente, que está resultando bastante consistente con los datos arqueológicos (Gamo 2011, 183).

Al igual que no he analizado con detalle yacimientos y ocultaciones, no he querido entrar en el estudio pormenorizado de las fuentes clásicas que tratan esta guerra, para lo que existe una amplia y excelente bibliografía (Gabba 1956, 1967; Garbugino 1978; Konrad 1985, 1994; Neira 1986; Manchón 2014; García 2018, Salinas 2014), ni en los distintos sesgos de los autores clásicos (Salinas 2014; Salinas 2014b, 16-18), aunque como han visto si he realizado alguna acotación en este sentido. Las fuentes originales en las que se basaron los distintos historiadores clásicos, algo especialmente relevante, hay que buscarlas en las memorias, escritos y cartas de varios personajes (Manchón 2014, 154); el propio Sila en sus memorias, L. Cornelio Sisena, M. Terencio Varrón con dos obras, *De Legationibus* y *De Pompeio*, Posidonio con su *Historia de Pompeyo Magno* (Malitz 1983), y un relator desconocido al parecer muy próximo Sertorio y que constituiría una de las bases de los textos de Salustio (Neira 1986, 190-191).

Hemos ido viendo los distintos perfiles de cada uno de los autores clásicos (Neira 1986); prosertorianos, hasta donde se podía serlo, y antisertorianos, una postura mucho más cómoda. Las razones de una u otra postura pueden ir desde la misma zona de nacimiento hasta las fuentes originales utilizadas. Así Diodoro de Sicilia marca la tendencia antisertoriana, posiblemente por utilizar los textos de Varrón, legado de Pompeyo durante la guerra o las *Memorias* de Sila quien, obviamente, no era demasiado imparcial, mientras que, por otro lado Salustio, que escribe sus *Historias* entre el 44 y el 35 a.C. (Neira 1986, 192-194; Rodríguez 2012), comparte con Sertorio su ascendencia sabina y ciertos rasgos ideológicos, lo que hace que se aproxime a la figura del general con cierta amabilidad, resaltando vicios y defectos de sus enemigos, como la supuesta incompetencia de Metelo (Penna 1963).

De una u otra manera otros autores engrosaron ambas filas. Especialmente relevantes serán las *Periochae* de la obra de Tito Livio, redactadas por Lucio Anneo Floro ya que los libros de la colosal obra del patavino sobre estas fechas se han perdido (Dorey 1971, Luce 1977). Además de Varrón, Livio parece que usó en su obra original para estos pasajes las *Historias* de Sisena y los *Anales* de Valerio Ancia (Mazza 1966). Plutarco, quizás la fuente principal para analizar este episodio (Konrad 1998; Salinas 2006, 154) escribe una vida de Sertorio, en paralelo con la de Eumenes, entre el 96 y el 120 d.C., centrada en la definición moral de nuestro protagonista (Candau, Gonzáez y Chávez, 2011; Rodríguez 2011). Parece aceptado que Plutarco se basa en las Historia de Salustio y en Poseidonio (Scardigli 1971b, 33-64 y Konrad 1995). Apiano escribe su *Historia romana* entre el 160 y el 165 d.C. (Salinas 2014, 23) y se basa para el asunto que nos ocupa en Tito Livio y Plutarco: las descripciones de los pasajes están muy influenciadas por las fuentes que el autor maneja y el tiempo trascurrido desde los acontecimientos (Gabba 1956). Para el resto de los autores menores remito al lector a la bibliografía que ya he comentado, además de otra que podrán encontrar al final de este libro, desde obras generalistas como el clásico de Bayet de 1981, hasta trabajos sobre autores concretos como Orosio (Balmaceda 2016).

Para la infancia de Sertorio, como he comentado, las fuentes que tenemos no son demasiadas (Plut., *Sert.* 2, 2) y los estudios sobre la misma tampoco logran desentrañar las sombras que todavía la empañan (García 1991b, 2), por más que se revisen corpus epigráficos y otros datos de la época (Cébeillac 2002; Navarro 2006;. Habrá que esperar a que vista la toga viril y comience su carrera militar (García 1991b, 30) con el procónsul Cepión en el norte de la Galia, en la derrota de Arausio el 105 a.C. y con Cayo Mario. Tenemos que bucear en trabajos sobre la crisis de la República a finales del II y comienzos del I a.C. para encontrar referencias tangenciales sobre Sertorio, que siempre se apoyan en los textos clásicos. (Plut., *Sert.* 6; Badián 1962, 1964; Brunt 1961; Gabba 1954; Gallego 2000; Konrad 2006; Sampson 2013; Salinas 2014, 24; Santos 2009)

Del ascenso de Sertorio por el *cursus honorum* tampoco sabemos demasiado, aparte de las referencias a Tito Didio (Sal. *Hist.* I, 88; García 1991, 143; García 1991b, 73; García 2019, 233-239; Harmand 1967, 393) y su campaña en *Hispania* (Liv., *Per.* 70; App., *Hisp.* 99-100; Katz 1983, 53, Manchón 2014, 162; Spann 1987, 42). Nuestro protagonista fue en cualquier caso elegido pretor el 83 a.C., en plena guerra civil, y se le asignó el gobierno de Hispania Citerior (Pina 2009b, 227; Roddaz 2006; Salinas 1995), aunque recientemente se ha afirmado que se le otorgó un *imperium* proconsular, siendo nombrado magistrado de las dos provincias hispanas (Chic, 1982 1986; García 2012/2013; Jashemski 1956; Sawinski 2010, Vervaet 2012), algo que puede ser apoyado por los indicios epigráficos que nos porporcionan los proyectiles de plomo (Beltrán 1990; Berdowski 2014; Ble 2016; Diaz 2005, 2008;

La orden de Sila a Cayo Annio Lusco de capturarlo a cualquier precio (Antela 2012/2013, 2017; Ridley 1981, 280; Manchón 2016, 64-65) y su llegada a la península ibérica hace que Quinto Sertorio abandone precipitadamente Hispania

(Spann 1987, 47), embarcando en una flota casi improvisada (Antela 2011, 401; Plut., *Sert.* 7-9; Sal., *Hist.* I, 95-102; Val. Max. 7, 3, 6; Floro 2, 10, 2; Orosio, 5, 21, 3; Eutropio 6, 1, 2), con la ayuda de los llamados piratas, que ya hemos visto que no respondían a la imagen actual que tenemos de los mismos (Albelda 2013; Álvarez 2011, Álvarez 2007, 2008; Álvarez et alii 2013; Arrayás 2013, 2013b; Buono-Cuore 2004; Gozalbes 1987; Ortiz 2015; Pasquinucci *et alii* 2000; Prieto 1987-1988; Puig 2013; Sala *et al* 2013, 202-203). Sobre el periplo de Sertorio entre Ibiza (Costa 2002; García 1995), África (Plut., *Sert.* 9; Sal., *Hist.* I, 104; Antela 2011; Callegari 2012; Coltyelloni 2005; Hilman 1997, Manchón 2016, 65) su vuelta a Hispania (Plut., *Sert.* 12, 3; Chaves et alii 2000, Konrad 1989; Manchón 2016, 66; Moret el atlii 2008, 2014), sus reflexiones sobre islas paridisiacas alejadas del mundanal ruido (Delgado 1993; Keuser 1993; McAlhany 2016; Spann 1987b) y el papel jugado en ello por los lusitanos (Pérez 2011; Ribagorda 1989) existe consenso en la ruta que les he propuesto, afianzándose una vía marítima (Antela 2011, 405; Sala *et al* 2013, 203) algo que será uno de los ejes de la estrategia sertoriana hasta el último momento.

El único autor que trata los dos primeros años en la península con cierto detalle es Plutarco, aparte del famoso pasaje de la cierva blanca que es citado por muchos otros autores (Plut., *Sert.* 11, 3-8; Val. Max. I, 2, 4; Plinio, *NH* VIII, 117; Frontino, *Strat.* I, 11, 13; App., *BC* I, 110; Aulo Gelio XV, 22), o de menciones a las derrotas sufridas por Lucio Fufidio (App., *B.C.* I, 108) o Cotta (Díaz 2015, 545). Hay cierta discrepacancia sobre si este Cotta sería Lucio Aurelio Cotta o Cayo Aurelio Cotta, cónsul el 75 a.C. (Spann 1987, 306-309). García considera, con acierto a mi parecer, que tras el desembarco Sertorio se dirigió a Lusitania (Plut, *Sert.* 11, 1), a una zona entre el Tajo y el Duero (Badián y Konrad 2012). Las fuentes nos comentan que los lusitanos llamaron a Sertorio para rebelarse contra Roma, asunto que no veo nada claro (García 1991, 85-86). Dado que nos encontramos ante un episodio de una guerra civil romana, sólo podemos pensar que los lusitanos decidieron tomar partido en esta confrontación, posiblemente por la existencia de una potente red de clientelas marianistas (Antela 2011, 409). Recomiendo al lector que eche un vistazo a varios trabajos sobre las redes clientelares, especialmente a las de Pompeyo, que han sido más estudiadas (Amela 2002, 203b).

Las derrotas del año 80 a.C. harán que Roma envíe el 79 a uno de sus generales más experimentados, Quinto Cecilio Metelo Pío (Plutarco *Sert.* 12, 6-7; García 1993; Konrad 1988, como procónsul de la Ulterior (Manchón 2016, 69), con dos legiones (Heras 2014, 156), por lo que el ejército de la república en la península ibérica ascendería en esos momentos a un mínimo de seis legiones (Brunt 1971, 449).

Citas como la relativa al asedio de Langobriga por Metelo, con la orden de avituallar a su ejército para una marcha de cinco días para atacar esta ciudad (Plut., *Sert.* 13, 7-12), parecen reforzar la teoría de que el control efectivo de las tropas sertorianas se circunscribiese en un primer momento a la zona al norte del Tajo, quedando el sur bajo el control de Roma. En este contexto se refuerza el frente, con la construcción de campamentos como Castra Caecilia (García 1991, 95 ss; Heras 2014, 163). No obstante, los combates en las proximidades de ciudades como Dipo y Conistorgis (Ribagorda 1989, 757) ponen de manifiesto que la zona occidental de la península distaba mucho de estar controlada por Metelo quien, tras varias derrotas, como la de Langobriga (Plut., *Sert.* 13, 7-12) se retiró a invernar a Castra Caecilia o quizás más al sur.

Resulta especialmente interesante la táctica de Sertorio de evitar en todo momento el combate formal con Metelo y Pompeyo, que ya hemos visto en numerosas ocasiones. García llega a afirmar que Metelo controlaba los valles y Sertorio le acechaba en los macizos montañosos, lo que obligaba a los *optimates* a atacar y destruir a su paso poblados y ciudades (García 1991, 101). Sertorio y sus aliados pivotan sobre una estrategia basada en la fortificación y el apoyo de las ciudades y asentamientos indígenas, el puntal principal de sus tropas y movimientos. De hecho, Plutarco precisa que Metelo se ve desbordado por la movilidad del ejército sertoriano (Plut. *Sert.*, 13, 1-6), que rehúye la confrontación directa en combate formal para ir desgastando y desmoralizando en su lugar al enemigo.

No me cansaré de insistir en que esta mal llamada táctica de guerrillas (Cadiou 2004) se debía a la presencia de ejércitos ibéricos y celtibéricos en el ejército sertoriano, un hecho más que contrastado en los textos clásicos y que comienza a ser intuido en el registro arqueológico (Romeo 2021, 82-84). En la península ibérica existían ejércitos indígenas con una formación táctica muy desarrollada (Quesada 2002, 55-56; 2006, 160-167), capaces de formar en *acies instructa* ya a comienzos del siglo II a.C., según Livio, y formar en orden de batalla dejando cuerpos de ejército de reserva en campamentos en la retaguardia (Liv. XXXIX, 31), modificando la formación durante el combate de forma ordenada (Ciprés 2002, 142). El patavino describe en dos ocasiones incluso la formación de celtíberos en cuña (Liv. XL, 40). Debemos erradicar de este modo el mito del noble y salvaje bárbaro (Aguilera 2012) a la hora de pensar en estos contingentes indígenas.

Actualmente se están revisando los materiales arqueológicos de Castra Caecilia, y estamos todos expectantes esperando las conclusiones del equipo dirigido por el profesor Morillo, por lo que he querido ser cauto sobre la ocupación y abandono o destrucción de este campamento, el yacimiento arqueológico de Cáceres el viejo (Ulbert 1984; Abásolo et alii 2008; Heras 2014). Hemos visto que Metelo lo utiliza como puntal estratégico tanto para atacar como para retirarse, en ocasiones más al sur, hacia *Metellinum* (Heras 2014, 164-165). Derrotas como la de Torio (Plut., *Sert.* 12, 4; Floro II, 10, 6) colocarán al general silano a la defensiva en este frente, retrocediendo hasta el curso del Guadiana (García 1991, 110), pese a los intentos de ayuda de Domicio Calvino (Plut., *Sert.* 12, 4; Sal., *Hist.* I, 111), derrotado por Hirtuleyo (Plut., *Sert.* 12, 4; Liv., *Per.* 90; Floro II, 10, 6; Orosio V, 23,

3-4), y del procónsul de la Narbonense L. Manlio (Liv., *Per.* 90; Amela 2016). Allí es donde le saldría al paso Hirtuleyo, derrotándolo. Tras esta victoria, Hirtuleyo asedia y toma Consabura (González 2011; Palencia 2013), fortaleciendo el frente sureste de Sertorio. Acto seguido, asciende por el valle del Cigüela a la cabecera del Tajo para alcanzar el Sistema Ibérico y subir por el valle del Jalón hasta el valle del Ebro.

En el valle del Ebro las tropas sertorianas con seguridad encontraron un panorama disperso en cuanto a apoyos y lealtades, con reductos fieles a Roma, como cabe deducir del bronce de Áscoli (*ILS*, 8888), conservado en los Museos Capitolinos de Roma, por el que se concede el 17 de noviembre del 89 a.C. la ciudadanía romana a una serie de hispanos en el contexto de la guerra de los aliados, un grupo de jinetes al parecer reclutados en Salduie, de ahí el nombre de *turma salluitana* con el que se les reconoce en este bronce epigráfico. Posiblemente fueron reclutados por el mismo Valerio Flaco que había derrotado a los celtíberos sólo dos años antes (Pina 2009b, 226-227) y combatieron en el asedio de Asculum bajo las órdenes de Pompeyo Estrabón. Cabe preguntarse sobre el posicionamiento de estas élites indígenas en este nuevo conflicto, pero es muy posible que se mantuviesen fieles a Roma (Amela 2000, 2002, 2019). Autores, como Spann (1987, 72), sostienen que la cita de Orosio V, 23, 4 indica que el ejército de Hirtuleyo era mayor que el de Manlio, quien tras su derrota (Pina 2009b, 228) se retiraría a las proximidades de Ilerda (Sal., *Hist.* 1, 222) creando una línea defensiva en la zona baja de los ríos Segre y Cinca, mientras Hirtuleyo haría lo propio en el curso del Ebro (García 1991, 114). El procónsul romano sin duda quería mantener a toda costa una cabeza de puente en la Citerior, sabedor de su importancia estratégica y del interés de Sertorio en consolidar una zona que hiciese posible el paso hacia Roma (Salinas 2014, 26). Hirtuleyo realizaría las acciones que estimase necesarias para aunar las voluntades de las ciudades de esta zona, y hasta quizás hiciese una primera toma de contacto con grupos galos, que el año siguiente atacarían la propia Narbo (Ciceron *Pro Fonteio* 9, 20; 20, 46). De hecho, parece que Manlio se retira este mismo año a Galia, siendo atacado por tribus aquitanas (Manchón 2016, 69).

El general sabino había abierto una vía directa de penetración hacia el valle del Ebro, preparando el terreno para la campaña del año siguiente. Una de esas acciones pudo ser el sometimiento de Contrebia Belaisca, una ciudad que con muchas probabilidades fue fiel a Roma (Jordán 1999), pero que, dados los importantes niveles de destrucción que arroja para esta cronología (Hernández y Gutierrez 2014), tendría que ser controlada en este momento por Hirtuleyo dentro de sus acciones contra Manlio, para evitar así un núcleo hostil en su retaguardia.

Quinto Sertorio decide trasladar a Hirtuleyo al frente sur el año siguiente, el 77, para mantener a Metelo inmovilizado con la orden expresa de no entablar combate directo con él, mientras el personalmente se traslada al valle del Ebro, controlando antres la Carpetania con el asedio y la toma de la ciudad de *Caraca*, ubicada en el cerro de la Virgen de la Muela, en Driebes, Guadalajara (Gamo y Fernández 2017), en el corredor del Henares (Bernárdez y Guisado, 2019; Cerdeño y Gamo 2016, 179), pese que en su momento se propuso asimilar esta Caraca con la Contrebia que citará inmediatamente Livio (García 1991, 153). A la necesidad de dejar esta zona, la Carpetania, controlada, se suma la de mantener un acceso abierto al Mediterráneo, que resultaba esencial para Quinto Sertorio. Pese a que las fuentes no comentan nada en este sentido, actuaciones posteriores, además de la conocida filiación sertoriana de ciudades como *Dianium*, la actual Denia, encuentran su justificación en el control previo de esta franja de la costa hispana (Pérez 1992, 131; Pérez 2014; Sala *et al.* 2013, 202; 2014).

Según Livio (*Per.* 91) Sertorio asedió durante cuarenta y cuatro días una Contrebia, una ciudad de ubicación controvertida. Hay tres Contrebias candidatas a haber sufrido este severo asedio: Contrebia Carbica, correspondiente al yacimiento de Fosos de Bayona, en Huete, Cuenca (Abascal y

Ripollés 2000, Lorrio y Sánchez 2000-2001, Almagro y Lorrio 2006-2007, Lorrio et al. 2013, 298-299; Romeo 2018), *Contrebia Belaisca*, en el yacimiento del Cabezo de las Minas, Botorrita, Zaragoza, y Contrebia Leukade, en Inestrillas, La Rioja (Hernández 1982). Hay argumentos a favor y en contra en cada uno de estos emplazamientos para ser la candidata de este ataque sertoriano, máxime cuando en todos estos yacimientos se documentan niveles de destrucción con cronologías compatibles con este episodio (Romeo 2018, 172; Beltrán 2002, 50-51; Hernández 2003, 63).

A favor de los que consideran que la Contrebia asediada es la Belaisca (Schulten 1949, Spann 1989, García 1991, 160–161) está la localización de importantes niveles de destrucción de estas fechas con la presencia de numerosos proyectiles de *ballista* en el yacimiento de Botorrita (Blé 2011, 237), más de 27 en un solo tramo de derrumbe y varios de un talento de peso en el foso (Hernández y Gutiérrez 2014, 398-400), lo que indica el uso de artillería de torsión de gran calibre en un asedio importante, además de la intensa romanización y el papel relevante de esta ciudad en la organización y gestión del territorio que se desprende de los bronces epigráficos recuperados en este yacimiento (Beltrán y Beltrán 1996). En contra, la ya mencionada proximidad al río Ebro (18 km. siguiendo el río Huerva), la distancia existente con el territorio berón, a un mínimo de 150 km., y el hecho de que Hirtuleyo ya había abierto esta vía el año anterior, como hemos visto, además de que todavía no se ha podido situar con exactitud este nivel de destrucción, que hay quien encuadra también en las guerras civiles de César (Hernández y Gutiérrez 2014, 394). Dado lo intenso del asedio, soy partidario de encuadrar este asedio en el *bellum sertorianum*, ya que el posterior conflicto civil romano fue sustancialmente diferente en estrategia y tácticas al que nos ocupa ahora.

Finalmente, Contrebia Leukade, en Inestrillas, La Rioja, sería perfectamente compatible con el pasaje del ataque de berones y autrigones dada su proximidad (Hernández 1982,

230; Pina y Pérez 1998, 252; Gómez 2001, 36-37; Salinas 2014b, 25), y quizás el texto relativo a la ulterior marcha de Sertorio hacia el Ebro tenga su justificación en la distancia del yacimiento al río, 33 km, y el posterior descenso aguas abajo hacia Castra Aelia, sobre todo si el sabino accedió a esta ciudad abandonando el curso del Jalón a la altura de Bilbilis o quizás por la vía del valle del Aranda, presidido por la potente ciudad de Aratis (Fatás y Romeo 2021). Quizás sea esta la explicación más lógica, ya que así Sertorio podría haber controlado una zona, como la del río Aranda, altamente estratégica por sus recursos mineros en hierro, cobre y plata y su especialización en metalurgia (Romeo 2016, 85-86), un recurso especialmente importante para cualquier ejército de la antigüedad.

El análisis de los textos de Livio aporta un elemento más de duda cuando, al referirse más adelante a la campaña del 76 a.C., el patavino comenta expresamente: «*Postero die M. Marium quaestorem in Arevacos et et Cerindones misit ad conscribendos ex iis gentibus milites frumentumque inde Contrebiam quae Leucada appellatur comportandum*». Al precisar «*Contrebiam quae Leucada appellatur*» parece que Livio quiere distinguir esta Contrebia de la anteriormente citada en el mismo párrafo y que fue la asediada. En este sentido hay que recordar las palabras de Manchón cuando dice que «una noticia puede estar desplazada de su posición adecuada en la secuencia de eventos para ordenar el material en una manera más lógica o agradable, o para crear un énfasis diferente y un mayor efecto dramático que el que pudiese ser logrado por una narrativa estrictamente cronológica» (Manchón 2014, 159).

Se plantea de este modo un problema de difícil solución para ubicar con seguridad la Contrebia asediada. Queda una última posibilidad; quizás el sabino atacó este año 77 a.C. tanto Contrebia Carbica como la Leukade. El asedio y control de ambas tiene sentido dentro del cuadro de operaciones desplegado por el sabino; la primera domina una vía de acceso vital hacia el Mediterráneo y la segunda refuerza la retaguardia, en unión con la ciudad aliada de Kalakoris/

Calagurris. La homofonía entre las dos ciudades explicaría la falta de precisión o confusión de las fuentes y daría sentido a los hechos narrados. Faltaría saber si Contrebia Carbica era hostil a Sertorio o abrazó espontáneamente su causa, ya que la existencia de una trama urbana hipodámica en una amplia zona de este yacimiento en fechas anteriores a este conflicto (Romeo 2018, 178-179, fig. 11) parece sugerir una implantación itálica previa que más tarde pasaré a analizar.

Livio nos dice que tras controlar esta zona Sertorio se desplaza hacia el Ebro a pasar el invierno. «*Ibi hibernaculis secundum oppidum quod Castra Aelia vocatur*» (Liv., Per. 91). Se han propuesto hasta cuatro ubicaciones diferentes para Castra Aelia; Schulten la situó sumariamente en la desembocadura del Jalón, se ha situado en el yacimiento de El Castellar, entre Zaragoza y Alagón (Pina y Pérez 1998), en Fitero (Olcoz y Medrano 2006) y en el yacimiento de La Cabañeta, en El Burgo de Ebro (Ferreruela y Mínguez 2003; 2006). Frente a la ubicación en la desembocadura del Jalón o aguas más arriba del Ebro, o a la consideración de que incluso nunca llegó a existir Castra Aelia como tal y que cabría leer *castra alia* (García 1991, 164), actualmente gana peso la teoría de que este *Castra Aelia* corresponde al yacimiento de La Cabañeta, en el Burgo de Ebro (Gozalbes 2000, 200-203; Díaz y Mínguez 2019, 241), reducción que comparto plenamente tanto por las características del yacimiento como por la coherencia de su ubicación dentro del cuadro de operaciones sertoriano.

Cuando Livio nos comenta que Sertorio había dado orden de que cada ciudad fabricase armas, reuniendo obreros escogidos y estableciéndolos en talleres públicos (*officina publica*) para preparar todos los instrumentos de la guerra, abre múltiples posibilidades (*vid.* Quesada 2009, 182-185), y parece situar cronológicamente la fortificación de algunas ciudades indígenas que jugaron un papel fundamental en el abastecimiento y la estrategia de Sertorio, como Los Castellazos, en Mediana de Aragón, a pocos kilómetros de Castra Aelia, una ciudad indígena que se fortifica con secuencias de tres fosos de más de veinte metros de anchura cada uno presididos por una *turris* de factura inequívocamente romana y que presenta una destrucción y abandono compatible con estos convulsos momentos (Romeo 2002, 172; 2017, 110-112).

La llegada de Perperna a Hispania alertó al Senado romano, que otorgó poderes especiales a Pompeyo (Spann 1977, 53; Amela 2003; 2019, 10-13). Cneo Pompeyo Magno partiría de la península itálica entre abril o mayo del 77 (García 1991, 144) o finales del verano de ese mismo año (Amela 2019, 14) con unas cinco o seis legiones (Amela 2019, 12) y, tras un intenso periplo en el que hubo de someter a Alógobres, Helvios, Rutenos, Voconcios, Volscos y Tectosages con el único apoyo de las ciudades de Narbo y Massalia (Amela 2019, 25), llegaría a los Pirineos justo a tiempo para establecer los cuarteles de invierno. Los duros enfrentamientos con los galos, junto con la presencia de Hirtuleyo en el valle del Ebro, han dado pie a hablar de una posible alianza de estos pueblos con Sertorio (Holmes 1923, 142; Sampson 2013, 175), algo que no es posible confirmar, pero que entraría dentro de lo posible dado que conocemos embajadas de Sertorio a puntos mucho más alejados.

Sobre la fecha de la llegada de Perperna a la península ibérica no hay consenso; algunos como Grispo (1952, 216) situan su llegada durante el verano del 77, Spann y García en septiembre (Spann 1987, 84; García 1991, 170-171), y Scardigli en invierno (Scardigili 1971, 252). El lugar del desembarco tampoco está claro. Schulten propuso para el desembarco *Dianium*, aunque García considera más probable que fuese en Dertosa (García 1991, 171). En este caso quizás el investigador alemán haya acertado, además, contamos con las citas de Estrabón III, 4, 6 y Salustio, *Hist.* I, 124, que no dudan en calificar el puerto de *Dianium* como la base marítima de Sertorio (Sala *et al.* 2013). No parece que Perperna ascendiese por el por el Ebro para unirse con Sertorio, como se propuso en su momento (Marco 1985, 32); considero que simplemente huyó a una zona no controlada por sus enemigos hasta que los acontecimientos lo forzaron a una unión militar no deseada.

Prueba del control del territorio por parte de Sertorio es la creación de la famosa escuela de Osca (Plut., *Sert.*, 14, 5; Garcés 2002) probablemente el otoño o invierno del 77 al 76 a.C., y no en verano como sostiene Spann (1987, 167). Como acertadamente señala Manchón (2014, 167), estos niños podrían ser los hijos de los reclutados por Pompeyo Estrabón para Asculum el 89 a.C. lo que explicaría el fin que les esperaba, que ya vimos en su momento.

Actualmente se tiende a considerar que Sertorio hizo de Bolśkan/Osca su capital, y tanto el hecho de que se ubicase aquí el *collegium*, como las emisiones monetales parecen incidir en ello. En efecto, la aparición de cuños de *Bolśkan* en ciudades tan alejadas como la Bilbilis celtibérica, en el yacimiento de Valdeherrera (Galindo y Domínguez 1985, 585-602; Sáenz y Martín 2015, 101) o en Guadalajara (Stylow 2005, 252) y la masiva aparición de una cuarta emisión de moneda de Bolśkan, constituida únicamente por denarios y ases (Domínguez y Aguilera 2014, 95) en tesorillos (Salinas 2014b, 35-39), como los 168 denarios encontrados en la Muela de Taracena (Gil, 1980), o niveles y contextos asociados a destrucciones de mediados de la primera mitad del siglo I a.C., sugiere la posibilidad, cada día más sólida, de que hubiese varios talleres itinerantes de esta moneda, siempre en la órbita sertoriana (Gozalbes 2008, 199). Pese a que otras ciudades indígenas acuñaron denarios, siempre con tipología estrictamente ibérica (Quesada y García-Bellido 1995, 65-73), para sufragar los costes de la guerra, como Tuŕiasu, Śekobiŕikes, Aŕekorata o Ikalesken, las emisiones de Bolśkan fueron realmente masivas. Tanto es así que Richard (1972, 51 y ss.) afirma taxativamente que las monedas de la Narbonense son indicadoras de la presencia de los *optimates* como las del Bolśkan lo son de Sertorio.

Sertorio habría reunido en sus cuarteles de invierno, posiblemente en Castra Aelia (García 1991, 194; Salinas 2014b, 27), a un buen número de ciudadanos romanos asentados previamente en la zona, que jugarían un papel relevante como nexo con las poblaciones indígenas; en este momento las ciudades de fundación romana son anecdóticas y la intensa romanización de esta zona, promovida ya desde comienzos del siglo II a.C. y facilitada e impulsada por la paz de Graco (Romeo 2016, 83-84; García 2006, 90), haría habitual la presencia de ciudadanos romanos, *mercatores* y guarniciones sobre todo, en las ciudades ibéricas y celtibéricas.

Las cartas enviadas a Herennio, que ya se encontraba en la desembocadura del Ebro y que debía ser reforzado por Perperna, muestran claramente el control sertoriano efectivo de la zona ilercavona (Oliver 2018, 87) al comienzo del 76 a.C.

El Libro 91 del epítome de Tito Livio sigue siendo un documento excepcional para esta etapa, aportando detalles precisos sobre los acontecimientos. Livio nos cuenta que en este momento Sertorio decide avanzar contra Berones (Castro 2019; García 2020) y Autrigones por su manifiesta hostilidad, mientras que otras ciudades fueron fieles al sabino hasta el final, como Kalakoris/Calagurris que emitió moneda en este momento, presumiblemente para financiar al ejército sertoriano (Amela 2014; Romeo 2016, 75-76). Se dirige Sertorio hacia *Vareia* y, según Livio, «*in confinio Beronum posuit castra*»... Quizás sea este el campamento localizado en las inmediaciones de Fitero (Olcoz y Medrano 2006).

Los textos de Orosio (V, 23, 9) y Frontino (I, 4, 8) sitúan a finales de la primavera a Pompeyo reuniendo su ejército en el río Palancia (García 1991, 215-216) con el fin de ayudar a la ciudad de Lauro, que estaba siendo, al parecer, asediada por Sertorio (Plut., *Pomp.* 18; Frontino, *Strat.* II, 5, 31; App., *B.C.* I, 109, 510-511; Orosio V, 23, 6-7; Sal., *Hist.* II, 29-31). Ya hemos comentado la batalla junto a esta ciudad, que, frenter a posturas más tradicionales (Tarradell 1965 o Spann 1997) recientemente se ha propuesto situar en el valle del Ebro (Noguera 2022). El valle del Ebro se convierte así en una zona estratégica, sometida a un gran estrés bélico, como se viene denominando recientemente (Ñaco 2017). Pompeyo hubo de retirarse, pero dejó atrás a parte de su ejército que, si hacemos caso a Salustio, fue enviado a Cartago Nova para asegurar este puerto vital (Sal., *Hist.* II, 56-57). En concreto, parece que había enviado al cuestor Memmio, que fue sitiado después por tropas sertorianas (García 1991, 228-229).

Tras *Lauro,* Sertorio tenía asegurado a mediados del 76 a.C. un buen tramo de costa (*figura 8*), pero en ese momento se produjo un acontecimiento que, a mi juicio, fue el detonantes de la derrota final de Sertorio; la destrucción del ejército de Hirtuleyo en Itálica a mano de Quinto Cecilio Metelo Pío y el derrumbe del frente sur (Frontino, *Strat.* II, 1, 2; Orosio V, 23, 10, Liv., *Per.* 91; Sal., *Hist.* II, 28-59).

Hirtuleyo había recibido varias veces la consigna de aislar a Metelo y no enfrentarse a él, pero parece contravenir esta orden directa y se interna en territorio controlado por el enemigo sufriendo una derrota total en Italica… (Frontino, *Strat.* II 1-2; Orosio V, 23, 10; Liv., *Per.* 91). ¿Por qué? Hay dos posturas al respecto. Spann consideró en su momento (1987, 105) que Hirtuleyo tras ser conocedor del éxito en *Lauro* quiso rematar él solo a Metelo. Por el contrario, otros creen que Metelo fingió una retirada de Sierra Morena para atraer a Hirtuleyo, consiguiendo que lo siguiese penetrando en territorio enemigo (García 1991, 233), lo que me parece más coherente.

A comienzos del 75 a.C:, Sertorio se dirige hacia el litoral Mediterráneo a ocupar la cabecera del Júcar y encarga a Hirtuleyo que le cubra la retaguardia, impidiendo a cualquier precio la aproximación de Metelo (Salinas 2014, 27). Spann 1987, 109 ha querido ver en Hirtuleyo sed de venganza por la derrota del año anterior, que se vio abocado a salirle al paso a Metelo, que estaba remontando el Betis hacia Sertorio (García 1991, 244). En la primavera del 75, quizás cerca del río Anas y de la ciudad de Segoviam si hacemos caso a Floro II, 10, 7, en una zona que se ha querido situar en el paraje de la Isla del Castillo, a 8 km. de Écija (Bonsor 1931, 12-14; Tovar 1974, 113-114), Quinto Cecilio Metelo Pío y los hermanos Hirtuleyo entablan combate formal. El resultado es contundente; «*Hirtulei fratres interfecti*» (Orosio V, 23, 12) y el ejército sertoriano destruido. La muerte de los dos hermanos y la desaparición de su ejército obligaran al sabino a modificar sustancialmente los planes, abriendo un nuevo capítulo en este *bellum,* que finalizará con su derrota final.

Mientras tanto, Pompeyo descendió por la costa hacia la línea defensiva establecida por Perperna y Herennio en el río Turia. La cita de Orosio V, 23, 11 relativa a la toma de la ciudad de *Belgida,* que Salustio II, 98, 5-6 precisa que se produjo en *expeditiones hibernas,* lleva a pensar que comenzó esta marcha al sur en los mismos comienzos del mismo año 75, todavía en invierno (García 1991, 241). La más que probable identificación de Belgida con la ciudad celtibérica de Belikiom, en las inmediaciones de la localidad zaragozana de Azuara (Asensio 1995, 63; Royo 1992), hace valorar la posibilidad de que Pompeyo descendiese por la costa con un importante cuerpo de ejército asegurando su flanco vulnerable, por el interior, si hacemos caso a Orosio. No obstante, desde un punto de vista geoestratégico lo más lógico es que dicho asedio y destrucción se produjese avanzado el año, con Pompeyo persiguiendo a Sertorio.

Plutarco, *Pomp.* 18 nos cuenta que los sertorianos son derrotados cerca de *Valentia* por la poca previsión de Perperna, mientras que Salustio (*Hist.* II, 53-53) nos proporciona más detalles, indicando que el general se vió atrapado frente a Pompeyo con una ciudad a su izquierda, *Valentia,* un río a la derecha y el mar a su espalda. La derrota fue dura y *Valentia* fue tomada por Roma con violencia y crueldad extrema (Ribera 2014, 69-72).

Los escritores clásicos coinciden en afirmar que el sabino prefería enfrentarse a Pompeyo antes que a Metelo (Plut., *Sert.* 19,1-11; *Pomp.* 19; App. *BC* I, 110, 512-513; Floro II, 10; Liv., *Per.* 92), por lo que desplaza el ejército hacia el norte, para esperar al ejército de Pompeyo en el río Sucro, nuestro actual Júcar (Plut., *Sert.* 19, 2). Pompeyo fue rebasado por Sertorio el primer día de combate (Pérez 2014, 55-58), y sólo la llegada por sorpresa de Metelo el segundo día desde el sur, por uno de los flancos del ejército sertoriano, libró al Magno de otra humillante derrota, siendo Metelo el auténtico vencedor (Livio *Per.* 92). El general *optimate*, tras acabar con los hermanos Hirtuleyo se había dirigido a máxima velocidad a contactar con Pompeyo, progresando por la vía Heraclea y destruyendo a su paso algunas ciudades como Libisosa (Uroz y Uroz 2014, 214).

Tras esta confrontación, el ejército sertoriano se repliega hacia el norte, quizás esperando apoyo de la flota de los piratas cilicios. Allí se entabla un nuevo combate (Plut, *Sert.* 21. 1-4; App. *BC* I, 110, 515; Sal., *Hist.* II, 64), solo una escaramuza en opinión de Spann (1984, 116-119), pero que supuso la muerte de C. Memmio y en la que incluso el general Metelo fue herido (Salinas 2014, 29). El ejército sertoriano se debe retirar nuevamente, pero esta vez hacia el interior peninsular, parapetándose en una ciudad montuosa y fortificada, reparando sus muros y asegurando las puertas (Plut., *Sert.* 21, 1-4), una ciudad de la que desconocemos más datos. Esto devolvió a Roma el control de buena parte de la costa Mediterránea, salvo algunas zonas aisladas que seguirían bajo control sertoriano, unidas solamente por el control efectivo del mar por los piratas, un dominio que parece que no llegaría más allá de la desembocadura del Ebro (García 1991, 262).

No estamos en condiciones de afirmar taxativamente si el pasaje que describe Livio (*Per.* 92) de un Sertorio asediado en *Clunia* por Pompeyo se puede llevar a este momento (García 1991, 264) o pertenece al año anterior (Konrad 1995, 160) pero sí que parece claro que el Magno decidió internarse en la margen derecha del valle del Ebro, con seguridad con el apoyo de pueblos reprimidos por Sertorio como Lusones y Berones, entablando combates en la zona norte de Celtiberia, como se deduce del célebre pasaje narrado por Salustio *Hist.* II, 91, donde se narran las diferentes posturas tomadas en cada una de las ciudades celtibéricas y el papel de las mujeres para llevar a la *iuventus* celtibérica a una posición beligerante

(Ciprés 1990). En este contexto tendría también sentido el asedio y toma de Belgida/Belikiom, teniendo que retrasar la campaña de invierno citada por Orosio de comienzos del 75 a.C. a finales de ese mismo año.

Los datos de esta fase de la campaña, anecdóticos en las fuentes, provienen en su mayor parte del registro arqueológico de numerosos yacimientos y de la localización de varios campamentos. Así Salinas (2014b, 27) opina que Pompeyo establecería un *castra stativa* en el valle de Araguren (Armendáriz 2005, 41-64; Beltrán 1990, 211-226; Díaz 2008, 84) para descender después a terreno lusón, remontando el curso del Ebro. Pompeyo ordena al legado Titurio invernar con quince cohortes en Celtiberia «a la cabeza de sus aliados» (Salustio *Hist.* II, 94), quizás en los campamentos de Renieblas IV y V en opinión de García (1991, 272), aunque yo mantengo mis reservas sobre esta posición, que implicaría que los arévacos serían en este momento aliados. Salinas opina que cabe identificar este campamento de Titurio con el localizado en las inmediaciones de Fitero (Medrano y Remírez 2009). Pompeyo seguiría su avance, devastando los campos de Termancia y aprovisionándose de trigo (Salustio *Hist.* II, 95), llegando quizás hasta Clunia como hemos visto anteriormente, e invernando en territorio vacceo (Konrad 1995, 187), posición que quizás sea compatible con la precisión de «*remotus in Vascones*» que nos da Salustio *Hist.* II, 93. La tradición de suponer a Pompeyo invernando y fundado *Pompaelo* (Pina 2009, 196-202) parte de la traducción de Schulten de 1937 (*FHA* IV, 220), aunque hoy en día se pone en duda; de hecho la mención a una ciudad próxima al campamento de invierno llamada Mutudurei parece ponerse en relación con el hidrónimo Duero (Jordán 1999).

El asunto de la búsqueda de apoyo de Mitridates IV del Ponto ha hecho correr ríos de tinta (De Michelle 2005; García 1991c; Gelzer 1932; Pina 2009b, 228). No he querido entrar con mucho detalle en este asunto, ya que nos iríamos de los límites que la lógica y la paciencia del lector nos sugieren, y nos quedaremos con que Sertorio esperaba de su nuevo aliado apoyo económico, suministros y una flota.

Como ya comentamos, los datos sobre los últimos años de la guerra de Sertorio son realmente muy reducidos (Salinas 2014, 29). Salustio y Plutarco no mencionan nada más que la conjuración contra Sertorio y su asesinato (García 1991, 305), y solo contamos con Livio hablando del asedio de Pompeyo y Metelo a Calagurris, y con Apiano, Estrabón y Frontino que proporcionan pocos datos más.

Desde los Pirineos, Metelo remonto el Ebro para unirse a Pompeyo (App. *BC* I, 112, 522), abastecerle y planificar la campaña. No sabemos si Quinto Cecilio Metelo Pío bajó por la costa para subir por el Ebro o si se internó por el interior, cruzando territorio ilergeta por la vía romana que se dirigía hacia el interior peninsular, existente ya a mediados del siglo II a.C. (Járrega 2019, 146). Si quedaron focos y núcleos rebeldes muy posiblemente fueron anulados (Salinas 2014b, 28) o, de algún modo, embolsados y neutralizados. La rapidez de los movimientos de Metelo incide en esto mismo; de haber sido territorio hostil hubiese sido necesario proteger los flancos, rastrear previamente el territorio y desplegar toda una serie de medidas tácticas de protección, habituales en marcha de campaña, que la hubiesen ralentizado. La unión de ambos generales se tuvo que producir en una zona no muy distante de Kalakoris/Calagurris, ya que Liv., *Per.* 93 especifica que ambos, Pompeyo y Metelo, deciden asediar y tomar juntos esta ciudad (Pina 2006, 123; Cinca *et al.*, 2003).

El escueto comentario de Estrabón II, 4, 13 al afirmar que Metelo toma en este momento Bilbilis y Segobriga nos permite identificar la vía tomada por el general hacia el sur; el valle del Jalón, la puerta de acceso al sur peninsular. No todas las ciudades se enfrentaron al ejército de Roma, como parece indicar la tésera de hospitalidad de Fuentes Claras (Díaz 2008; Salinas 2014b, 28), y Metelo llego a la Ulterior sin demasiadas complicaciones, donde fue recibido con celebraciones (Plut., *Sert.* 22, 2-4; Sal., *Hist.* II, 70).

De Pompeyo sabemos que se dirige hacia el oeste y asedia Pallantia (App., *BC* I, 112, 524) y *Cauca* (Frontino II, 11, 2), en territorio vacceo.

Una serie de noticias dispersas nos hablan de conflictos en puntos alejados del supuesto frente de combate; así tenemos la toma de Cale, en Gallaecia, por Perperna (Sal., *Hist.* III, 43) y un ataque a Dianium (Sal., *Hist.* III, 6), que seguía en manos sertorianas, por M. Antonio Crético (Schulten *el al.* 1937, 232). Quizás el pasaje de Cales nos esté indicando la búsqueda del apoyo de los Braccarenses a la causa sertoriana (García 1991, 325), dada la pérdida del valle del Ebro.

Tras esta campaña Pompeyo se retira al valle alto del Ebro para pasar a invernar en la Galia, en un momento en el que es probable que todo el noreste estuviese controlado por Roma, incluso ciudades como Bolśkan/Osca e Iltirta/Ilerda en opinión de García (1991, 329), aunque Salinas (2014, 30) considera que existirían en el valle medio del Ebro importantes ciudades todavía en manos de Sertorio.

Para la campaña del 73 aC. sólo tenemos a App. *BC* I, 113, 525-526, comentado brevemente que muchas ciudades fueron arrebatadas a Sertorio, y Estrabón III, 4, 10, que precisa que Ilerda, Osca, Calagurris y zonas costeras de Tarraco y Hemeroscopeion/Dianium «fueron testigos de los últimos esfuerzos de Sertorio tras su expulsión de entre los celtíberos».

Con estos breves textos resulta imposible dibujar con precisión el cuadro de operaciones de esta campaña. La estrategia de Pompeyo parece que funcionó perfectamente, alejando a Sertorio de las zonas con mayor posibilidad de aprovisionarle de tropas y recursos. Sertorio se encontraba con un ejército disminuido, con deserciones continuas, intentando mantener algunas plazas, pero sin controlar ya casi ningún territorio de forma efectiva. Siendo conscientes de la importancia del valle medio del Ebro me cuesta mucho pensar que los generales Metelo y Pompeyo hubiesen dejado sin someter algunas de las ciudades más importantes de este territorio como Bolśkan o Iltirta, tanto por motivos estratégicos, como propagandísticos. Releyendo a Estrabón, estas ciudades serían sometidas este año 73, dentro de esos ataques que comenta Apiano (García 1991, 337).

El ejército de Sertorio mostraría ya un avanzado estado de descomposición, como cabe deducir de las fuentes (App. *BC* I, 113, 526) y de la promulgación de *Lex Plauta de reditu lepidanorum*, una Ley que parece hecha a medida para favorecer precisamente las deserciones sertorianas, aunque hay dudas respecto a su fecha, entre el 73 y el 70 a.C. (García 1991, 340).

Desde un punto de vista estrictamente estratégico tiene sentido la opinión de García (1991, 338) quien opina que el *limes* bélico se situaría en el curso bajo del Duero, con un Sertorio arrinconado «en algún lugar del ángulo noroccidental de Hispania», una zona a la que el sabino ya se había retirado antes.

Vayamos con el asunto del asesinato de Sertorio (Sal. *Hist.* III, 81; Liv., *Per.* 6; Plut., *Sert.* 25-26; App., *BC* I, 113, 528). Solo dos fuentes nos precisan dónde se produjo: Estrabón III, 4, 10 y Veleyo II, 30, 1 y ambos la sitúan en Bolśkan/Osca.

Hay dos posiciones al respecto: por un lado, García (1991, 347) opina que no pudo ser asesinado en Bolśkan/Osca, ya que esta ciudad estaría ya bajo el control de Roma quizás desde el 74 a.C. y con seguridad desde el 73, proponiendo para su final una zona entre Lusitania y los vacceos. Esta postura es perfectamente compatible con los movimientos de ejércitos que hemos visto y resulta difícil pensar que, controlando Roma buena parte del territorio, Sertorio se pudiese desplazar desde la zona vaccea hasta esta ciudad sin ningún tipo de problema. Por otro lado, autores como Salinas (2014, 30) dan verosimilitud a las fuentes, ya que tras la derrota definitiva de Perperna a manos de Pompeyo, Floro 2, 10, 9 comenta el ataque a ciudades fieles a Sertorio tras su muerte, citando Osca, Termes, Clunia, Valentia, Uxama y Calagurris. Exuperancio 8 solo cita Uxama, Clunia y Calagurris. Ninguna de estas ciudades se ubica en Lusitania, donde en opinión de García había acabado Sertorio. La fiabilidad de Floro queda bajo la sombra de la duda al incluir en esta nómina Valentia, que ya hemos visto que fue tomada por las tropas pompeyanas el 75 a.C., aunque es segura, como ya he comentado, la existencia de ciudades como Kalakoris/Calagurris que deciden resistir hasta el final. La cuestión dista mucho de estar cerrada y no existen más criterios por el momento para dirimirla satisfactoriamente. Personalmente creo que Sertorio no pudo ser asesinado en Bolśkan/Osca por varios motivos. En primer lugar, por la escasa relevancia de las fuentes en relación con los hechos narrados, solo Estrabón y Veleyo. Estrabón escribe con relativa proximidad temporal y su fuente para la península ibérica es Posidonio de Apamea y su *Historia*. Este escritor mantuvo algún tipo de relación personal con Cneo Pompeyo, pero su relato acaba el 85 o 84 a.C. (Urias 1993, 58). A esto hay que sumar el hecho de que la cita de Estrabón no deja de ser una acotación al margen dentro de su obra geográfica, con las dudas que ello implica. En segundo término, realmente dudo que esta ciudad estuviese en estos momentos todavía bajo control sertoriano. Ni su situación, ni su relevancia parecen permitir que pasase inadvertida para los ejércitos de Roma, que poseían desde el 74 a.C. el control efectivo del curso medio del Ebro. Se trata de una ciudad altamente estratégica, que controla la margen izquierda del Ebro hasta los Pirineos.

Tras el asesinato de Quinto Sertorio, Perperna prosigue el combate enfrentándose diez días después a Pompeyo (App. *BC* I, 114, 529-538; Plut., *Sert.* 27; Plut. *Pomp.* 20, 4-6; Sal., *Hist.*, III, 84; Liv., *Per.*, 96; Frontino II, 5, 32; Veleyo II, 30, 1; Orosio V, 23, 13). Buena parte del ejército sertoriano se había unido ya a Pompeyo o a Metelo, y muchos de los aliados hispanos habían vuelto a sus ciudades. Por ello, y por la ineptitud de Perperna según las fuentes, Pompeyo vence sin mayor problema. Tras la ejecución de Perpenna todas las ciudades hispanas pasan a control de Roma (Plut. *Sert.* 27), salvo unas pocas como Uxama o Kalakorikos/Calagurris, que resistirán hasta sus últimas consecuencias, siendo devastadas por Afranio (Sal. *Hist.* III, 86; Val. *Max.* 7, 6; Floro, 2, 10, 9 y Orosio 5, 23, 14). La población de Kalakoris será deportada hacia la Galia (Pina 2006), junto con vettones y celtíberos (Pina 2004, 204; 2009c).

Metelo parece que vuelve a Italia el 72 a.C. y Pompeyo lo hace al año siguiente, el 71 (García 1991, 357-358), acabando con los focos rebeldes que pudieran quedar, estructurando los territorios y sus recursos de acuerdo al ordenamiento y aprovechamiento de Roma y al suyo propio y afianzando una potente red clientelar (Amela 2003b). No se olvida de erigir un monumento en los Pirineos, para que todo el que pasase por allí recordase y supiese lo que había hecho (Amela 2016b; Manchón 2012).

Llegados a este punto, hemos visto que Quinto Sertorio desde un primer momento fijó sus ojos en el valle del Ebro como la puerta del acceso terrestre hacia Italia. Así, tras desembarcar el 80 a.C. y asegurar su posición, el mismo 78 envió rápidamente a su lugarteniente Hirtuleyo por el valle del Jalón para asegurar esta estratégica zona, a la que acudirá con el grueso de su ejército el año siguiente, el 77.

No creo que se pueda llegar a afirmar con seguridad que las zonas más romanizadas serían sertorianas, y las menos romanizadas más favorables a Roma, como se afirmó en su momento (García 1991, 281), pero sí que es cierto que hay que valorar el importante papel que en el proceso de colonización tuvieron *mercatores*, colonos y soldados, *homines noui* y otros itálicos no ciudadanos (Marín 1988, 174), más afines en principio a los postulados *populares*. De hecho, para algunos autores la guerra sertoriana no es sino el epilogo de la guerra social, haciendo los *populares* suyas las causas de estos *homines noui*, que buscaban su participación plena en todo el sistema político romano (Plácido 1989). El importante papel de *mercatores*, y otros ciudadanos romanos ajenos a las *gentes* y familias relevantes, en la romanización de *Hispania*, fue considerado con seguridad por Sertorio como una llave importante para concitar la unión de todos aquellos reprimidos por Sila en su momento, itálicos no ciudadanos o, simplemente, de los ciudadanos romanos situados fuera de la órbita *optimate*. En este sentido debemos entender el Senado formado por Sertorio en Osca, que buscaba legitimar el movimiento sertoriano como la auténtica república frente a la usurpación de Sila y su epílogo (Spann 1987, 86; Scardigli 1971, 229-270; Gabba 1973, 427-432; García 1991, 179–183; de Michelle 2005, 277).

La contrastada presencia de asentamientos de planta hipodámica y urbanismo romano, como pueden ser La Cabañeta o La Caridad, y otros que muestran en momentos tempranos termas y templos *in antis,* como el Cabezo de Alcalá de Azaila, incide precisamente en esta presencia y relevancia de este perfil de itálicos (Salinas 2014, 33). En el mismo sentido se ha señalado la intensa presencia de onomástica de raíz etrusca, osco-umbra y samnita en el valle del Ebro (Gabba, 1973; Roldán, 1993, 86-87) lo que puede justificar las numerosas confiscaciones de tierras realizadas por Sila en el valle del Ebro a favor de sus veteranos (Salinas 2014, 30), un caldo de cultivo favorable al desarrollo de la revuelta popular y al apoyo al sabino.

Una vez asegurada la zona por Hirtuleyo, quizás con el asedio y toma de Contrebia Belaisca ya el 77 a.C., las fuentes nos muestran el 76 a un Sertorio moviéndose en terreno amigo, consolidando pactos, afianzando su poder y castigando a las pocas ciudades que le hostigaron. La cita de Livio sobre el encargo a las ciudades amigas de que fabricasen armas, recordemos la riqueza en este sentido del sistema ibérico (Blázquez 1996; Romeo 2016, 86-86), y el registro arqueológico (Beltrán 2002; Morillo 2006), parecen indicarnos que Sertorio quiso potenciar la autonomía de las ciudades, aprovechando sus potentes sistemas defensivos y reforzándolos en algunos casos, como en Los Castellazos de Mediana de Aragón (Romeo 2017, 110-112), creando un sistema de celdas para contener focos hostiles, así como un sistema de defensa en profundidad para frenar a Roma. El sistema de organización del territorio basado en la autonomía de las ciudades ayudó al sabino a tejer esta red, aunque fue esta misma autonomía la que aceleró el declive de Sertorio, como hemos visto.

Sertorio el 77 hace de Bolśkan/Osca su capital, utiliza sus cuños en talleres itinerantes (Domínguez 1991; Domínguez y Galindo 1984; Medrano y Moya 1988) para emitir moneda, con la que pagar al ejército (Blanco 2022; García 1999; Ripollés 2014) funda la famosa academia, reproduce el conato de senado, reúne a los ciudadanos romanos en un *conuentus* para consensuar las acciones a tomar… controla totalmente el valle del Ebro hasta la costa (Noguera *et al.* 2013, 2022; Ñaco y Principal 2017). Sin duda hubo numerosos fieles a su causa en muchas de las ciudades, tantos y tanto, que llegado el momento muchos quizás no pudieron o no quisieron acogerse a la *Lex Plauta de reditu lepidanorum*, resistiendo hasta el fin en ciudades como Kalakoris/Calagurris, Clunia, Uxama o quizás en la misma Bolśkan/Osca.

Posiblemente no hubo líneas de frente como tal. Sertorio evitó en todo momento la confrontación directa, en batalla campal, porque sabía que a igualdad de pérdidas el perdedor real era él. Buscó desgastar al enemigo haciendo de cada ciudad una plaza fuerte preparada para el asedio. Un asedio formal supone frenar el avance del enemigo, que debe detenerse, montar la artillería de torsión que transporta en carros, incluso circunvalar la ciudad para someterla (Garlan 1974), como hemos visto recientemente para el caso del Cabezo de Alcalá de Azaila (Romeo 2021), con el desgaste que ello supone. Una vez fijado el enemigo a los pies de la ciudad Sertorio es libre de organizar sus movimientos y atacar su retaguardia.

Pompeyo y Metelo fueron plenamente conscientes de ello tras sufrir numerosos reveses en esta situación, como hemos visto. Con la lección aprendida, las campañas del 75 y 74 fueron movimientos precisos. Estamos comenzando a reconocer campamentos estacionales, de marcha (Noguera et al. 2019, 2022; Díaz y Medrano 2003; Durán et al 2015; Espinos *et al.* 2014; Pimeta *et al.* 2014), incluso reaprovechando antiguos campamentos de viejas batallas olvidadas (Gómez y Morales 2002), que son sustancialmente diferentes a campamentos más tradicionales, como el de Cáceres el Viejo. Esto explica los movimientos, *a priori* paradójicos, del ejército de Pompeyo a través de territorios controlados por el enemigo, donde la velocidad fue esencial, facilitada por la red de vías romanas existentes desde la segunda mitad del siglo II a.C. (Járrega 2019, 146). El listado de yacimientos arqueológicos que presentan destrucciones totales y abandonos compatibles con este episodio son abrumadores (Beltrán 2002; Salinas 2014b, 20-32). En la mayoría de los casos no se va a poder nunca dilucidar con total seguridad si la destrucción fue por una u otra mano. Al fin y al cabo, eran dos manos, derecha e izquierda, de un mismo agente, Roma, las que devastaron este territorio.

Encontramos una descarnada definición, pero exacta, del concepto de guerra total en las palabras del general William Sherman quien, para el sometimiento de Georgia en la guerra de secesión norteamericana, afirmaba que «la completa destrucción de carreteras, casas y población mutilará sus recursos militares» (Ruiz 2009, 35). Este concepto de guerra, totalmente inasumible hoy en día, fue aplicado estrictamente por Sertorio, y por Metelo y Pompeyo después. La prolongación del conflicto hizo imperativo cortar las líneas de suministro del enemigo, recurriendo a la táctica de la tierra quemada cuando así fue necesario, como nos recuerda la cita de Salustio *Hist.*, I, 112-121: «*Illo profectus vicos castellaque incendere et fuga cultorum deserta igni vastare*». La arqueología se encarga, con obstinada paciencia, de recordarnos estos términos del conflicto, permitiéndonos incluso reconstruir escenas de violencia extrema, como en el caso de Valentia (Ribera 2014, 72 y Ribera y Calvo 1995) o Libisosa (Uroz y Uroz 2014, 211).

El *bellum sertorianum*, la guerra de Sertorio, fue una guerra total, una guerra de desgaste, no una guerra convencional de enfrentamientos en batallas decisivas. Cada ciudad era un fortín, cada pueblo un reducto, cada casa un riesgo. Sertorio planteó un conflicto estratégico de primer nivel evitando las confrontaciones campales masivas, y no porque no confiase en las capacidades tácticas de sus aliados indígenas. Ha quedado más que acreditado que los ejércitos ibéricos y celtibéricos poseían ya a comienzos del siglo II a.C. las mismas capacidades tácticas que cualquier otro ejército del Mediterráneo. Sertorio planteó este tipo de combate porque era el más ventajoso para él dadas las circunstancias y por ninguna otra razón.

El sabino abrió un amplio abanico de movimientos, como hemos visto, con una clara estrategia; dividir los ejércitos de Roma y abrirse dos vías de paso hacia Italia. Una terrestre, por los Pirineos, y otra marítima, con la ayuda de los piratas cilicios y de Mitridates del Ponto. En todos sus movimientos tuvo buen cuidado de asegurar la retaguardia y los flancos, uno de los principios de la guerra desde la antigüedad hasta el día de hoy, recurriendo cuando fue necesario a aproximaciones indirectas hacia el territorio hostil (Liddel 2019).

La estrategia de Sertorio falló debido principalmente a tres motivos. En primer lugar, se hizo patente el peligro de las transiciones de fase y de las aperturas de segundos frentes (Ruiz 2009, 45), ya que al caer Hirtuleyo en combate frontal frente a Metelo cayó todo el frente sur y, por ende, la salida al Mediterráneo. En segundo lugar, la fosilización de algunos frentes, especialmente el frente sur, jugó en contra del sabino, ya que hizo debilitarse las voluntades y alianzas con los pueblos indígenas sobre todo teniendo en cuenta el tercer motivo; los recursos inagotables de Roma. Y finalmente hay que reconocer el mérito de Metlo y Pompeyo, quienes fijaron y aislando a Sertorio privándole de recursos y sin posibilidad de refuerzos. La estrategia de Sertorio funcionó perfectamente hasta que Roma decidió dar una palmada en la mesa el 75 a.C. enviando más ejércitos y dinero, que es como se solían ganar las guerras.

Quiero finalizar con las reflexiones sobre el mismo concepto de guerra en Roma de un contemporáneo de Sertorio, Marco Tulio Cicerón. Nacido un frío día de enero del año 106 en la ciudad de *Arpinum*, conquistada por Roma el 305 a.C., a la muerte de nuestro protagonista Cicerón contaba con treinta y tres años. Vivió la misma época convulsa y terrible, algo que dejó marcada su obra de tal modo que hay quien ve en ella el germen del Derecho Internacional Humanitario o Derecho Internacional de los Conflictos Armados, al establecer límites al uso de la fuerza y considerar la guerra como *ultima ratio*. De sus palabras extrajo Augusto el discurso que acabo plasmado en el *ara pacis*: «Deben guardarse en la República con suma exactitud los derechos de la guerra (porque en la guerra se suelen pasar fácilmente los límites de la moderación, aunque la justicia pide que nadie se haga en ella sino por tener paz). Porque habiendo dos maneras de contender, una por la disputa y otra por la violencia, de las fieras, se ha de recurrir a la segunda cuando no se pueda usar la primera. Y así se han de emprender las guerras por vivir en una paz segura».

Según Cicerón, una guerra es justa si está precedida por una causa. «Son injustas las guerras que se emprenden sin causa, porque solo puede ser justa una guerra cuando se trate de vengar una injuria o de rechazar al enemigo [...]. Ninguna guerra puede considerarse justa si no ha sido proclamada o declarada, si no se ha pedido primero reparación». Eso no supone que sea ilícito comenzar guerras sin provocación previa, ya que el mismo autor afirma que «una guerra solo puede empezarse como motivo de querer vivir en paz y sin ser ofendido». En otra obra afirma algo que el lector reconocerá como de atroz actualidad cuando afirma que frecuentemente es necesario «hacer la guerra para conquistar la paz».

El recuerdo de la guerra civil lleva a Cicerón a reflexionar sobre el valor de la ley, concluyendo que, si se quiere eliminar la violencia, se debe aceptar la vigencia del imperio de la ley. El fin de la violencia es decretado por la ley, ya que esta es «la razón fundamental, que ordena lo que hay que hacer y prohíbe lo contrario [...] la esencia de la naturaleza humana, el criterio racional del hombre prudente, la regla de lo justo e injusto».

Esta no fue una guerra de conquista. No fue una guerra justificada por motivos militares ni de recursos, al menos directamente, porque yo sí que creo que todas las guerras, todas, al final se deben a motivos económicos. Fue una guerra política y sistémica. Fue una etapa mas de la convulsa y violenta transformación de un sistema político que comenzó oficialmente con los hermanos Graco y acabo con el principado de Augusto. Fue una tremenda guerra civil que implicó a toda la República de Roma, a todo el Mediterráneo. Finalizo con una estrofa de un tema de Radio Futura que acabo de escuchar y creo que condensa este proceso: «nunca termina la guerra para los hijos del terror...».

X

El lector en el laberinto: Anexos útiles para la lectura

PROPUESTA CRONOLÓGICA DE LA VIDA DE SERTORIO

Soy plenamente consciente de que la complejidad de estos turbulentos años que hemos visto haya podido sumir al lector en la duda en varias ocasiones: ¿Esto cuándo fue? ¿Este era de los unos o de los otros? ¿En qué fecha había dicho que pasaba esto?... Yo mismo he tenido este problema, ya que el aluvión de datos en ocasiones es apabullante.

Les ofrezco ahora mi chuleta, parte de mi muleta en la que también he tenido que apoyarme para no perderme en el laberinto de nombres, fechas y lugares; necesariamente abreviada, pero espero que les sea de utilidad.

Fecha	*Edad*	
125/124		Nacimiento de Quinto Sertorio en Nursia
108/107	17	Imposición de la toga viril en Roma
105	19	Participa en la batalla de Arausio, con Quinto Servilio Cepion
104	20	*Praefectus turmae* en el ejército de Cayo Mario

101	23	Batalla de Vercelae, en el ejército de Cayo Mario
		Regreso a Roma
98	26	Tribuno militar con el ejército de Tito Didio en Hispania
93	31	¿Regresa a Roma con Tito Didio?
92	32	En Roma. Elección por los comicios para ser cuestor
91	33	Cuestor en Roma
90	34	Cuestor en Galia Cisalpina
		Participación en guerras sociales: frente norte.
89	35	Participación en guerras sociales: frente sur con Tito Didio.
		Es nombrado senador.
88	36	Se presenta al cargo de tribuno de la Plebe. Pierde.
87	37	Se alinea con Cinna y huye con él de Roma.
		Toma Roma con Cinna y Cayo Mario
86-84	38-40	Cuestor o edil en Roma
83	41	Pretor en el ejército del cónsul Lucio Cornelio Escipión
		Negociaciones con Sila
		Partida a Roma
		Partida a Etruria
82	42	Procónsul. Salida con un ejército a Hispania
81	43	Huida hacia África.
80	44	Desembarco en *Hispania*
		Norte de Lusitania
79	45	Combates en Lusitania y Bética con Quinto Cecilio Metelo
78	46	Combates en Lusitania y Bética con Metelo
		Hirtuleyo abre el frente norte
77	47	Se traslada al valle del Ebro
		Asedio de Contrebia
		Llegada de Perperna
		Creación de la escuela de Osca
		Inverna en Castra Aelia

76	48	Llegada de Pompeyo
		Acciones en la cabecera del valle del Ebro.
		Batalla de Lauro
		Inverna en Lusitania
75	47	Ocupa la cabecera del Júcar
		Batalla del Sucro
		Retirada hacia Celtiberia
		Asediado en Clunia por Pompeyo?
		Contactos con Mitridates VI
74	48	Ataque a Pompeyo y Metelo, que estaban asediando Calahorra
73	49	Es expulsado de Celtiberia y valle del Ebro
		Se retira hacia norte de Lusitania
72	50	Es asesinado en un lugar indeterminado
		Derrota final de Perperna.
		Quinto Cecilio Metelo vuelve a Roma

REPARTO

A continuación, les presento un listado de los principales protagonistas de esta película. Lo he dejado para el final, como los créditos, con la confianza de que si se sienten perdidos puedan saber quien fue quien en cada momento.

Solo voy a consignar los nombres de aquellos relacionados con la guerra de Sertorio y voy a omitir, intencionadamente, los concernidos por los turbulentos momentos políticos y militares anteriores o posteriores, ya que más que una lista de nombres saldría un autentico tratado político militar y no estamos para eso.

Para facilitar al lector la consulta están ordenados alfabéticamente por el primer nombre del personaje, así a Metelo no lo van a encontrar en su M, sino el la Q de Quinto Cecilio Metelo Pio. Quintos, por ejemplo, va a haber muchos y a nuestro protagonista, a Sertorio, tendrán que buscarlo entre ellos. Ánimo.

Afranio. *Optimate.* General de Pompeyo en la batalla del Sucro el 75 a.C.

Aquinio. *Optimate.* Subordinado de Quinto Cecilio Metelo, derrotado por Sertorio el 79 a.C. cerca de Langobriga.

Ascalis. Régulo de la zona de Tanger, enemigo de Sertorio.

Aufidio. *Popular.* Participa en el asesinato de Sertorio.

Calpurnio Lanario. *Optimate.* Asesino de Livio Salinator.

Cayo Annio Lusco. *Optimate.* Enviado por Sila a Hispania el 82 a.C. para acabar con Sertorio.

Cayo Aurelio Cotta. *Optimate.* Se entrenta a Sertorfio en combate naval en Mellaria el 80 a.C.

Cayo Insteyo. *Popular.* Prefecto de caballería de Sertorio. Encabeza una expedición el 76 para aprovisionarse y atrincherarse en Contrebia Leukade.

Cayo Mario. Lider de los *populares* y uno de los primeros comandantes de Quinto Sertorio.

Cayo Memmio. *Optimate.* Cuestor de Pompeyo enviado a *Cartago Nova* el 76 a.C. a reforzar la posición. Muerto el 75 en un combate cerca de Saguntum o Segontia.

Cayo Octavio Graecino. *Popular.* Senador integrado en el ejército de Sertorio. Batalla del Lauro. Participa en el asesinato de Sertorio.

Cayo Tarquinio Prisco. *Popular.* Senador integrado en el ejército de Sertorio. Batalla del Lauro. Participa en el asesinato de Sertorio.

Cayo Valerio Flaco. Gobernador de la Galia el 82. Sertorio llega a un acuerdo con él para atravesar sus territorios.

Cinna. Consul y líder *popular.* Jefe de Sertorio hacia el 87 a.C., durante la primera fase de la guerra civil.

Cneo Pompeyo Estrabon. Padre del Magno, quizás Sertorio estuvo con él en el asedio de Áscoli, el 90 a.C.

Cneo Pompeyo *Magno*. Otro de nuestros protagonistas.

Decimo Junio Bruto. *Optimate*. Cónsul el 77, se niega a ir a *Hispania* y envía a Pompeyo.

Decimo Lelio. *Optimate*. General de Pompeyo, derrotado y muerto en la batalla del Lauro el 76 a.C.

Herennio. *Popular*. General de Sertorio enviado a reforzar el litoral mediterráneo. Derrotado en Valentia el 75 a.C.

Livio Salinator. *Popular*. Senador y cuestor de Sertorio, enviado el 82 para detener a Lusco en los Pirineos.

Lucio Cornelio Escipión. Cónsul el 83. Sertorio fue pretor en su ejército controlando las vias Latina y Apia.

Lucio Cornelio Sila Felix. El *optimate* de los *optimates*. Ya sabe el lector.

Lucio Cornelio Cinna. *Popular*. Senador, hijo de su padre, enrolado con Sertorio.

Lucio Domicio Calvino. *Optimate*. Proconsul de la Citerior el 80.

Lucio Fabio Hispaniense. *Popular*. Senador integrado en el ejército de Sertorio. Participa en el asesinato de Sertorio.

Lucio Fannio. *Popular*. Romano en la corte de Mitrídates VI.

Lucio Fufidio. *Optimate*. Se entrenta a Sertorio cerca de Ilipa el 80 a.C.

Lucio Hirtuleyo. *Popular*. Huido de Roma junto a Sertorio será su mano derecha.

Lucio Magio. *Popular*. Romano en la corte de Mitrídates VI.

Lucio Manlio. *Optimate*. Procónsul de la Narbonense, acude a ayudar a Metelo el 78 a.C.

Quinto Cecilio Metelo Pío. *Optimate*. Uno de nuestros protagonistas.

Quinto Sertorio.

Maecenas. Escriba de Sertorio. Participa en su asesinato.

Manlio. *Popular.* Senador integrado en el ejército de Sertorio. Participa en el asesinato de Sertorio.

Marco Antonio. *Popular.* Senador integrado en el ejército de Sertorio. Participa en el asesinato de Sertorio.

Marco Antonio Cretico. *Optimate.* Ataca Dianium el 74 a.C.

Marco Emilio Liviano. *Optimate.* Cónsul el 77, se niega a ir a Hispania y envía a Pompeyo.

Marco Mario. *Popular.* Cuestor de Sertorio. Encabeza una expedición el 76 para aprovisionarse y atrincherarse en Contrebia Leukade. El 75 a.C. es enviado a la corte de Mitrídates VI.

Marco Perperna Venton. *Popular.* Aparece en escena el 77 a.C. Persona poco querida por amigos y enemigos.

Marco Vario. *Popular.* Senador integrado en el ejército de Sertorio.

Mitrídates VI Eupátor, el grande. (132-63 aC.) Rey de Asia y aliado circunstancial de Sertorio.

Porcio Caton. *Optimate.* Cónsul el 90. Quizás Sertorio estuvo con él en las guerras sociales.

Tito Didio. *Optimate.* Uno de los impulsores de la carrera política y militar de Sertorio.

Titurio. *Optimate.* Legado de Pompeyo que inverna el 75 a.C. en Celtiberia.

Torio. *Optimate.* General de Mtelo, derrotado por Sertorio el 78 a.C. cerca del río Anas.

Versio. Escriba de Sertorio. Participa en su asesinato.

Vibio Pacciano. *Optimate.* Terrateniente de la Ulterior que ataca a Sertorio en el norte de África el 81 a.C.

Bibliografía y fuentes utilizadas

He querido dar entidad de capitulo a la bibliografía y a las fuentes que he utilizado en la redacción de esta obra. Aquí va a encontrar los textos clásicos, libros y artículos que he utilizado para la investigación. Como comencé diciendo, la historia no es un relato único, aunque aquí he traslado al lector mi opinión con algunas alternativas. Podrán ver en este largo listado autores y obras que se complementan, las más de las veces, y que discrepan, otras menos.

Comienzo por un listado de las obras clásicas manejadas, aunque me van a permitir que no cite las ediciones que he manejado, por eso de la propaganda gratuita, que ya tenemos suficiente en nuestros navegadores de internet y en el teléfono móvil.

Apiano, *Historia Romana.*

Aulo Gelio, *Noches Áticas II. Libros 11-20.*

Cicerón, *De Legibus.*

Cicerón, *Discursos. Verrinas.*

Cicerón, *La invención retórica.*

Cicerón, *Librorum de Re Publica Sex.*

Cicerón, *Pro Cornelio Balbo.*

Cicerón, *Sobre la adivinación. Sobre el destino. Timeo.*

Cicerón, *Sobre los deberes.*

Estrabón, *Geografía. Libros III-IV.*

Exuperancio, *Opvscvlvm.*

Floro, *Epítome de la historia de Tito livio.*

Julio César, *Guerra Civil. Autores del corpus cesariano. Guerra de Alejandría. Guerra de África. Guerra de Hispania.*

Plinio el Viejo, *Historia Natural. Libros III-VI.*

Plutarco, *Vidas de Sertorio y Pompeyo.*

Polibio, *Historias XVI a XXXIX.*

Quinto Claudio Quadrigario, *Anales*

Salustio Crispo, *Fragmentos de las Historias.*

Tito Livio, *Historia de Roma desde su fundación.*

Tito Livio, *Períocas. Períocas de Oxirrinco. Fragmentos. Julio Obsecuente Libro de los Prodigios.*

Valerio Máximo, *Hechos y dichos memorables.*

Veleyo Patérculo, *Historia Romana.*

En su momento dude si realizar una bibliografía organizada por temas o, siguiendo los parámetros habituales, por orden alfabético. Como en el capítulo correspondiente ya hemos visto qué autores tratan qué asuntos, permítanme que sea ahora más tradicional y mantenga un listado continuo y ordenado, para que puedan localizar fácilmente la referencia.

Abascal, J.M. y Ripollés, P.P., (2000). *Las monedas de Konterbia Karbika.* En Olcina, M. y Soler, J.A. (ed.). *Scripta in honorem Enrique A. Llobregat Conesa,* Alicante, pp. 13-75.

Abásolo, J. A., González, M.L. y Mora, B. (2008). «Recientes investigaciones en el Campamento de Cáceres el Viejo». *Arqueología urbana en Cáceres. Investigaciones e intervenciones recientes en la ciudad de Cáceres y su entorno,* ed. P. J. Sanabria, pp. 115-43.

Adam, J. P. (1982). *L'architecture militaire grécque,* Paris.

Aguilera, T. (2012). «Una visión historiográfica alternativa: la deconstrucción del estereotipo del bárbaro prerromano», *Antesteria* 1, pp. 543-555.

Albelda, E. (2013), La piratería en los tratados entre Cartago y Roma en Álvarez, A., Ferrer, E. y García, E., (eds.), *Piratería y seguridad marítima en el Mediterráneo Antiguo,* Sevilla, pp. 95-125.

Almagro, A. y Lorrio, A.J. (2006-2007). De Sego a Augusto: los orígenes celtibéricos de Segóbriga. *Boletín del Seminario de Estudio de Arte y Arqueología* LXXII-LXXIII, pp. 143-181.

Alfayé, S. (2015). «Imposturas célticas: celtismo, estereotipos salvajes, druidas, megalitos y melancolías neoceltas», en Sancho, L. (coord.), *La antigüedad como paradigma. Espejismos, mitos y silencios en el uso de la historia del mundo antigüo por los modernos.* Universidad de Zaragoza, pp. 299-327.

Alvar, A. (2013). «Riesgo pirático y amuletos mágicos en el Imperio Romano», en Álvarez, A., Ferrer, E., y García, E., (eds.), *Piratería y seguridad marítima en el Mediterráneo Antiguo,* Sevilla, pp. 261-272.

Álvarez, D. (2011). «Prisioneros de los piratas: política y propaganda en la captura de Julio César y Clodio», *Veleia* 28, pp. 69-81.

Álvarez, A. (2007). «El Alto Imperio romano y la violencia en el mar. La inserción de antiguos piratas en la marina de guerra», en Echeverría, F., Montes, Mª. Y., y Rodríguez, A., (eds.), *Actas del VI encuentro de jóvenes investigadores,* Madrid, pp. 151-164.

—. (2007). «Deudores que evitan nuevas deudas: la utilización por parte de Roma de antiguos líderes piratas para prevenir la piratería en Asia Menor durante el primer siglo del principado», en Chic, G., (ed.), *Economía de prestigio versus economía de Mercado* II, Sevilla, pp. 101-112.

—. (2008), *Los piratas contra Roma: estudio socioeconómico y cultural de la piratería cilicia (143-36 a.C.),* Écija.

—. (2009), «Seguridad, piratería y legislación en el tráfico comercial romano en la Península Ibérica durante la República y el Alto Imperio», *Mainake* XXX, pp. 91-107.

—. (2010), «Algunas consideraciones sobre la religiosidad de los piratas en la Antigüedad», *Habis* 41, pp. 137-156.

—. (2007), «Sexto Pompeyo ¿Un pirata romano?», en Álvarez, A., Ferrer, E., y García, E., (eds.), *Piratería y seguridad marítima en el Mediterráneo Antiguo,* Sevilla, pp. 211-232.

Álvarez, A. Ferrer, E. y García, E. (coords) (2013). *Piratería y seguridad marítima en el Mediterráneo antiguo. Spal monografías* XVIII. Sevilla.

Álvarez, J. (2016). *Dioses útiles. Naciones y nacionalismos.* Barcelona, Galaxia Gutenberg.

Álvarez, J. y Fuente, G. de la (2017). *El relato nacional. Historia de la historia de España.* Madrid, Taurus.

Amela, L. (2000). «La *Turma Salluitana* y su relación con la clientela pompeyana», *Veleia* 17, pp. 79-92

—. (2000b). «Las ciudades fundadas por Pompeyo Magno en Occidente: *Pompaelo, Lugdunum Convenarum* y *Gerunda*», *Polis,* 12, pp. 7-41.

—. (2002). *Las clientelas de Cn. Pompeyo en Hispania,* Barcelona.

—. (2003). *Cneo Pompeyo Magno. El defensor de la República romana.* Signifer. Madrid.

—. (2003b). *Las clientelas de Cneo Pompeyo Magno en Hispania. Instrumenta 13.* Barcelona.

—. (2006). «Navarra, Roma e Hispania: Pompeyo», *Navarra en la Antigüedad: Propuesta de Actualización,* Pamplona, pp. 137-166.

—, (2014). «La ceca de Kalakorikos (Hesperia: Mon. 53)». *Revista numismática Hécate* 1, pp. 10-19.

—. (2016). «Los Trofeos de Pompeyo», *Tiempo y sociedad*, 22, pp. 45-101.

—. (2016). «Un pasaje del *De Bello Gallico* (3, 20, 1): La participación de L. Manlio en el conflicto sertoriano». *Anuari de Filologia. Antiqva et Mediaevalia* 6, pp. 23-40.

—. (2019). «Pompeyo Magno y la Galia Transalpina. La guerra sertoriana». *Helmántica: revista de filología clásica y hebrea*, tomo 70, nº 204, pp. 9-52.

—. (2020). «La ceca ibérica de Lauro», *HAnt* 44, pp. 1-26.

Antela, B. (2011). ¿La fuga de Sertorio? La búsqueda de aliados. *Athenaeum* 99, pp. 399-409.

—. (2012). «Economía, comerciantes e intereses durante las Guerras Sertorianas», *Latomus*, 71, 3, pp. 668-685.

—. (2012). «The Coinage of C. Annius Luscus», en F. López Sánchez (ed.), *The City and the Coin in the Ancient and Early Medieval Worlds*. Oxford, 37-47.

—. (2013). «Los cuestores de C. Annio y el gobierno provincial en Hispania», *L'Antiquité Classique*, 82, pp. 263-265.

—. (2017). «Annio, Fanio y Tarquitio en las Guerras Sertorianas», *Latomus*, 76, pp. 575-593.

Armendáriz, J. (2005) «Propuesta de identificación del campamento de invierno de Pompeyo en territorio vascón», *Trabajos de arqueología Navarra* 18, pp. 41-64.

Arrayás, I. (2010), «Bandidaje y piratería en la Anatolia Meridional. Definición y circunstancias en el marco de las guerras mitridáticas», *Studia historica. Historia antigua* 28, pp. 31-55.

—. (2013), «Entre Oriente y Occidente. La acción de los piratas y corsarios en el marco de las guerras silanas», en Álvarez, A., Ferrer, E., y García, E., (eds.), *Piratería y seguridad marítima en el Mediterráneo Antiguo*, Sevilla, pp. 167-185.

—. (2013b). «Más que corsarios. Mitridates Eupator y Sertortio ante el fenómeno pirático». *Latomus* 72, pp. 96-121.

ARTICA, E. (2009). «Algunos apuntes sobre los Vascones en la guerra sertoriana», *Los vascones de las fuentes antiguas: en torno a una etnia de la antigüedad peninsular,* Barcelona, pp. 169-190.

ASENSIO, J.A. (1995). *La ciudad en el mundo prerromano en Aragón.* Zaragoza.

BADIAN, E. (1962), «Waiting for Sulla», *Journal of Roman Studies,* 52, 1 y 2, pp. 47-61.

—. (1964). «Notes on Provincial Governors from the Social War down to Sulla's Victory», en E. Badian, Studies in Greek and Roman History. Oxford, pp. 88-96.

BADIAN, E. Y KONRAD, C. F. (2012). *Viriatus. The Oxford Classical Dictionary.* Oxford University Press, pp. 1560-1573.

BALMACEDA, C. (2016). «Orosio: tradición y revolución en la historiografía latina», *Onomázein* 33, pp. 156-173.

BAYET, J. (1981). *Literatura latina,* Barcelona.

BELTRÁN, F. (1990). «La *pietas* de Sertorio». *Gerión* 8, pp. 211–226.

BELTRÁN, F. Y PINA, F. (1994). «Roma y los Pirineos: la formación de una frontera», *Chiron* 24, pp. 103-133.

BELTRÁN, M. (2002). «La etapa de Sertorio en el Valle del Ebro». Bases arqueológicas. *Pallas* 60, pp. 45-92.

BELTRÁN, M. Y BELTRÁN F. (1996). *Los bronces escritos de Contrebia Belaisca (Botorrita, Zaragoza).* Zaragoza.

BENNET, W. (1961). «The death of Sertorius and the coin». *Historia* X, pp.467-492.

BERVE, H. (1929). Sertorius, *Hermes* 64, pp. 199-227.

BERDOWSKI, P. (2014), «*Pietas erga patriam*: ideology and politics in Rome in the early first century B.C. The evidence from coins and *glandes inscriptae*», en Twardowska, K., Maciej, S., Spwaski, S., Stachura, M. y Turlej, S. (eds.), *Within the Circle of Ancient Ideas and Virtues. Studies in Honour of Professor Maria Dzielska,* Krakow, pp. 143-159.

BERNÁRDEZ, Mª.J. Y GUISADO, J.C. (2019). «Sertorio en guerra. Nuevos datos sobre las guerras civiles romanas en el entorno de Caraca», en Gamo, E., Fernández, J. y Álvarez, D (eds.), *En ningún lugar... Caraca y la romanización del interior peninsular,* Guadalajara, pp.103-121.

Berve, H. (1929). «Sertorius». *Hermes* 64, pp. 199-227.

Bienkowski, P.R. (1891). «Kritische Studien über Chronologie und Geschichte des sertorianischen Krieges», *Wiener Studien* 13, pp. 129-158.

Blanco, F.J. (2022). «Economía de guerra. La financiación de Sertorio durante el conflicto. Una nueva perspectiva», *Itálica: Revista para la Difusión de Jóvenes Investigadores del Mundo Antiguo* 4, pp. 1–54.

Blázquez, J. M. (1996). «Las explotaciones mineras y la romanización de Hispania», en Alvar, J. y Blázquez, J.M. (eds.), *La romanización en Occidente,* Ed. Cátedra, Madrid.

Blé, E. (2011). «Los pila catapultaria como evidencia de la artillería roma: control y conquista del nordeste peninsular durante el período tardorepublicano». *Estrat Crític* 5, Vol.1, pp. 227-241.

—. (2016). «Guerra y conflicto en el nordeste de Hispania durante el período romano republicano (218-45 a.C.): La presencia del ejército romano a partir de sus evidencias arqueológicas metálicas». PhD diss., Univ. de Barcelona.

Bonsor, J. E. (1931). *The archaeological expedition along the Guadalquivir: 1889-1901.* The Hispanic Society of America, New York.

Brennan, T. C. (2000). *The Praetorship in the Roman Republic.* Oxford.

Brodersen, K. (2012) «Cartography». En Dueck, D., *Geography in classical antiquity,* Cambridge, pp. 99-110.

Broughton, T. R. S. (1952). *The Magistrates of the Roman Republic.* The American Philological Association. Nueva York.

Brunt, P. A. (1971). *Italian Manpower 225 B.C.-A.D. 14,* Oxford.

Buono-Core, R. (2004), «Piratería, política y comercia en una Roma republicana», *Semanas de estudios romanos* XII, pp. 61-77.

Cabellat, L. y Fleury, P. (1986). *Vitruve. De l'Architecture. Livre X.* Paris.

Cadiou, F. (2004), «Sertorius et la guérrilla», en Auliard, C. y Bodiou, L. (dirs.), *Au jardin des Hespèrides: Histoire, société et épigraphie des mondes anciens. Mélanges offerts à Alain Tranoy*, Rennes, pp. 297-314.

—. (2008). *Hibera in terra miles. Les armées romaines et la conquéte de l'Hispanie sous la République (218-45 av. J.-C)*, Casa de Velázquez, Madrid.

Callegarin, L. (2002). «Considérations sur le périple sertorien dans la zone du étroit de Gibraltar (81-78 av. J.C.)». *Pallas* 60, 11-43.

Campo, M. (1997). «Las emisiones romanas y sus imitaciones en Hispania durante la República», en Alfaro, C., Arévalo, A., Campo, M., Chaves, F., Domínguez, A. y Ripollès, P.P., *Historia monetaria de Hispania antigua.* Madrid, Jesús Vico, pp. 318-334.

Candau, J. M., González, F.J. y Chávez, A. L. (eds.) (2011). *Plutarco transmisor. Actas del X Simposio Internacional de la Sociedad Española de Plutarquistas.* Sevilla, 2009. Universidad de Sevilla.

Carney, T. F. (1961). «The flight and exile of Marius», *Greece & Roman* 8, 2, pp. 98-121.

Casson, L. (1994), *Travel in the Ancient World*, Londres.

Castellví, G. (1988). *Panissars: Les trophées de Pompée & la Via Domitia. L'archéologie d'un site ou l'histoire retrouvée*, Perpignan.

Castro, F. J. (2019). *Aproximación al estudio territorial de los Berones.* Editorial Académica Española. Moldova.

Cébeillac, M. (2002). «Note relative aux élites du Latium et de la Campanie et à leurs rapports avec la Méditerranée Orientale» en C. Hasenohr, C. Müller (eds.), *Les Italiens dans le Monde Grec, II' siècle av. J.-C. -I siècle ap. J.-C.*, Paris, p. 24.

Centeno, R. M. S. (1999). «Notas sobre o início da circulaçao da moeda no noroeste peninsular: os denarios do tesouro de montedor (Portugal)», *Anejos de AEspA* 20, pp. 135-138.

Cerdeño, M. L. y Gamo, E. (2016), «Estudio preliminar del campamento romano de La Cabeza del Cid (Hinojosa, Guadalajara, España)». *Complutum* 27 (1), pp.169-184.

Chaves, F. (1993). «La amonedación de Caura». *Azotea* 11- 12, pp. 65-74.

CHAVES, F. (1994), «Indigenismo y romanización desde la óptica de las amonedaciones hispanas de la Ulterior», *Habis* 25, pp. 107-120.

CHAVES, F., GARCÍA E. Y FERRER, E., (2000). «Sertorio: de África a Hispania». *Africa Romana.* Atti del XIII convegno di studio (Djerba 1998) 2. Roma, pp. 1463- 1486.

CHIC, G. (1982), «La actuación político-militar de Q. Sertorio durante los años 83 a 80 a.C.», *Actas del I Congreso Andaluz de Estudios Clásicos, 9-12 diciembre,* Jaén, pp. 168-171.

—. (1986). «Q. Sertorivs, procónsul», *Reunión sobre epigrafía hispánica de época romano-republicana,* Zaragoza, pp. 171-176.

CINCA, J. L., RAMÍREZ, J. L. Y VELAZA, J. (2003). «Un depósito de proyectiles de catapulta hallado en Calahorra (La Rioja)». *Archivo Español de Arqueología* 76, pp. 263-271.

CIPRES, C. (1990). Sobre la organización militar de los celtíberos: la *iuventus, Veleia* 7, pp.173-187.

CIPRÉS, P. (2002). «Instituciones militares indoeuropeas en la Península Ibérica». En Moret, P. y Quesada, F. (coord.), *La guerra en el mundo ibérico y celtibérico (ss. VI-II a. de C.),* Collection de la Casa de Velázquez 78, Madrid, pp. 135-153.CLAUSEWITZ, C. (1984). *On war.* Princeton University Press, New Jersey.

COHEN, S.B. (1980). *Geografía y política en un mundo dividido.* Ediciones Ejército, Madrid.

COLLS, V. Y DOMENGUE, A. (1986). «Les lingots de plomb de l'épave romaine Cabrera 5 (Ile de Cabrera, Baléares)», *Archaeonautica* 6, pp. 31-80.

COLTELLONI, S. (2005). «Roma et les rois amis et alliés du peuple romain en Afrique (I siècle av. J.-C.-I siècle ap.J.-C.)», Pallas 68, pp. 128-141.

CORDENTE, F. (1992). «La toma de Masada: ejemplo de eficacia de la técnica poliorcética en el ejército romano», *Gerión* 10, pp.155-170.

CORTIJO, M L. (2005). «Referencias al bosque en las campañas militares de la Hispania Romana». *Historia Antigua* XXIX, pp. 43-60.

Costa, B. (2002). «Un episodio de las guerras civiles en la isla de Ibiza: la ocupación de Ebusus por Sertorio». *L'Africa romana. Atti del 9 convegno di studio Lo spazio maritimo del Mediterraneo occidentale: geografia storica ed economica.* Sassari, pp. 665-679.

Crickmore, J. (1984). *Romano-British Urban Defences, British Archeological Revue* 126, Oxford.

Cruz, a., García, M. V., y Gómez, F. J. (2007): *Estrabón, Geografía de Iberia.* Madrid.

De Michele, L. (2005). «Fimbria e Sertorio, *proditores reipublicae?*», *Athenaeum,* 93, pp. 277-289.

Delgado, J.A. (1993). «De Posidonio a Floro: las *Insulae Fortunatae* de Sertorio», *Revista de historia canaria,* 177, pp. 61-74.

Demongeot, E. (1978). «L'invasion des cimbres, teutons, ambrons et les romains». *Latomus* 37. pp. 402-437.

Díaz, B. (2005). «Glandes inscriptae de la Península Ibérica», *Zeitschrift für Papyrologie und Epigraphik* 15, pp. 219-236.

Díaz, B. (2008). *Epigrafía latina republicana de Hispania.* Barcelona.

Díaz, B. y Mínguez, J. A. (2019). «Dos nuevas inscripciones latinas sobre piedra procedentes de La Cabañeta (El Burgo de Ebro, Zaragoza)». *Archivo Español de Arqueología* 92, pp. 241-249.

Díaz, M. A. y Medrano, M. A. (2003). «El patrimonio arqueológico de Fitero (Navarra)», *Saldvie,* 3, pp. 395-405.

Díaz, M. y Ramírez, R. (2015). «El asentamiento militar de Puigpelat (Alt Camp, ager tarraconensis), un castellum tardorrepublicano en tierras tarraconenses», *Revista d'Arqueologia de Ponent* 25, pp. 263-278.

Dobson, M. y Morales, F. (2008). «Monedas inéditas de los campamentos romanos republicanos de Numancia y Renieblas: consideraciones cronológicas», *Archivo Español de Arqeuología,* 81, pp. 213-228.

Domergue, C. (1970). «Un temoignage sur l'industrie miniere et metallurgique du plomb dans la region d'Azuaga (Badajoz) pendant la guerre de Sertorius», *XI Congreso Arqueológico Nacional, Mérida,* Zaragoza, pp. 608-626.

—. (1985). «Algunos aspectos de la explotación de las minas de la Hispania en la época republicana», *Pyrenae. Crónica Arqueológica*, pp. 91-96.

—. (1990). *Les mines de la Péninsule Ibérique dans l'Antiquité Romaine*, L'École Française de Rome, Roma.

Domínguez, A. (1979). *Las cecas ibéricas del Valle del Ebro.* Zaragoza, Institución Fernando el Católico.

—. (1991). «La circulación del monetario de Bolśkan: el tesoro de la Muela de Taracena (Guadalajara)», *Gaceta Numismática* 102, pp. 7-32.

—. (1997) «Las acuñaciones ibéricas y celtibéricas de la Hispania Citerior», en Alfaro, C., Arévalo, A., Campo, M., Chaves, F., Domínguez, A. y Ripollès, P.P., *Historia monetaria de Hispania antigua.* Madrid, Jesús Vico, pp. 116-193.

Domínguez, A. y Aguilera, A. (2014). «Del *oppidum* de Sertorio al *municipium* de Augusto: la historia reflejada en el espejo de las monedas». *Bolśkan* 25, pp. 91-109.

Domínguez, M. A. y Galindo, M. P. (1984). «Hallazgos numismáticos en el término de Calatayud», *Gaceta Numismática* 74-75, pp. 63-104.

Dorey, T.A. (1971). *Livy*, London.

Duran, M., Mestres, I., Principal, J. y Padrós, J., (2015). «El Camp de les Lloses (Tona, Osona): un post avançat amb tallers metallu´rgics al servei de la logística de l'exèrcit romanorepublicà (125-75 ane)», *Revista d'Arqueologia de Ponent* 25, pp. 293-307.

Espinosa, D. (2014). *Plinio y los oppida de antiguo Lacio. El proceso de difusión del Latium en Hispania Citerior.* Oxford.

Espinosa, A., Ruiz, D. Marcos, A., Peña, P. y Martínez, A. M. (2014). «El campamento militar de las guerras sertorianas de Villajoyosa, en F. Sala - J. Moratalla (ed.), *Las guerras civiles romanas en Hispania. Una revisión histórica desde la Contestania*, Alicante, pp. 115-125.

Esteban, F. (2014) «La moneda de las guerras sertorianas en la Hispania Citerior», en Martínez, S., Caballero, V.M. y Merino, C. (coords.), *Arqueología en el Valle del Duero: del Paleolítico a la*

Edad Media. Actas de las IV jornadas de jóvenes investigadores del Valle del Duero. Segovia, Glyphos Publicaciones, pp. 241-250.

Fatás, L. y Romeo, F. (2021). «Aratis: más allá de un nombre». En González, R. y Graells, R. (coords.), *El retorno de los cascos celtibéricos de Aratis. Un relato Inacabado.* Zaragoza, pp. 107-127.

Ferrer, J. J. (2019). *Economía de la antigua Roma: guerra, comercio y finanzas,* Ed. Síntesis, Madrid.

Ferreruela, A. y Mínguez, J. A. (2003). «Dos modelos de implantación urbana romanorrepublicana en el valle medio del Ebro: las ciudades de La Cabañeta y La Corona». *AEspA* 76, pp. 247-262.

Ferreruela, A. y Mínguez, J. A. (2006). «*Secundum oppidum quod castra Aelia vocatur*». En Morillo, A. (coord.), *Arqueología militar romana en Hispania II: producción y abastecimiento en el ámbito militar,* León, pp. 671-682.

—. (2006b). «Excavaciones arqueológicas en la ciudad romano republicana de La Cabañeta (El Burgo de Ebro, Zaragoza): campañas de 2004 y 2005», *Salduie* 6, pp. 331-339.

Ferrill, A. (1985). *The origine of war,* London.

Gabba, E. (1954). «L'origine della guerra sociale e la vita política romana dopo l'89». *Athenaeum XXXII,* p. 294.

Gabba, E. (1956). *Appiano e la storia delle guerre civili.* La Nuova Italia. Firenze.

—. (1967). *Appiani. Bellorum Civilium Liber Primus.* Firenze.

—. (1973): *Esercito e società nella tardarepubblica romana,* Firenze.

—. (1973): «Le origini della guerra sociale e la vita politica romana dopo l'89 a.C.», Gabba, E., *Esercito e Società nella Tarda Repubblica romana,* Firenze, pp. 193-345.

Galindo, M.ª P., y Domínguez, A. (1985). «El yacimiento celtíbero-romano de Valdeherrera (Calatayud, Zaragoza)». En *XVII CNA. Universidad de Zaragoza. Seminario de Arqueología.* Zaragoza, pp. 585-602.

Gallego, H. (2000). «Los Sertorii: una *gens* de origen republicano en Hispania romana», *Iberia,* 3, pp. 243-252.

GAMO, E. (2011). «El conflicto sertoriano en la actual provincia de Guadalajara. La arqueología y las fuentes». En *Actas de las II Jornadas de jóvenes en investigación arqueológica*. Zaragoza, pp. 179-186.

GAMO, E. Y FERNÁNDEZ, J. (2017). «Investigaciones en torno a la antigua Caraca (Cerro de la Virgen de la Muela, Driebes, Guadalajara). Prospecciones y Primera Campaña de Excavaciones», *Boletín de la Asociación de Amigos del Museo de Guadalajara* 8: pp. 119-138.

GARBUGINO, G. (1978). «Il I libro delle Historiae di Sallustio in Nonio Marcello». *Studi Noniani* 5, pp. 39-94.

GARCÉS, C. (2002). «Quinto Sertorio, fundador de la Universidad de Huesca. El mito sertoriano oscense». *Alazet 14*, pp. 243-256.

GARCÍA, E. (1999). «La financiación de los ejércitos en época romano-republicana», en *Gabinet Numismàtic de Catalunya. Moneda y exèrcits*, Museu Nacional d'Art denCatalunya, Barcelona, pp. 39-58.

—. (2006). «La expansión en Celtiberia», en BURILLO, F. (ed.), *Segeda y su contexto histórico. Entre Catón y Nobilior (195 al 153)*, Mara, pp. 81-95.

—, (2013). «El tratamiento de los piratas en el ius belli romano-republicano», en Álvarez, A., Ferrer, E. y García, E. (eds.), *Piratería y seguridad marítima en el Mediterráneo Antiguo*, Sevilla, pp. 127-143.

—. (2018). «Q. Sertorio, personaje literario: creación, reelaboración y recepción». *Revista Historia Autónoma* 13, pp. 55-70.

GARCÍA, F. (1991). *Un episodio de la Hispania Republicana: la guerra de Sertorio. Planteamientos iniciales*. Granada. Universidad de Granada.

—. (1991b). *Quinto Sertorio. Roma*. Granada. Universidad de Granada.

—. (1991c). «Mithridates y Sertorio». *Florentia Iliberritana* 2, pp. 215-223.

—. (1993). «Sertorio frente a Metelo (79-78 a.C)». *II Congreso Peninsular de História Antiga*, Coimbra, pp. 375-398.

—. (1994). «El conflicto sertoriano y la provincia hispana de Ulterior». *Actas del II Congreso de Historia de Andalucía.* Córdoba, pp. 271-284.

—. (1995). *Castra Aelia,* en Burillo Mozota, F. (coord.), *Poblamiento celtibérico. III Simposio sobre celtíberos,* Zaragoza, pp. 281-288.

—. (1995). «El periplo sertoriano». *Actas del II Congreso Internacional El Estrecho de Gibraltar.* Madrid, pp. 197-209.

García, I. (2020). «Límites territoriales y fronteras en el mundo prerromano peninsular: el caso de la frontera noroeste de la etnia de los Berones». *@rqueologia y territorio* 17. https://www.ugr.es/~arqueologyterritorio/Indice17.htm (12/9/2021).

García, J. (2002). «Trent'anni di studi sertoriani», en G. Urso (ed.), *Hispania terris omnibus felicior. Premesse ed esiti di un processo di integrazione.* Pisa, pp. 143-161.

—. (2012/2013). «*Quintus Sertorius proconsule*: connotaciones de la magistratura proconsular afirmada en las *glandes inscriptae sertorianae». Anas* 25-26, pp. 189-206.

—. (2017). «The Sertorian War as a bellum civile: an outlook from the 4th and 5th Centuries AD», *Diogenes* 6, pp. 26-38.

—. (2019). «Il corpo degli homines novi: il caso del *bellum Sertorianum*», en Crippa, S. (Ed.), *Corpi e saperi. Riflessioni sulla trasmissione della conoscenza,* Bologna, pp. 229-246.

García, L. A. (1987). *Hispani tumultuantes. De Numancia a Sertorio,* Alcalá de Henares.

García, M. (2005). *La venta por subasta en el mundo romano: la esfera privada,* Barcelona.

García, S. y Castillo, P. (2019). «Sertorio en la España del siglo XIX». *Veleia* 36, pp. 23-36

Garlan, Y. (1974). *Recherches de poliorcétique grecque. Bibliotheque des écoles françaises d'Athenes et de Rome. Fasc. 223. Paris*

Gazzali, C., Kramer, B. y Settis, S. (2008). *Il Papiro di Artemidoro.* Milan.

—. (2012). «Intorno al Papiro di Artemidoro II. Geografia e Cartografía». *Atti del convegno internazionale del 27 novembre*

2009 presso la societá geografíca italiana. Villa Celimontana. Roma. Milan.

Gelzer, M. (1932): «Hat Sertorius in seinem Vertrag mit Mithridates die Provinz Asia abgetragen». *Phi/Voch.* 52, pp. 1129-1136.

Gil, O. (1980). «Tesoro de denarios Hispanorromanos descubiertos en la Muela de Taracena (Guadalajara»). *Wad-Al-Hayara,* 7, pp. 205-216.

Gillis, D. (1969). «Sertorius». *Rendiconti dell'Istituto Lombardo, classe di lettere, scienze morali e storiche* 103, pp. 711-727.

Gómez, J. L. (2001). «Sobre la adscripción étnica de Calagurris y su entorno en las fuentes clásicas». *Calagurris* 6, pp. 27-70

Gómez, J. L. y Morales, F. (2002). «Sertorio en Numancia: una nota sobre los campamentos de La Gran Atalaya», en Morillo, Á (ed.), *Arqueología militar romana en Hispania. Gladius Anejos 5,* Madrid, pp. 303-310.

Gómez, M. P. (2015). *Las controversias generadas en torno a las investigaciones de Adolf Schulten en Numancia.* Tesis doctoral. Universidad de Barcelona.

Gomis, M. (2001). *Las acuñaciones de la ciudad celtibérica de Segeda/sekaiza, Teruel,* Institución Fernando el Católico.

González, M. P. (2011). «Los Domitii de Consabura y una noticia de Frontino», *Lucentum* 30, pp. 143-149.

Gozalbes, E. (1987). «La piratería en el Estrecho de Gibraltar en la antigüedad» en *Actas del I Congreso Internacional El Estrecho de Gibraltar. Tomo. I. Ceuta,* Madrid, pp. 769-778.

—. (2000). *Caput Celtiberiae. La tierra de Cuenca en las fuentes clásicas,* Cuenca.

—. (2008). «Aspectos numismáticos de Guadalajara en la Antigüedad». En García-Soto Mateos, E. *et alii* (eds.), *Actas del segundo simposio de arqueología de Guadalajara.* Madrid, pp. 193-208.

—. (2009). *La ceca de Turiazu: monedas celtibéricas en la Hispania republicana.* Valencia, Servicio de investigación prehistórica del museo de prehistoria de Valencia. Diputación de Valencia.

Grispo, R. (1952). «Dalla Mellaria a Calagurra», *NRS* 36, 189-225.

GUINEA, M.B. (1995). «Um tesouro Sertoriano da regiao de Santarém», en García-Bellido, M.P. y Sobral, R.M. (eds.), *La moneda hispánica. Ciudad y territorio,* Madrid, CSIC., pp. 239-244.

GURIN, I. G. (2001). Серторианская война *(82-71 гг.).* Samara.

GUTIÉRREZ, L. M., MANCHÓN, R. Y PÉREZ, F. (2020). «Acerca de la destrucción de Giribaile». *Treballs d'Arqueologia* 24, pp. 165-184.

HARMAND, J. (1967). *L'Armée et le soldat à Rome de 107 à 50 avant notre ère,* París Picard.

HERAS, F.J. (2014). «El campamento de Cáceres el viejo y las guerras civiles en Hispania». En SALA, F. Y MORATALLA, J. (eds). *Las guerras civiles romanas en Hispania. Una revisión histórica desde la Contestania.* Universidad de Alicante. Alicante, pp. 155-167.

HERNÁNDEZ, J. A. (1982). *Las ruinas de Inestrillas. Estudio Arqueológico,* Logroño.

—. (2003). «*Contrebia Leukade* y la definición de un nuevo espacio para la segunda guerra púnica». *Salduie* 3, pp. 61-82.

HERNÁNDEZ, J. A. y GUTIÉRREZ, J. A. (2014). «*Contrebia Belaisca* (Botorrita, Zaragoza). Avance de resultados de las campañas de 2006 a 2010 y nuevas perspectivas». En Escribano, M.V. et al (coord..), *Miscelánea de estudios en homenaje a Guillermo Fatás Cabeza,* Zaragoza, pp. 393-406.

HILLMAN, T. P. (1990). «Pompeius and the Senate: 77-71», *Hermes,* 118, 4, pp. 444-454.

—. (1997). «Pompeius in Africa and Sulla's Order to demobilize (Plutarch, Pompeius 13, 1-4)», *Klio* 56, pp. 94-106.

HOLMES, T. R. (1923): *The Roman Republic and the Founder of the Empire. Volume I,* Oxford.

IBÁÑEZ, M. Y BLANCO, J. (1995). «Un ensemble de petits bronzes massaliotes en Celtibérie», *Bulletin de la Société française de numismatique* 50, pp. 979–84.

IMBERT, C. (2002). «Sertorius, exemplum politique et figure littéraire au seuil de l'âge classique», *Pallas* 60, pp. 133-145.

JÁRREGA, R. (2019). «La vía augusta no es un topónimo. Aproximación a la organización territorial del Este de Hispania en época de Augusto». *Quaderns de prehistoria i arqueología de Castelló* 37, pp. 143-168.

JASHEMSKI, W.F. (1956). *The origins and history of the proconsular and propraetorian imperium to 27 B.C.* Roma.

JONES, M.J. (1975). *Roman Fort Defences to AD 117, British Archeological Revue* 21, Oxford.

JORDÁN, C. (1999). «Sobre la etimología de Botorrita y su confirmación en la onomástica prelatina». En VILLAR, F. Y BELTRÁN, F. (eds.), *Pueblos, lenguas y escrituras en la Hispania prerromana,* Salamanca, pp. 471-480.

JÚDICE, T. (1986). «The *Oppidum* of Segóvia (Elvas, Portugal) and the Decisive Battles between Metellus and Hirtuleius, Sertorius' Quaestor in Hispania Ulterior», *Institute of Archaeology Bulletin,* 23, pp. 17-27.

KATZ, B. R. (1981), «Sertorius' overlooked correspondent?», *Rheinisches Museum für Philologie,* 126, pp. 359-362.

—. (1983). Notes on Sertorius. *Rheinischer Müseum* 126, 44-68.

KEAVENEY, A. (1984). «Who were the Sullani?», *Klio,* 66, pp. 114-150.

KELLY, G. P. (2006). *A history of exile in the Roman republic,* Cambridge.

KEYSER, P. (1993). «From Myth to Map: The Blessed Isles in the First Century B.C.», *The Ancient World,* 24, 2, pp. 149-168.

KONRAD, C. F. (1985). *A historical commentary on Plutarch's life of Sertorius,* Ann Arbor.

—. (1987). «Some friends of Sertorius», *The American Journal of Philology,* 108, 3, pp. 519-527.

—. (1988). «Metellus and the head of Sertorius». *Gerion,* 6, pp. 253-261.

—. (1989): «Cotta off Mellaria and the Identities of Fufidius». *CPh* 84, pp. 119-129.

—. (1994): *Plutarch's Sertorius. A historical commentary.* Chapel Hill, University of North Carolina Press.

—. (1994b): «Segovia and Segontia». *Historia,* 43, 4, pp. 440-453.

—. (1995): «A new chronology of the Sertorian War». *Athenaeum* 83, pp. 157-187.

—. (1998). «Plutarch on Roman Forces in the Sertorian War». En Manjarres, J. M., y Ezquerra, J. A. (Eds.), *Homenaje a José María Blázquez: Hispania romana II.* Madrid, pp. 225-230.

—. (2006). «From the Gracchi to the First Civil War (133-70)», en Rosenstein, N. y Morstein, R. (Eds.) *A Companion to the Roman Republic.* Blackwell Publishing Ltd. pp. 167-189

—. (2012). *Sertorius Quintus.* The Oxford Classical Dictionary. Oxford University Press, pp. 1354-1361.

Korolenkov, A.V. (2003). *Квинт Серторий. Политическая биография.* Aletheya.

Lanzani, C. (1933). «Silla e Pompeo. La spedizione di Sicilia e d'Africa», *Historia,* 7, pp. 343-362.

Leach, J. (1978). *Pompey the Great.* Croom Helm.

Liddel, B. (2019). *Estrategia. El estudio clásico sobre la estrategia militar.* Arzalia, Barcelona.

Lorrio, A. J. y Sánchez, M. D. (2000-2001). «Elementos de un taller de orfebre en Contrebia Carbica (Villas Viejas, Cuenca)». *Lucentum* XIX-XX, pp. 127-148

Lorrio, A., Sánchez, M. D. y Camacho, P. (2013). «Las fíbulas del oppidum celtibérico de Contrebia Carbica». *Jahrbuch des Römisch-Germanischen Zentralmuseum* 60, pp. 297-352.

Luce, T.J. (1977). *Livy, the composition of his history,* Princeton.

Malitz, J. (1983). «Die Historien des Poseidonios». *Zetemata* 79. München

Manchón, A. (2012). «De batallas y trofeos: los Pirineos durante las guerras sertorianas,» *Actas del I Congreso de Cultura y Patrimonio de los Pirineos,* Graus, pp. 117-123.

—. (2014). «*Pietas erga patriam*: la propaganda política de Quinto Sertorio y su trascendencia en las fuentes literarias clásicas». *Bolśkan* 25, pp. 153- 172.

—. (2016). «*Generales enviados contra él*: Actores secundarios en el sur peninsular a comienzos de la Guerra Sertoriana. Una aproximación a las operaciones militares de 81 a.C.-78 a.C». *Saldvie* 16, pp. 63-71.

MARCO, F. (1985). «La Romanización». *Historia de Aragón II*, Zaragoza.

MARCOS, C. (1999). «La moneda en tiempos de guerra: el conflicto de Sertorio», *Gabinet Numismàtic de Catalunya, Moneda y exèrcits.* Barcelona, Museu Nacional d'Art de Catalunya, pp. 83-101.

MARIANA, J. DE (1605). *Historia General de España, tomo primero.* Toledo, Pedro Rodríguez, impresor del rey nuestro señor.

MARÍN, M. A: (1988). *Emigración, colonización y municipalización en la Hispania republicana.* Granada.

MARSDEN, E. W. (1969). *Greek and roman artillery: Historical development*, Oxford.

MATYSZAK, P. (2013). *Sertorius and the Struggle for Spain.* Barnsley: Pen & Sword Military.

MAZZA, M. (1966). *Storia e ideologia in Livio*, Catania.

MCALHANY, J. (2016). «Sertorius between myth and history: the Isles of the Blessed episode in Sallust, Plutarch and Horace», *The Classical Journal*, 112, 1, pp. 57-76.

MEDRANO, M. Y REMÍREZ, S. (2009). «Nuevos testimonios arqueológicos romano-republicanos procedentes del campamento de Sertorio en el curso bajo del río Alhama (Cintruenigo-Fitero, Navarra)», en ANDREU, J. (coord.), *Los vascones de las fuentes antiguas: en torno a una etnia de la antigüedad peninsular. Instrumenta* 32, pp. 371-402.

MEDRANO, M. y MOYA, F. (1988). «Un patrón de plomo para producir cuños de anverso de denario de Bolśkan, aparecido en Valdeherrera (Calatayud, Zaragoza)», *Gaceta Numismática* 90, pp. 23-28.

MOLINA, J. (2002). «La irrupción de Hispania en los movimientos socioeconómicos del Mediterráneo Occidental durante las guerras civiles», *Gerión* 20, pp. 303-339

MOLIST, N. (2014). «La fortificación tardorrepublicana de Olérdola y el control del acceso norte a Tarraco», en F. SALA y J.

MORATALLA (ed.), *Las guerras civiles romanas en Hispania. Una revisión histórica desde la Contestania,* Alicante, pp. 229-247

MOMMSEN, T. (1861). *Römische Geschichte,* Berlin.

MORET, P. (2017). *Des noms à la carte. Figures antiques de l'Ibérie et de la Gaule.* Universidad de Alcalá, Universidad de Sevilla. Alcalá de Henares.

MORET, P. y PAILLER, J. M. (2002), «Mythes ibériques et mythes romains dans la figure de Sertorius», *Pallas* 60, pp. 117-132.

MORET, P., PRADOS, F., GARCÍA, I., MUÑOZ, A., CALLEGARIN, L. (2008). «El *oppidum* de la Silla del Papa (Tarifa, Cádiz) y los orígenes de Baelo Claudia». *Aljaranda* 68, pp. 2-8.

—. (2014). «El *oppidum* de Bailo/Silla del Papa y el Estrecho de Gibraltar en tiempos de Sertorio». En SALA, F. Y MORATALLA, J. (eds.). *Las guerras civiles romanas en Hispania. Una revisión histórica desde la Contestania.* Universidad de Alicante. Alicante, pp. 141-153.

MORILLO, A. (coord.) (2006), *Arqueología militar romana en Hispania II: producción y abastecimiento en el ámbito militar,* León, pp. 671-682.

—. (2014). «Campamentos y fortificaciones tardorrepublicanas en Hispania. Calibrando a Sertorio». En SALA, F. Y MORATALLA, J. (eds.). *Las guerras civiles romanas en Hispania. Una revisión histórica desde la Contestania.* Universidad de Alicante. Alicante, pp. 35-49.

MORILLO, A. Y ADROHER A. M. (2015). «El patrón arqueológico de carácter material: un criterio imprescindible de identificación de recintos militares romano-republicanos». *Cira-arqueología III. Atas congresso conquista e romanizaçao do valle do Tejo,* pp. 25-43.

MORILLO, A. y SALA, F. (2019). «The Sertorian Wars in the conquest of *Hispania*: From data to archaeological assessment». *Julius Caesar's Battle for Gaul: New Archaeological Perspectives,* ed. A. P. Fitzpatrick and C. Haselgrove, 49–72. Oxford: Oxbow Books.

NAVARRO, M. (2006). «L'émigration italique dans la Lusitanie côtière: une approche onomastique«, en A. CABALLOS, S.

Demougin (eds.), *Migrare. La formation des élites dans l'Hispanie romaine,* Burdeos, pp. 69-100.

Neira, M. L. (1986). «Aportaciones al estudio de las fuentes literarias antiguas de Sertorio». *Gerión* 4, pp. 189-211.

Nicolai, R. (2020). «Il libro e la carta. Note sulla terminologia cartografica nella Geografia di Strabone», en Castro, E. y Cruz, G. (Coord.), Geografía y Caertografía de la antigüedad al renacimiento, Madrid, pp. 197-216.

Nicolet, C. (1964). *Les idees politiques à Rome sous la Republique.* París.

Nicolet, C. (1984). *Roma y la conquista del mundo mediterráneo* (264-27 a.C.), Barcelona.

Noguera, J., Ble, E., López, J. y Valdés, P. (2019). «El proyecto Guerra y conflicto en el nordeste de la Península Ibérica en época romano-republicana (siglos III-I a.C.): metodología y novedades», en B. Vallori, J.P. Bellón y C. Rueda (ed.), *Accampamenti, guarnigioni e assedi durante la Seconda Guerra Punica e la conquista romana (secoli III-I a.C.): prospettive archeologiche,* Roma, pp. 57-70.

Noguera, J. (2022). «¿Dónde está la ciudad de *Lauro,* destruida durante las guerras sertorianas?». *Athenaeum* CX, 1, pp. 28-47.

Noguera, J., Principal, J. y Ñaco. T. (2013). «La actividad militar y la problemática de su reflejo arqueológico: El caso del NE de la Citerior (218-45 a.C.)». *La guerre et ses traces. Conflits et sociétés en Hispanie à l'époque de la conquête romaine (IIIe-Ier s. av. J.-C.),* ed. M. Navarro and F. Cadiou, 19-44. Mémoires 37. Bordeaux: Ausonius.

Noguera, J., Ble, E., López, J. y Valdés, P. (2022). «New Perspectives on the Sertorian War in Northeastern Hispania: Archaeological Surveys of the Roman Camps of the Lower River Ebro», *Journal of Roman Archaeology* 35, pp. 1-32.

Ñaco, T. (2017). «'Conectividad,' integración militar y 'estrés bélico' en el N.E. de *Hispania* Citerior». *Roma en la Península Ibérica presertoriana. Escenarios de implantación militar provincial,* ed. J. Principal, T. Ñaco, M. Duran, and I. Mestres, 17–38. Col'lecció Instrumenta 56. Barcelona: Universitat de Barcelona.

Ñaco, T. y Prieto, A. (1999) «Moneda e historia monetaria en la *Hispania* republicana ¿economía, política y fiscalidad?», *Studia Historica. Historia antigua* 17, pp. 193-242.

Ñaco, T. y Principal, J. (2017). «Q. Sertorius: A Warlord in Hispania?», en T. Ñaco del Hoyo, F. López Sánchez (eds.), War, Warlords and Interstate Relations in the Ancient Mediterranean. Leiden-Boston, pp. 380-414.

Ochara, J.A. (1995). «El tesorillo de Nájera y los denarios de Śekobiŕikes», en García-Bellido, M.P. y Sobral, R.M. (eds.), *La moneda hispánica. Ciudad y territorio.* Madrid, CSIC, pp. 215-218.

Olcoz, S. y Medrano, M. (2006). «Tito Livio: Castra Aelia y el límite meridional del ager Vasconum, antes y después de Sertorio. Navarra. Memoria e imagen». *Actas del VI Congreso de Historia de Navarra.* Pamplona, pp. 55-75.

Oliver, A. (2018). «El espacio desértico en el límite ilercavón cessetano.» *Quaderns de prehistòria i arqueología de Castelló* 36, pp. 83-96.

Ortiz, J. (2015). «El problema de la piratería en el mundo romano: una aproximación a su estudio», en Vicent, N y Miguel, J. (eds), Roma y el mundo mediterráneo, Universidad de Alcalá, pp. 83-107.

Padin, B. (2017). «Héroes y traidores en la antigüedad. Dos arquetipos narrativos en la historiografía nacionalista española». *Hispania Antiqua. Rervista de historia antigua* XLI, pp.389-428.

Padrós, C. (2016). *La implantació militar romana a Catalunya: Caracterització d'espais militars al NE de la Citerior en època tardorepublicana (ss. II–I ane).* PhD diss., Univ. Rovira i Virgili.

Pailler, J. M. (2002). «Fabuleux Sertorius», *Dialogues d'histoire ancienne,* 26, 2, pp. 45-61.

Palencia, J. F. (2013). «Consideraciones sobre una ciudad romana de la antigua Carpetania: Consabura (Consuegra, Toledo)». *Espacio, Tiempo y Forma, Serie II, H.ª Antigua* 26, pp. 155-204.

Pasquinucci, M. A., Del Rio, A. y Menchelli, S. (2000). «I porti dell'Etruria settentrionale costiera (ager Pisanus e

Volarerranus) e le dinamiche commerciali mediterranee (III secolo a.C.-IV d.C.)», en M. Khanoussi, P. Ruggeri, C. Vismara (eds.), *L'Africa Romana* 14, Sassari, pp. 767-778.

Penna, A. (1963). *Le Historiae di Sallustio e l'interpretaziones della crisi repubblicana. Athenaeum* XLI, p. 261.

Pérez, L. (1992). «Denia entre Sertorio, Pompeyo y los piratas», *Actes del III Congrés d'Estudis de la Marina Alta (1990)*, pp. 129-139. Dénia.

Pérez, J. (2014). «El Xúquer, Saitabi y Sertorio». En Sala, F. y Moratalla, J. (eds.) (2014). *Las guerras civiles romanas en Hispania. Una revisión histórica desde la Contestania.* Universidad de Alicante. Alicante, pp. 51-64.

Pérez, M. L. (2011). «El Bellum Sertorianum y los Lusitanos», *Anas* 24, pp. 97-114.

Pimenta, J., Mendes, H., Henriques, E. (2014). «O acampamento militar romano do Alto dos Cacos-Almeirim», *Cira Arqueológia* 3, pp. 256-291.

Pina, F. (2004). «Deportaciones como castigo e instrumento de colonización durante la República romana. El caso de Hispania», en: Marco, F., Pina, F. y Remesal, J. (eds.), *Vivir en tierra extraña: emigración e integración cultural en el mundo antiguo*, Barcelona, pp. 211-246,

—. (2006). «Calagurris contra Roma: de Acidino a Sertorio». *Kalakorikos* 11, pp. 117-129.

—. (2009). «Sertorio, Pompeyo y el supuesto alineamiento de los Vascones con Roma». En Andreu, J. (ed.). *Los vascones de las fuentes antiguas. En torno a una etnia de la antigüedad peninsular. Instrumenta* 32, Barcelona, pp. 195-214.

—. (2009b). «Hispania y su conquista en los avatares de la República Tardía». En Andreu, J., Cabrero J. y Rodá, I. (eds.). *Hispania: las provincias hispanas en el mundo romano*, Barcelona, pp. 223-236.

—. (2009c). «Deportation of indigenous population as a strategy for Roman dominion in Hispania», *Limes XX. XX Congreso Internacional de estudios sobre la frontera romana.* Volumen I, Madrid, pp. 281-288.

—. (2011), «Sertorio, el patriota republicano», *Desperta Ferro Antigua y Medieval,* 5, pp. 26-31.

PINA, F. Y PÉREZ, J. A. (1998). «El oppidum Castra Aelia y las campañas de Sertorius en los años 77-76 a. C». *Journal of Roman Archaeology* 11, pp. 245-264

PLÁCIDO, D. (1989). «Sertorio», *Studia Historica* 7, pp. 97–104.

—, (1991). «La historiografía española sobre Sertorio», en Arce, J. y Olmos, R. (coords.), *Historiografía de la Arqueología y de la Historia Antigua en España (siglos xviii-xix). Actas del Congreso Internacional,* Madrid, Ministerio de Cultura-Instituto de Conservación y Restauración de Bienes Culturales, pp. 227-228.

PONTIJAS, J. L. (2020). «Estrategia y geografía: la geoestrategia». *Araucaria. Revista Iberoamericana de Filosofía, Política, Humanidades y Relaciones Internacionales,* 44, pp. 399-426.

PRIETO, A., (1987-1988). «Un punto oscuro en la invasión romana de las Baleares: la piratería», *Habis* 18-19, pp. 271-275.

PUIG, A. (2013). «La piratería en el archipiélago balear en la Antigüedad ¿Solo una causa de la intervención romana del 123 a.C.?», en Álvarez, A., Ferrer, E., y García, E., (eds.), *Piratería y seguridad marítima en el Mediterráneo Antiguo,* Sevilla, pp. 145-165.

QUESADA, F. (2008). «La Arqueología de los campos de batalla. Notas para un estado de la cuestión y una guía de investigación». *Saldvie* 8, pp. 21-35.

—. (2009). *Ultima ratio legis. Control y prohibición de las armas desde la Antigüedad a la Edad Moderna.* Madrid.

QUESADA, F., Y GARCÍA-BELLIDO, M.ª P. (1995). «Sobre la localización de Ikale(n)sken y la iconografía de sus monedas». En *La moneda hispánica: ciudad y territorio. Anejos de AespA xiv,* pp. 65-73.

RIBAGORDA, M. (1989). «Los lusitanos y el estrecho en época de Sertorio». *I Congreso internacional del Estrecho de Gibraltar,* Ceuta, pp. 757-761.

RIBERA, A. (2014). La destrucción de *Valentia* (75 a.C.) y la cultura material de época de Sertorio (82-75 a.C.). En SALA, F. Y MORATALLA, J. (eds.) (2014). *Las guerras civiles romanas en*

Hispania. Una revisión histórica desde la Contestania. Universidad de Alicante. Alicante. pp. 65-78.

RIBERA, A. Y CALVO, M. (1995). «La primera evidencia arqueológica de la destrucción de Valentia por Pompeyo», *JRA* 8, pp. 19-41.

RICHARD, J. C. M. (1972). «Monnaies gauloises du Cabinet Numismatique de Catalogne. Contribution à l'étude de la circulation monétaire dans la Péninsule Ibérique antérieurement à l'époque d'Auguste». *Mélanges de la Casa de Velázquez* 8, pp. 51-87.

RICHARDSON, J.S. (1986). *Hispaniae. Spain and the development of Roman imperialism, 218-82 BC*. Cambridge.

RIDLEY, R.T. (1981), «The Extraordinary Commands of Late Republic: A Matter of Definition». *Historia* 30, 3, pp. 280-297.

RIPOLLÈS, P. P. (2005). «El tesoro de denarios romanos de la calle Salvador (Valencia)», en Ribera, A. y Ripollès, P.P., *Tesoros monetarios de Valencia y su entorno*. Valencia, Ayuntamiento de Valencia, pp. 43-60.

—. (2014). «La política monetaria de los romanos durante la época republicana en la Península Ibérica y las emisiones locales», *Annali: Istituto Italiano di Numismatica* 60, pp. 19-83.

RODDAZ, J. M. (2006). «D'une péninsule à l'autre: l'épisode sertorien» en A. Sartori, A. Valvo (eds.), *Hiberia-Italia, Italia-Hiberia, Convegno internazionale di Epigrafía e Storia Antica*, Gargnano-Brescia, Milán, p. 99-126.

RODRÍGUEZ, I. (2006). «La documentación del gabinete de antigüedades de la Real Academia de la Historia y su contribución a la Numismática Hispánica: el ejemplo de los tesorillos de Azuara», *Revista General de Información y Documentación* 2, pp. 187-194.

—. (2009). «Tesoros sertorianos: nuevas perspectivas desde datos antiguos», en Arévalo, A. (coord.), *XIII Congreso Nacional de Numismática*. Cádiz. Universidad de Cádiz, pp. 337-352.

—. (2011). «Tesoros sertorianos en España: problemas y nuevas perspectivas», en Holmes, N. (ed.), *Proceedings of the XIVth International Numismatic Congress*, Glasgow 2009.Vol I. International Numismatic Council, Glasgow, pp. 357-364.

RODRÍGUEZ, M. A. (2011). «Plutarco transmisor de Salustio: la Vida de Sertorio 10.5-7», en Candau, J.M. *et al.* (dirs.), *Plutarco transmisor. Actas del X Simposio Internacional de la Sociedad Española de Plutarquistas*, Sevilla, Publicaciones de la Universidad de Sevilla, pp. 267-275.

—. (2012). «Las historias de Salustio y los acontecimientos del año 75 a.C». en *Hispania*. Fragmentos I 125; II 89-97m. *Paleohispanica* 12, pp. 109-139.

ROLDÁN, J. M. (1980). «De Numancia a Sertorio. Problemas de la romanización de la península Ibérica en vísperas de las guerras civiles», en Eck, Werner et al. (eds.), *Studien zur antiken Sozialgeschichte. Festschrift Friedrich Vittinghoff*, Colonia y Viena, Böhlau Verlag, pp.157-178.

—. (1988). «La guerra civil entre Sertorio, Metelo y Pompeyo (82-72 a.C.)». En BLÁZQUEZ, J. M. (coord.), *Historia de España Antigua: Hispania* Romana, Tomo II, Cátedra, Madrid, pp. 113-139.

—. (1993). *Los hispanos en el ejército romano de época republicana*. Salamanca.

—. (2001). «La aventura hispana de Quinto Sertorio», en J. M. ROLDÁN y F. WULFF, *Citerior y Ulterior. Las provincias romanas de Hispania en la era republicana*. Madrid, pp. 217-251.

ROMAGOSA, J. (1971). Azaila, dos tesoros, dos mensajes, *Acta Numismática* 1, pp. 71-78.

ROMEO, F. (2016). «Conflictos y destrucciones en la Celtiberia Citerior entre los siglos III y I a.C.: el yacimiento de El Calvario, en Gotor, Zaragoza». *Lucentum XXXV*, pp. 65-90.

—. (2017). «Piedra y plomo. La honda frente a los asentamientos fortificados del noreste de la Peninsula Ibérica a partir del siglo III a.C. y su repercusión en los sistemas defensivos». *Gladius* XXXVII, pp. 109-128.

—. (2018). «Contrebia Carbica. Estudio del sistema defensivo para un debate sobre poliorcética y urbanismo en la Celtiberia de los siglos II y I a.C.». *Complutum* 29 (1), pp. 171-190.

—. (2021). «El sistema ofensivo y campo de batalla del entorno de la ciudad Antigua del Cabezo de Alcalá de Azaila (Teruel). Primeros resultados». *Gladius* XLI, pp. 67-89.

Romeo, F. y Garay, J. I. (1995). «El asedio y toma de sagunto según Tito Livio XXI. Comentarios sobre aspectos técnicos y estratégicos». *Gerión* 13, pp. 241-274.

Rosenstein, N. y Morstein, R. (Eds.) (2006). *A Companion to the Roman Republic.* Blackwell Publishing Ltd.

Royo, J. I. (1992). «¿Beligiom? Piquete de la Atalaya. Azuara», *Arqueología* 92, Museo de Zaragoza, Zaragoza, pp. 215-216.

Ruivo J. S. (1997). «O conflito sertoriano no ocidente hispânico: o testemunho dos tesouros monetários», *Archivo español de arqueología* 70, pp. 91-100.

Ruiz, F. J. (2009). «Estrategia militar y política: temas teóricos y aplicación práctica». *Boletín de Información* 308, pp. 29-52.

Sackur, W. (1925). *Vitrub und die poliorketiker,* Berlin.

Saénz, C. y Martín-Bueno, M. A. (2015). *La ciudad celtíbero-romana de Valdeherrera. (Calatayud, Zaragoza).* Monografías arqueológicas 50. Universidad de Zaragoza

Sala, F., Bayo, S. y Moratalla, J. (2013). «*Dianium,* Sertorio y los piratas cilicios. Conquista y romanización de la Contestania ibérica». En Alvarez, A., Ferrer, E. y García, E. (coords), *Piratería y seguridad marítima en el Mediterráneo antiguo.* Spal monografías XVIII. Sevilla.

Sala, F., Moratalla, J. y Abad, l. (2014). «Los fortines de la costa septentrional alicantina: una red de vigilancia de navegación». En Sala, F. y Moratalla, J. (eds.) (2014). *Las guerras civiles romanas en Hispania. Una revisión histórica desde la Contestania.* Universidad de Alicante. Alicante, pp. 79-90.

Salinas, M. (1995). «El gobierno de las provincias hispanas durante la República Romana (218-27 a.C.)». Salamanca.

—. (2006). «Geografía real y ficticia de la epopeya sertoriana». En *La invención de una geografía de la Península Ibérica I. La época republicana* (Madrid), pp. 153-174.

—. (2014). «Reflexiones sobre la guerra de Sertorio en la Hispania Citerior y sus fuentes literarias». En Sala, F. y Moratalla, J. (eds.): *Las guerras civiles romanas en Hispania. Una revisión histórica desde la Contestania.* Universidad de Alicante. Alicante, pp. 23-33.

—. (2014b). «Apuntes en torno a las guerras sertorianas: Evolución e impacto sobre el poblamiento y la ordenación territorial del Valle del Ebro». *Espacio, tiempo y forma* 27, pp. 15-53.

Sampson, G. C. (2013): *The Collapse of Rome. Marius, Sulla & the 1st Civil War (91-70 BC),* Barnsley.

Santos, J. (2009). «Sertorio: ¿Un romano contra Roma en la crisis de la República?», en Urso, G. (ed.). *Ordine e sovversione nel mondo greco e romano. Atti del convegno internazionale Cividale del Friuli,* 25- 27 settembre 2008. Pisa, pp. 177-192.

Sawinski, P. (2010). «Some comments on the character and scope of the power of proconsuls during the time of the republic: imperium consulare or proconsulare?», *Eos* 97, pp. 29-44.

Scardigli, B. (1971). «Sertorio: problemi cronologici». *Athenaeum* 49, pp. 229-270.

—. (1971). «Considerazioni sulle fonti della biografia plutarchea di Sertorio», *Studi Italiani di Filologia Classica,* 43, 1, pp. 33-64.

—. (2002). «Trent'anni di studi sertoriani, en Urso», G. (ed.), *Hispania terris omnibus felicior. Premesse ed esiti di un processo di integrazione,* Pisa, pp. 143-161.

Schulten, A., Bosch, P. y Pericot, L. (1937). *Fontes Hispaniae Antiquae. Fasciculo IV. Las guerras de 154-72 a. de J.C.* Barcelona.

Schulten, A (1949). *Sertorio.* Barcelona.

Schulze, W. (1904). *Zur Geschichte lateinischer Eigennamen.* Berlín.

Sillières, P. (1995). *Baelo Claudia: une cité romaine de Bétique,* Madrid.

Soedel, W. y Foley, V. (1977). «Catapultas antiguas», *Investigación y ciencia* 32, pp. 67-73.

Sordi, M. (1991). «La fuga de Mario nell'88 egli Etruschi d'Africa», *Klio* 73, pp. 408-412.

Spann, P. O. (1976). *Quintus Sertorius: Citizen, Soldier, Exile.* Austin.

—. (1977). «M. Perperna and Pompey's spanish expedition». *Hispania Antiqua* 7, pp. 47-62.

—. (1981). «*Lacobriga* expunged: Renaissance Forgeries in the Sertorian War», *Transactions of the American Philological Association* 111, pp. 229-235.

SPANN, P. O. (1984). *Quintus Sertorius and the legacy of Sulla.* The University of Arkansas Press, Fayetteville.

—. (1987). «Saguntum vs. Segontia». *Historia 33*, pp. 116-119.

—. (1987). *Quintus Sertorius and the Legacy of Sulla,* Fayetteville

—. (1987b). «C.L. or M. Cotta and the "Unspeakable" Fufidius. A nota on Sulla's res Publica Restituta». *CJ* 82, pp. 306-309.

—. (1997). «The Lauro of the Sertorian War. Where Was It?», *Athenaeum* 85/2, pp. 603-611.

STAHL, W. (1907). *De bello Sertoriano.* Iacobi. Erlangen.

STRISINO, J. (2002). «Sulla and Scripio 'not to be trusted'? The Reasons why Sertorius captured Suessa Aurunca», *Latomus* 61, 1, pp. 33-40.

STYLOW, A.U. (2005): «Fuentes epigráficas para la historia de la Hispania ulterior en época republicana». En MELCHOR GIL, E. *et al.* (coords.) *Julio César y Corduba: tiempo y espacio en la campaña de Munda (49-45 A.C.): actas del Simposio organizado por la Facultad de Filosofía y Letras de la Universidad de Córdoba y el Departamento de Ciencias de la Antigüedad y de la Edad Media.* Córdoba: Universidad de Cordoba, pp. 247-262.

TARRADELL, M. (1965). «Nuevos datos para la localización de la ceca de Lauro», *Numisma* 73, pp. 9-13.

TOVAR, A. (1974). *Iberische landeskunde.* Baden-baden.

ULBERT, T. (1984). «Cáceres el Viejo. Ein späterepublickanisches Legionslager in Spanisch-Extremadura». *Madrider Beiträge* 11. Mainz.

URÍAS, R. (1993). «La historia a través del mundo. Agatárquides de Cnido y la *nueva historia* de Posidonio». *Habis* 24, pp. 57-67.

UROZ, H. Y UROZ, J. (2014). «La *Libisosa* iberorromana: un contexto cerrado de -y por- las guerras sertorianas». En SALA, F. Y MORATALLA, J. (eds.) (2014). *Las guerras civiles romanas en Hispania. Una revisión histórica desde la Contestania.* Universidad de Alicante. Alicante, pp. 199-216.

TWYMAN, B. (1972). «The Metelli, Pompeius and Prosopography», *Aufstieg und Niedergang der römischen Welt,* 1,1, pp. 816-874.

VELA, J. (1991). *Eneas el Táctico. Poliorcética: La estrategia militar griega en el siglo IV a.C.*, Madrid.

VERVAET, F. J. (2009). «Pompeius' Career from 79 to 70 BCE: Constitutional, Political and Historical Considerations», *Klio* 91, 2, pp 406-434.

—. (2012). «The Praetorian Proconsuls of the Roman Republic (211-52 BCE). A Constitutional Survey», *Chiron* 42, pp. 45-96.

VILLARONGA, L. (1960). «Las monedas ibéricas con leyenda lauro», *Nummus* 20-21, pp. 59-67.

—. (1977). *Los tesoros de Azaila y la circulación monetaria en el Valle del Ebro.* Barcelona, Ed. Instituto Antonio Agustín de numismática del CSIC.

WINTER, F. E. (1971). *Greek Fortifications*, London.

WISEMAN, T.P. (1971). *New Men in the Roman Senate.* Oxford

WULFF, F. (1994). *La Historia de España de D. Modesto Lafuente (1850-67) y la historia antigua*, en P. Sáez, S. Ordoñez (eds.), Homenaje al profesor Presedo. Sevilla, Universidad de Sevilla, pp. 863-871.

—. (2003). *Las esencias patrias. Historiografía e historia antigua en la construcción de la identidad española (siglos XVI-XX).* Barcelona. Crítica.

ZAMORA, D. (2007). *L'oppidum de Burriac. Centre del poder polític de la Laietania ibérica, Laietània* 17, Mataró.